从零开始学会计

全流程实操演练

石鑫岩 杨春艳 狄方馨 编著

人民邮电出版社
北京

图书在版编目（CIP）数据

从零开始学会计 ：全流程实操演练 / 石鑫岩，杨春艳，狄方馨编著．-- 北京 ：人民邮电出版社，2019.5
ISBN 978-7-115-49433-7

Ⅰ．①从… Ⅱ．①石… ②杨… ③狄… Ⅲ．①会计学－基本知识 Ⅳ．①F230

中国版本图书馆CIP数据核字(2018)第218095号

内容提要

会计说难不难，说容易也不容易。本书生动地以“会计府家族”作比喻，辅以大量的案例和实务图片，对会计从业人员需要掌握的知识进行详细梳理。全书共9章，涵盖作为一个会计从业人员需要掌握的各个方面，主要内容涉及会计基础、凭证账簿、对账结账、出纳银行业务、会计常见业务、报表编制、纳税申报等。每章最后的模拟演练帮助读者巩固本章知识，使初学者能够在短时间内学会处理实务。

本书适合会计新手、会计从业者、企业经营管理者、财务管理专业师生阅读和使用。

◆ 编　　著　石鑫岩　杨春艳　狄方馨
责任编辑　郭　媛
责任印制　周昇亮
◆ 人民邮电出版社出版发行　　北京市丰台区成寿寺路 11 号
邮编　100164　　电子邮件　315@ptpress.com.cn
网址　http://www.ptpress.com.cn
天津翔远印刷有限公司印刷
◆ 开本：700×1000　1/16
印张：15.5　　2019 年 5 月第 1 版
字数：295 千字　　2019 年 5 月天津第 1 次印刷

定价：49.80 元

读者服务热线：(010)81055296　印装质量热线：(010)81055316
反盗版热线：(010)81055315
广告经营许可证：京东工商广登字 20170147 号

前言

会计这个工作，在许多人的眼里就是记记账、算算账，没什么技术含量，其实不然。会计工作不仅需要理论基础，实践经验也是必需的，时时更新的准则和财税政策也会促使会计人员不断学习。

本书从会计基础知识及会计凭证、会计账簿的理论知识入手，循序渐进地讲解常见业务核算、对账和结账、报表编制、纳税申报等会计工作，帮助读者即学即用，迅速融入会计工作。

免责声明：本书中出现的公司名、人名、账号等信息均属虚构，只用于案例展示，如有雷同纯属巧合。

本书的特点

从事会计的人员越来越多，竞争也越来越激烈，很多第一次做会计的人，不知从何下手。本书凭借一个老会计人的经验，针对初学者的特点，从会计的认知、凭证的填写、账簿的编制、报表的编制到申报纳税，将会计工作中涉及的账务处理、财税法规等会计必须知道的内容以图解方式进行了罗列。全书特色如下。

- 通俗易懂：对会计通俗的诠释让读者快速了解财务知识，让初学者学起来不枯燥。
- 流程详解：对从会计凭证的填写到报表的编制及纳税申报的详细流程进行全面解读。
- 图文并茂：图表展示，清晰易懂。
- 案例丰富：模拟的案例使读者可以快速将其应用在日常工作中。

本书的主要内容

第 1 章介绍会计的基础知识，包括会计六要素、会计假设、会计等式等。

第 2 章介绍会计凭证的分类、分录的编制、会计凭证的整理及归档。

第 3 章讲解会计账簿的分类、账务处理程序、账簿的登记及归档。

第 4 章讲解会计的结账，对财产清查、错账的查找和更正、结账等内容进行一一介绍。

第 5 章讲解出纳的常见业务，主要是对银行结算业务进行讲解。

第 6 章讲解会计的常见业务，包括资金筹集、供应过程、生产过程、销售过程的业务核算及财务成果与利润分配的核算。

第 7 章是出纳、会计常见业务的综合练习。

第 8 章讲解会计报表的样式和编制，帮助会计新手了解报表中各元素的概念和填制方法，对新手容易犯的错误也给出建议。

第 9 章对常见的税种的核定、变更税务登记、停复业申请、注销登记、发票、纳税申报等进行讲解。

适合阅读本书的读者

- 会计新手。
- 会计从业者。
- 企业经营管理者。
- 财务管理专业师生。
- 初级金融从业者。
- 互联网金融从业者。
- 会计培训学校的出纳新手。

目录

第7章 来一场说做就做的模拟演练 / 155

第8章 此“报表”非彼“爆表” / 190

第9章 无处不在的“税” / 213

第1章

会计这座“围城”

01

《围城》版：会计也是一座围城，城外的人想进去，城里的人想出来。

1.1 带你了解“会计府”

会计说难不难，说容易也不容易。你可以把它看成一门技术，也可以把它看成一种职业，还可以把它看成一个岗位。这些都没有错，因为每个人站的角度不同。

其实会计就是个工作流程，是个操作程序。大约在公元 13 世纪的时候，现代会计学在意大利建立了。笔者喜欢把会计看成是一个住在会计府的大家庭，这就很具体了。一个家庭由夫妻构成，这对夫妻就是会计的职能。女的叫核算，男的叫监督。按中国人的传统家庭伦理，女的一般比较慈爱、心细，男的一般是刚强、坚毅的，比较严厉，所谓严父慈母。会计核算就是要心细，会计监督就是要严厉。

1.2 会计家族六成员

话说核算监督结婚后，生了六个儿女，统称为会计要素。老大叫资产，老二叫负债，老三叫所有者权益，老四叫收入，老五叫费用，最小的一个，大家都宝贝得不得了，叫利润。

这生下来的六个会计要素，两个男孩，四个女孩。这六个孩子全世界的会计都认识，他们长得就像英文字母 T，我们把这个 T 的左边叫借方，把 T 的右边叫贷方，这个 T 只是它的骨头，人除了有骨头之外还得有血有肉，这血和肉叫发生额和余额。六要素的增加、减少和余额如图 1.1 所示，余额在左边的是男孩，在右边的是女孩。男左女右。一般来说，资产和费用的余额在借方，就是在左边。其他 4 个的余额在贷方。这就导致了它们性质的不同，就像男女一样。

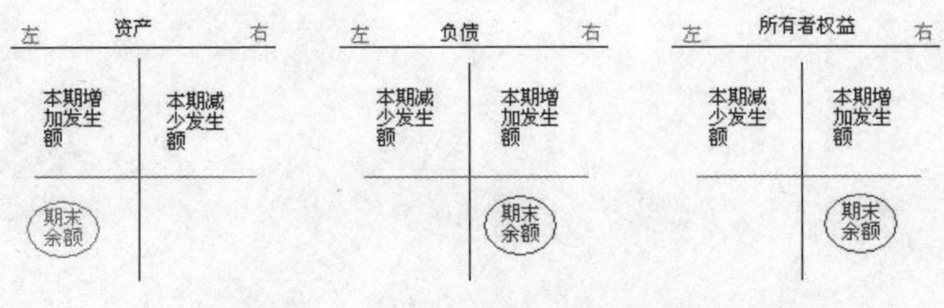

图 1.1 六要素的增加、减少和余额

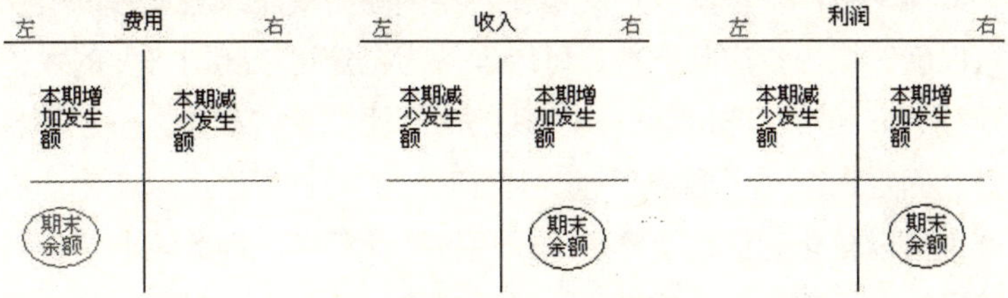

图 1.1 六要素的增加、减少和余额（续）

这些会计要素除了有余额外，还有发生额。所谓的余额就是剩余的金额，有期初、期末之分。所谓的发生额就是字面意思，分为增加发生额和减少发生额两种。一般约定俗成，资产和费用都是左边表示增加，右边表示减少。那么，其他的四个要素就刚好相反，右边表示增加，左边表示减少。记住男左女右就可以。

下面我们来认识一下六要素。

1.2.1 老大“资产”

资产是指由过去的交易或者事项形成并由企业拥有或者控制的资源，该资源预期会给企业带来经济利益。一开始接触这个概念，理解起来有点困难是正常的。这个概念包含“过去、拥有或者控制、预期、经济利益”这几个关键词。

（1）过去。为什么强调过去？这是因为任何企业现在所得到的资产，都不是企业现在，更不是未来所能创造出来的资产，它都是由以前的经营活动或者其他某些方面的原因而带来的。换句话说，企业现在的经营或者活动所创造出来的只能是企业未来的资产，而不是现在的资产。

比如你们公司有一台空调，这空调是资产吧？不管是花钱买的还是老板从家里带来的，这个“买”的行为和从家“带”的行为都已经发生过了，也就是属于过去时了。

（2）拥有或者控制。拥有，顾名思义就是企业对享有某项资源的所有权。控制和拥有有一定的区别，体现的是会计原则中的“实质重于形式原则”（后面会说到）。控制表示企业虽然不享有某项资源的所有权，但能控制该资源。

（3）预期、经济利益。这点可以理解为：可以为企业的将来带来确切的金钱收益和其他收入。如应收账款，在未来某个时间可以为企业带来一笔收入；再比如固定资产，固定资产在工作的时候其实是把价值转移到它所生产的产品中去了，产品一旦销售，收入实现了，就可以说固定资产为企业带来了经济利益。当然了，固定资产变卖的时候也会最后一次为企业实现经济利益。

了解以上关键词后，再来了解资产的分类。传统上，资产可以根据流动性分为流动资产和非流动资产。流动资产就是在一年内随时变现或者使用的资产。比如现金，企业可以随时取出；应收账款，可以理解为企业可以随时去要的钱，至于要不要得回来则是另一回事。非流动资产变现的时间比流动资产长，一般都超过一年。如长期投资、固定资产、无形资产等。但有时候流动资产也可以变为非流动资产，非流动资产也可以转化为流动资产。如短期投资就很可能因为企业的投资战略发生变化，将其追加为长期投资；或者先是长期投资，后来企业觉得投资无法实现原先的目标，决定将其转为短期投资，准备再观察个半年，如果还没办法实现预期目标，就可能把它卖掉了。资产的分类如图 1.2 所示。

- 资产（按流动性分）
  - 流动资产
    - 货币资金
    - 以公允价值计量且其变动计入当期损益的金融资产
    - 衍生金融资产
    - 应收票据
    - 应收账款
    - 预付款项
    - 应收利息
    - 应收股利
    - 其他应收款
    - 存货
    - 持有待售资产
    - 一年内到期的非流动资产
    - 其他流动资产
  - 非流动资产
    - 可供出售金融资产
    - 持有至到期投资
    - 长期应收款
    - 长期股权投资
    - 投资性房地产
    - 固定资产
    - 在建工程
    - 工程物资
    - 固定资产清理
    - 生产性生物资产
    - 油气资产
    - 无形资产
    - 开发支出
    - 商誉
    - 长期待摊费用
    - 递延所得税资产
    - 其他非流动资产

图 1.2　资产的分类

1.2.2　老二“负债”

负债是指过去的交易或事项形成的现实义务，履行该义务预期会导致经济利益流出企业，就是企业欠对方一笔钱，需要用现金或者其他的资产来偿还。也就是说，必须要付出一定的代价才能消除责任，这个责任是过去的交易或者事项所形成的义务。

负债也分流动负债和非流动负债，流动与非流动的区别也是以一年为限，在一年内是流动负债，比如短期借款、应付账款、应付票据、应付职工薪酬、应交税费等。

超出此期限则是非流动负债，常见的有：长期借款、应付债券和长期应付款。负债的分类如图 1.3 所示。

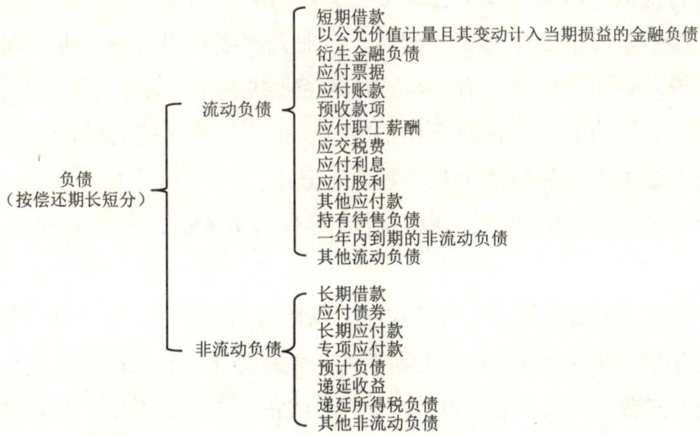

图 1.3　负债的分类

1.2.3　老三“所有者权益”

所有者权益是指投资者在企业资产中享有的经济利益，其金额为资产减去负债后的余额。所有者权益的组成内容如图 1.4 所示。

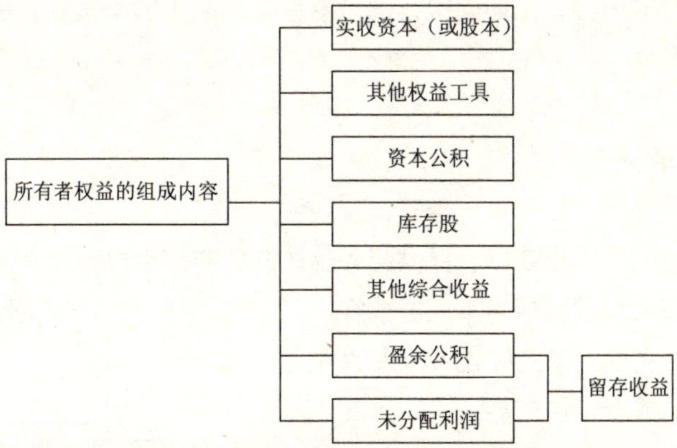

图 1.4　所有者权益的组成内容

举个例子，企业初创时，向外举债的部分就是负债，而企业所有者投入的部分，就是所有者权益。但是所有者权益并不是一成不变的，它可能因为投资者增加投资而增加，或者因为投资者撤资而减少，还可以随着资产或者是负债的变化而变化。

资产和负债都会导致企业经济利益的变化，最终导致利润的增减，这样就会间接影响所有者权益。这些可以从它的特点上看出来。

第一个特点是除非发生减资、清算，企业无需偿还投资额。可以理解为投资者只要将资产投入到企业里面，那么就形成与企业共生死、共存亡的关系，除非撤资。但在撤资方面，企业和法律都有严格的规定，也不是容易的。这样，就可以督促企业的生产者加紧生产，为创造企业的效益而奋斗。

第二个特点是企业清算时，只有付清所有的负债后，所有者权益才返还给投资者。

第三个特点是投资者凭借所有者权益可以参与利润分配。这个可以理解为投资者对企业投入资产，并以此成为企业的所有人，就是为了使自己的经济利益得到增值。而企业的生产创造了剩余价值，也的确让投资者的利益得到增值，所以针对企业增值所得到的利润，投资者理所当然要参与分配，并决策利润如何分配，以及如何利用利润等。无论是分利润，还是如何分等都是很重要的环节，这都需要读者逐步掌握。

没有收入哪来利润？没有利润怎么分？所以要想有利润，首先得有收入。

这里重点解释一下负债和所有者权益的关系，负债不等于所有者权益。虽然在资产负债表中它们是一个“战壕”里的，但两者还是有区别的。第一，负债不参与利润分配，债权人拿不到分红；第二，负债偿还是一种义务，利润分红是一种责任；第三，借钱是要付利息的，但不用给股东付利息；第四，企业破产清算时，财产拍卖一结束，先要支付拖欠工人的工资和缴纳社会保险费用，再缴纳企业所欠税款，接着要处理其他的债务，比如向银行的借款或是向职工的集资款，最后还有钱的话才能归还股东本金。

1.2.4 老四“收入”

收入是指企业在销售商品、提供劳务及让渡资产使用权等日常活动中所形成的经济利益的总流入，不包括为第三方或客户代收的款项。这个定义比较拗口，理解时读者要注意，它提供了三种收入流入的方式。

- 销售商品或者销售产品。
- 提供劳务。
- 让渡资产使用权。

收入的组成内容如图 1.5 所示。

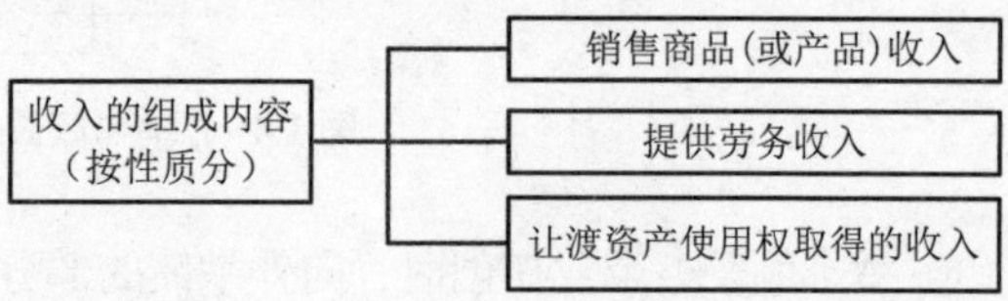

图 1.5　收入的组成内容

还要注意一点，“日常活动”

四个字，表明这里定义的收入涉及企业为完成其经营目标所从事的经常性活动以及与之有关的活动，下文叫“主营业务收入”。但企业一般不仅有日常收入，还有卖材料、卖废品的收入等，这个收入就不属于日常活动的收入了，因为一个企业日常活动不可能是卖废品（除了废品站），所以这个属于“其他业务收入”。还有将某栋楼房出售的突发性收入，这个突发性收入要比前面那个卖原材料、卖废品的收入更罕见，也不属于营业收入，于是就称为“营业外收入”。

最后需要注意，收入不包括为第三方或者客户代收的款项。比如单位代税务局收的个人所得税，不属于单位的收入。

与收入对应的，是费用。下一小节介绍费用。

1.2.5 老五“费用”

所谓费用是指企业销售商品、提供劳务等日常活动所发生的经济利益的流出。这个和收入的差别主要在于：收入是经济利益流入，而费用则是经济利益流出。要注意这个经济利益不一定表现为确切的资金流出。除了资金流出外，还可能是某一项权利的流出。

第一，费用一般是企业日常活动中所发生的经济利益的流出，而不是偶发的交易或事项中发生的经济利益的流出。

第二，费用可以表现为资产的减少，或负债的增加，或二者兼而有之。这点可以理解为：①费用的发生可以表现为资金的付出，比如用现金支付差旅费，这就导致了资产的减少；②由于企业没有现金可以用，就暂时计入欠款，这就导致负债的增加，比如从一个企业买来办公用品，但暂时没有钱支出，于是就增加管理费用，再计入应付款，这样就变成了费用增加，负债也增加的情况。

第三，费用将引起所有者权益的减少。这个在后面的会计等式中会详细解释。

除了特点，我们还需要掌握费用的构成。它包括三大费用：管理费用、销售费用和财务费用。管理费用就是企业行政管理部门发生的各种费用，比如电话费、招待费等；销售费用是企业在销售商品时发生的除营业成本以外的各种费用以及专设销售机构的各项费用，比如销售人员的工资、福利费等；财务费用是企业筹集生产经营资金时发生的费用。比如贷款利息、手续费等。

费用的组成内容如图 1.6 所示。

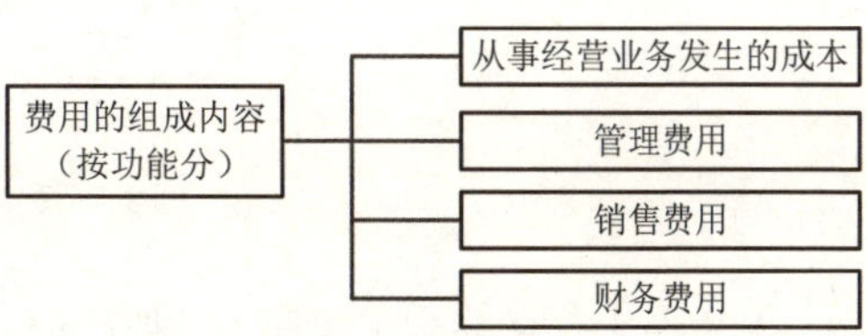

图 1.6 费用的组成内容

比如自然灾害造成的损失，不能算

作费用，前面提到过“营业外收入”，这里对应的就是“营业外支出”，以此来核算日常活动之外产生的经济利益的流出。

会计学很讲究对应关系，注重有因必有果。我们后面要讲的会计分录，会帮助读者更直观地理解这种一一对应关系。

1.2.6 老六“利润”

利润是指企业在一定会计期间的经营成果，包括营业利润、利润总额和净利润三大块。简单地说当收入－费用 =0（利润）时就结平，即不赚不赔。当收入－费用＞ 0 就是盈利，而收入－费用＜ 0 就是亏损。

为什么特指“一定会计期间”呢？因为企业如果效益非常好，可以一直良好地运营下去，夸张点说或许几千年、几万年企业都不会倒闭。可会计核算不能等到几千年、几万年后再核算，这样是不切合实际的。于是就人为地划分出一年为一个会计年度，三个月为一个会计季度，一个月为一个会计期间，以便于核算。需要用人民币来反映企业的货币资金，如果是以外币为主的企业，可以使用外币核算，但在会计报表中必须要折合成人民币来反映。所以利润的前提条件是一定期间，经营成果是企业在一定期间经营的业绩。

营业利润、利润总额和净利润的关系如下。

营业利润 = 营业收入－营业成本－税金及附加－销售费用－管理费用－研发费用－财务费用－资产减值损失－信用减值损失 + 其他收益 + 投资收益（－投资损失）+ 净敞口套期收益（－净敞口套期损失）+ 公允价值变动收益（－公允价值变动损失）+ 资产处置收益（－资产处置损失）

利润总额＝营业利润＋营业外收入－营业外支出

净利润＝利润总额－所得税费用

利润的分类如图 1.7 所示。

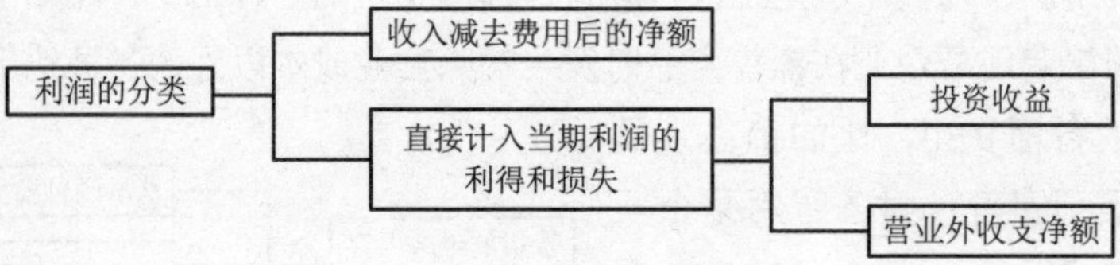

图 1.7 利润的分类

开办企业，要先到工商局去注册登记，工商局会发一个执照，这个执照上有经营范围，写着主营什么，在这个主营范围内取得的收入叫主营业务收入，为此付出的代价叫作主营业务成本和税金及附加。除了主营业务外，企业很可能会有一些其他的业务，比如把自己用不了的房产出租，这个租金就是其他业务收入，为此付出的代价即是其他业务成本。利润总额是所有利润的集合体。净利润，看名字就知道，口语中的纯利指的就是它，是利润总额减去所得税的结果。

1.3 科目的“小名”叫账户

话说这六个孩子长大了，娶妻生子，开枝散叶。生了一大帮孩子，这些孩子我们统称会计科目。我国企业常用的会计科目如表 1-1 所示。

表 1-1 企业常用会计科目简表

顺序号	编 号	会计科目名称	顺序号	编 号	会计科目名称
		一、资产类	25	2241	其他应付款
1	1001	库存现金	26	2501	长期借款
2	1002	银行存款	27	2502	应付债券
3	1121	应收票据			三、共同类（略）
4	1122	应收账款			四、所有者权益类
5	1123	预付账款	28	4001	实收资本
6	1131	应收股利	29	4002	资本公积
7	1221	其他应收款	30	4101	盈余公积
8	1231	坏账准备	31	4103	本年利润
9	1401	材料采购	32	4104	利润分配
10	1402	在途物资			五、成本类
11	1403	原材料	33	5001	生产成本
12	1405	库存商品	34	5101	制造费用
13	1601	固定资产			六、损益类
14	1602	累计折旧	35	6001	主营业务收入
15	1701	无形资产	36	6051	其他业务收入
16	1901	待处理财产损溢	37	6111	投资收益
		二、负债类	38	6301	营业外收入
17	2001	短期借款	39	6401	主营业务成本
18	2201	应付票据	40	6402	其他业务成本
19	2202	应付账款	41	6403	税金及附加
20	2203	预收账款	42	6601	销售费用
21	2211	应付职工薪酬	43	6602	管理费用
22	2221	应交税费	44	6603	财务费用
23	2231	应付利息	45	6711	营业外支出
24	2232	应付股利	46	6801	所得税费用

这个会计科目不用背。只要每天花 2 分钟看一遍就可以了，看一个星期。当你看到一个科目，知道他是哪家的孩子就可以了。比如看到应付职工薪酬，你能知道是负债家的。

在这里要说明以下三点。

一是表里面是常用一级科目，不包括专用科目，比如银行、保险公司、核电厂的专用科目。

二是会计科目有一级科目和明细科目之分，比如银行存款，如果企业存在多个对公账户，如账户为“工商银行 ×× 分行”，写“银行存款——工商银行 ×× 分行”，这其中的“银行存款”就是一级科目，“工商银行 ×× 分行”就是明细科目，它对一级科目起补充说明的作用。一级科目是中华人民共和国财政部（简称财政部）定的，只能选择使用，不能改动或用其他名称，明细科目就可以自行命名。

三是会计要素有六个，但在科目表里只有五大类，把费用中的成本独立出来成一类，余下的费用和收入、利润共同构成一类，叫作损益类，即损失和收益。会计科目表中的共同类是指既有资产性质又有负债性质的科目。共同类多为金融、保险、投资、基金等公司使用。本书不涉及这类科目。

这个科目表用处非常多，填凭证的时候会用到它，以后还要根据它来建账。

会计科目也有“小名”，叫账户。不过账户没有发生额和余额，自然也没有余额的左右之分，所以只能是个“小名”，两者不能完全等同。

会计科目和账户的联系和区别如表 1-2 所示。

表 1-2　会计科目和账户的联系和区别

<table>
<tr><td rowspan="4">联系</td><td>会计科目是设置账户的依据</td></tr>
<tr><td>会计科目是账户的名称</td></tr>
<tr><td>账户是会计科目的具体运用</td></tr>
<tr><td>会计科目所要反映的经济内容，就是账户要登记的内容</td></tr>
<tr><td rowspan="3">区别</td><td>账户既有名称，又有一定的格式和结构，可以记录和反映某类经济内容的增减变动情况及其结果</td></tr>
<tr><td>会计科目是国家通过制定企业会计准则而统一规定的</td></tr>
<tr><td>账户是由企业单位根据会计科目的设置和自身经营管理的需要在账簿中开设的</td></tr>
</table>

会计要素的知识点和 T 型账（也称丁字账）如图 1.8 所示。

会计学是一门社会科学，既然是社会科学，就离不开社会。社会讲究什么呢？规则。特别是市场经济，更加注重规则规律。俗话说“无规矩不成方圆”。会计作为经济工作中重要的一环，参与经济建设，一样要受到规则的制约。这种制约体现为会计假设和会计原则两大类。

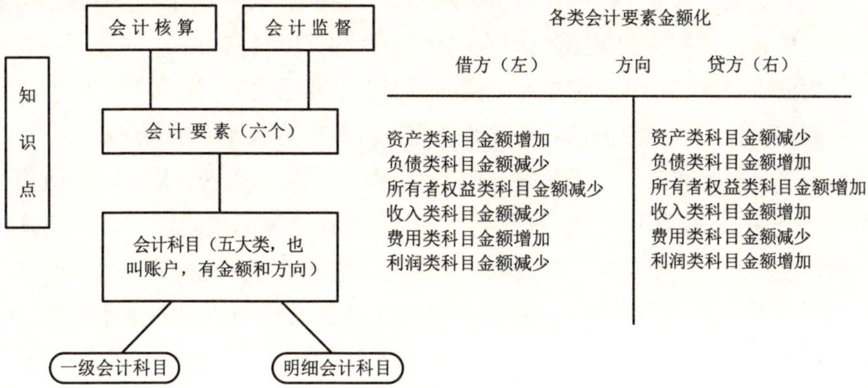

图 1.8 会计要素的知识点和 T 型账

1.4 四个假设

就像做几何题时，题目会告诉你假设一样，会计假设是一种对会计活动进行时、空、量限定的理论，反映了会计核算的本质规定。通俗讲就是什么时间、什么地点、做了多少事。为了保证会计工作正常进行和会计信息的质量，需要对会计核算的范围、内容、基本程序和方法进行限定。这种限定之所以称为假设，是因为我们处在一个不断变化的社会经济环境中，有太多不确定的因素，就可能会有不完善的认识。因此，在会计实务中就必须对某些未被确切认识的事物，规定一个前提条件，即假设会计活动（也就是前面说过的核算和监督）是在某种特定条件下进行的。目前为会计界普遍认可的基本假设有会计主体假设、持续经营假设、会计分期假设和货币计量假设。

1.4.1 会计主体假设

会计主体是指会计工作服务的特定单位，是会计人员进行核算的空间活动范围。一般情况下，一个经济单位就是一个会计主体，但也不排除在特定情况下，将集团或内部机构作为会计主体，如企业内部的责任中心等。这条规定了会计在什么地点做事。

会计主体假设之所以成为会计核算的基本前提之一，主要基于其从空间上对会计工作范围予以界定，六大会计要素才有了空间归属，相关人员才有可能从会计记录和会计报表中得到有意义的会计信息，从而做出决策，并管理、控制经济活动。

比如，内蒙古蒙牛乳业（集团）股份有限公司（简称“蒙牛公司”）的会计在做账时不能把内蒙古伊利实业集团股份有限公司（简称“伊利公司”）的数据写进去，因为作为蒙牛公司的会计，你核算的空间范围就是在蒙牛公司。其次，明确会计主体，才能将会计主体的财务核算与该会计主体所有者的财务核算区分开来。比如，王二姑开了一家天津二姑包子有限公司，王二姑自己家的水费、电费、电话费、煤气费能不能由公司承担呢？答案是不能。因为会计主体假设圈定了会计核算的范围。会计主体必备三个条件，即具有一定数量的经济来源，进行独立的生产经营活动或其他活动，实现独立核算并提供反映本主体经营活动情况的会计报表。这三个条件，法律主体也具备，但会计主体不同于法律主体，它们的关系有以下三种情况。

（1）公司是会计主体同时又是法律主体。例如有限责任公司、股份有限公司等。

（2）公司是会计主体但不是法律主体。例如个人独资企业、合伙企业、分公司等。

（3）公司是法律主体但不是会计主体。比如集团公司下属子公司是法律主体，但在企业集团编制合并报表时，这些子公司就不是一个会计主体，我们只把集团公司看作一个整体。

1.4.2 持续经营假设

第二个假设是持续经营假设。企业的目标是追求利润最大化，怎么样才能做到最大化？基础就是“钱生钱”。一个企业的生产经营过程就是一个再生产的过程，市场竞争很激烈也很残酷，当然会面临破产清算的可能。但是否会破产清算以及何时破产清算却没有人知道，为此会计界设立了持续经营假设。简单地说，作为会计人员，要告诉自己：我服务的企业永远不会倒。因为如果倒了，就不需要会计核算了。

1.4.3 会计分期假设

第三个假设是会计分期假设。一个企业的经营成果，从理论上讲只有到经营活动全部停止或破产清算时才能最终计算完毕并提供财务报告。但在现实中这是不可能实现的，因为一方面，会计主体的经营活动何时停止是一个不确定因素；另一方面，会计信息的使用者不可能等到经营活动全部停止或破产清算时才去了解财务报告。因此，在会计实务中就需要对连续不断的经营活动人为规定，在一个较短的期间内对其进行考核和报告，由此产生了会计分期假设。

会计期间有历年制，也有营业年制。因为会计期间是人为划分的，根据世界各国对预算年度的规定不同，会计期间有历年制（即每年 1 月 1 日起至本年 12 月 31 日）的，如德国、匈牙利、波兰、瑞士等；有四月制（即每年 4 月 1 日起至次年 3 月 31 日）的，如英国、加拿大、印度、日本、新加坡等；有七月制（即每年 7 月 1 日起至次年 6 月 30 日）的，如瑞典、澳大利亚等；还有十月制（即每年 10 月 1 日起至次年 9 月 30 日）的，如美国、缅甸、泰国、斯里兰卡等。不管怎么样，要记住一年都是 12 个月。这里还要提到中期的概念，会计分期包括中期，任何一个短于一个完整的会计年度的报告期间都可以称作中期。

我国采用历年制，每年 1 月 1 日起至本年 12 月 31 日为一个会计年度。值得说明的是，会计分期假设其实是持续经营假设的补充。有了会计分期，才产生本期与非本期的区别；有了本期和非本期的区别，才产生权责发生制和收付实现制，进而出现了应收、应付、折旧、摊销、递延等会计处理方法。由于存在会计分期，现金实际的收付期间和资源流动的发生期间往往不一致。这样，在确认资产、负债、收入、费用时，就有两种交易记录可供选择：收付实现制和权责发生制。记录交易最简便的做法是在发生现金收支时进行记录，这也叫现金制或收付实现制会计；另一种交易记录方法是权责发生制会计，它要求在收入赚取时才确认，不论何时收到现金。比如甲企业赊销给乙公司商品 1 000 件，共计 20 万元。尽管甲企业未收到现金，但仍可记作收入已实现，而不必一定要收到 20 万元。同样的道理，在费用发生时，即使尚未支付，也被确认为当期的费用。这一方法的优点在于不会人为地使企业的某一期间损益大起大落，所以我国法律规定企业应当以权责发生制为基础进行会计确认、计量和报告。

1.4.4 货币计量假设

最后一个假设是货币计量假设。货币作为一般等价物，具有价值尺度的功能，货币计量的假设是指企业在进行会计核算时，要以货币作为量度来加以确认。

这个假设明确了会计核算的计量尺度和计量条件。这里包含两个内容：第一，以货币计量单位对企业的经营活动及其成果进行综合反映，这个很重要，是会计的基本特征；第二，当所发生的经济业务存在用两种以上货币单位计量时，为便于会计报表的阅读、汇总，就需要确定以某一种货币作为记账本位币。我们国家的记账本位币就是人民币。

市场经济条件下某些影响企业财务状况和经营成果的因素，如企业经营战略、研发能力、市场竞争力、客户资源等，是无法用货币来计量的，但这些信息对于使用者的决策也很重要。企业可以在财务报告中补充披露有关非财务信息。总而言之，会计假设是对会计所处的经济环境所做的合乎情理的推断和假定，会计假设本质上是一种理想化、标准化的会计环境。假设毕竟与经济现实存在一定程度的脱节，只要假设与现实的差距保持在合理的范围内，就不必担心。当现实发生了重大变化而使差距越来越大时，假设就必须做出调整和补充，以适应变化了的环境。

1.5 八个原则

我国有 3 家国家级的会计学院，秉持的宗旨都有这一句——不做假账。不做假账是会计人员的基本操守。

根据《企业会计准则——基本准则》的规定，对会计信息质量的要求包括可靠性、相关性、可理解性、可比性、实质重于形式、重要性、谨慎性和及时性（前四项是首要质量要求，后四项是次要质量要求）。而这八项要求也称为会计的原则。

第一是可靠性原则。它要求企业应当以实际发生的交易或者事项为依据进行确认、计量和报告，如实反映符合确认和计量要求的各项会计要素和其他相关信息，保证会计信息真实可靠、内容完整。

第二是相关性原则，又称为有用性原则。它要求企业提供的会计信息应当能够反映企业的财务状况、经营成果和现金流量，以满足会计使用者的需要。该原则主要侧重于满足需要，因为企业不一样，所以每个企业的需求也不一样，不能以一个企业的方法去套另外一个企业，所谓小企业小方法，大企业大方法，就是这个道理。正所谓最好的方法，不一定最适合企业，而我们做会计的，就是要找出一套最适合企业的会计方法。

第三是可理解性原则。它要求企业提供的会计信息应当清晰明了，便于财务会计报告使用者理解和使用。

第四是可比性原则。要求企业的会计核算要按照国家的统一会计制度的规定执行，会计指标核算口径要一致，能相互可比。可比性原则分两个方面：第一是同一个企业前后会计数据有可比性；第二是不同企业（当然要是同行业）之间会计数据有可比性。其实在这点上，笔者的理解是为了相互比较数据，为了得出不同企业的财务状况、成果等，相比的一切，都是以这个为基础的。

第五是实质重于形式原则。它要求企业应当按照实际交易或事项的经济实质进行会计核算，而不应当仅仅按照它们的法律形式作为会计核算的依据。在这点的理解上，主要体现在重实际、轻形式。按照通俗的解释就是：来实的，不要来虚的。比如，王二公司从张三公司租来一台机器，机器的可使用寿命是 20 年，而王二公司只签了 15 年的租用合同，约定可以提前购买，那应该怎么办？虽然签的是租赁合同，机器不是自己的，但王二公司为了加强对其机器的核算，将其作为固有资产核算。

第六是重要性原则。它要求企业的会计核算应当遵循重要性原则的要求，在会计核算过程中对交易或事项应当区别其重要程度，采用不同的核算方式。其含义有以下两点。

（1）要区别对待。可以理解为对于重要事项、重大事件，要按规定的方法严格执行，并对其事项和事件的发生在财务报告中充分披露。此处的披露分为对外与对内。对外，就是对公众，要让大家知道你这个企业有什么重大事情发生，以及会产生什么样的结果。在这点的理解上，上市公司要格外重视，因为有好多企业就是向外报送虚假报表，误导公众，所以也是严格禁止的。对内，我个人理解就是对影响企业生产的重要环节要单独作为重点核算，重点分析，连续跟踪，为企业的领导者做出正确的决策做好助手。

（2）要分轻重。这点的理解要注重不是所有企业的资料都要详细核算。在这点上笔者有记忆深刻的经历。当初身为工业企业的成本核算员，负责除报表外的所有财务数据，重点是核算成本。本企业一年销售收入上千万元，日常用的笔、纸、墨水、钉子、塑料管、电线等几百种备件每月金额有几万之多，笔者按领导要求将备件一个个设为标准成本核算，结果每个月笔者大部分时间都是在输入这些小东西的入库金额、数量和出库数量，这样就没有精力去关注成本核算。这就是明显的会计信息的提供成本大于收益成本。对于这些，其实我们完全可以用简单的方式来计算，将重要精力放在重要的事务中。所以在实际操作中，大家一定要分清轻重，对于不会产生影响的数据进行简便核算，将主要精力放在重要的核算上。

第七是谨慎性原则。它要求企业在核算时，保持应有的谨慎，不得多计资产或收益、少计负债或费用，不得设置秘密准备。谨慎性原则在会计从业上是一项工作要求，因为会计每天都要和很多的数据打交道，再加上从会计凭证到财务报表，那是一环紧扣一环，一个数据错，甚至一个数据中的一个标点点错，就有可能导致所有的与之有关的数据要进行变动和改进。所以谨慎性在会计上要求格外严格。这里的谨慎性原则要求体现在对支出和收益的确认上，要尽可能确认已经明确的支出和收益，而不是去确认可能的支出和收益。如此确认，则可以计提减值准备，增强企业的抵御风险的能力，更可减少虚增资产的发生。另外这里需要提醒的是：允许计提减值准备，并不等于说可以随意计提，而是必须严格遵循减值准备的计提条件和方法，如果不遵循，则属于滥用，属于重大会计差错。

第八是及时性原则。它要求企业的会计核算应当及时进行，不得提前和延后。此原则充分体现了“时间就是金钱”的概念，在竞争日趋激烈的市场，谁能第一时间掌握资料，谁能第一时间掌握数据，谁就能领先一步。及时性原则正是体现了这一点。及时计算，及时关注，及时掌握，及时准备均是此原则的体现。对财务人员来说，以最佳、最快、最准确、最好的方法报出的数据，就能让领导们掌握最新的数据，为企业的正确决策做出贡献。所以从这点上看。财务总监的责任是很重的。

1.6 计量属性这样“选”

币值的变动会影响会计记账，经济利益、经济环境、技术发展、会计目标也都会影响会计记账。这部分属于会计计量属性选择。会计计量是以数量关系来确定物品或事项之间的内在数量关系，把数额分配于具体事项的过程。普遍认可的计量属性有历史成本、重置成本、可变现净值、现值计量、公允价值 5 种。

在历史成本计量下，资产按照购置时支付的金额，或者按照购置资产时所付出的公允价值计量。比如买一台空调，花了 4 000 元钱，入账的时候就按发票上的金额记账。负债按照因承担现时义务而实际收到的款项或者资产的金额，或者承担现时义务的合同金额计量。

重置成本是指在本期重新购买资产的成本。这种计量属性能够避免因价格变动导致的收益虚计，可较为客观地评价企业的管理业绩。但重置成本确定较为困难，没办法做到百分百复原，从而影响信息的可靠性。比如企业发现一台固定资产没有入账，补充记账的时候，就以市场上相同的型号规格新旧程度的价格入账，究竟以前是以多少钱买来的就不得而知了。

可变现净值是指资产按照其正常对外销售所能收到现金或者现金等价物的金额扣减该资产至完工时估计将要发生的成本、估计的销售费用以及相关税费后的金额计量。比如企业花了 20 万元买了一批钢材，因为市场供求变动，现在只能卖到 17 万元，那企业在记账的时候，就要把 20 万元下调到 17 万元。这就是可变现净值的应用。但要注意它无法反映企业预期使用资产的价值，因而并非所有资产、负债都有变现价值。

在现值计量下，资产按照其预计持续使用和最终处置中所产生的未来净现金流入量的折现金额计量，负债按照预计期限内需要偿还的未来净现金流出量的折现金额计量。现值计量属性考虑了货币的时间价值，与决策的相关性最强，能够体现经管责任的全部要求。但是现值计量是基于假设和判断基础上的，所以可靠性较差。它通常用于非流动资产可收回金额和以摊余成本计量的金融资产价值的确定等。

公允价值是以市场价格为信号传递信息，市场根据不同资产的风险与收益决定其具有不同的交换价格。通俗讲，公就是公众，允就是同意，公允价值就是大家都同意的价值。公允价值是双方在无干扰情况下，自愿进行交换的价值，因此会计在任何时候都可以按公允价值进行计量、反映，并向信息使用者提供信息。

1.7 资金这样“流”

经常会看到一家发展很好的企业因为资金流断裂而倒闭的事情，总是叫人遗憾。

资金流也叫资金运动，是指资金的形态发生的变化。在市场经济条件下，资金只有通过源源不断的运动才能实现保值增值的目的。资金运动与会计有着紧密的联系，有些理论认为，资金运动就是会计的对象，这个对象就是货币资金到储备资金，到生产资金到商品资金，最后回到货币资金，不断地演化。由于企业资金活动的起点和终点都是现金，所以企业的财务活动也称为现金管理活动。其基本形式如下。

货币资金→储备资金→生产资金→成品资金→结算资金→货币资金。

在这个过程中可以看到资金具有4个特点：首先是并存性，是指资金在循环周转中，几种占用形态并存；其次是继起性，是指资金在循环周转中顺序地从一种形态转化为另一种形态；再次是补偿性，是指资金在循环周转中消耗的部分必须在经营收入当中补偿回来，也就是做买卖首先要收回本金；最后是增值性，是指所获得的经营收入，除补偿耗费的资金数额外，还应有多余，就是要有利润可赚。

我们以工业企业的资金在运动中要经历的三个阶段来说明企业资金在经营过程的不同阶段的循环和周转。工业企业的生产经营活动，分为供应、生产和销售三个过程，伴随着生产经营活动的经营资金也顺次经过供应、生产和销售三个过程，不断地改变形态，周而复始地循环周转。

在供应过程中，企业以货币资金购进原材料，为生产进行必要的物资储备，这时货币资金转化为储备资金。

生产过程是将材料投入生产并加工成新产品的过程。在这个过程中同时发生了各种生产费用，如材料的耗用、机器设备的磨损、支付工人工资等，储备资金和一部分货币资金就转化为生产资金。产品制造完成后，生产资金又转化为成品资金。

在销售过程中，企业将产品卖出去，并通过结算取得销售收入，成品资金又转化为货币资金，企业的纯收入除一部分以税金的形式上缴国家、以股利形式分配给股东外，其余部分又重新投入生产经营过程，继续进行周转。

企业的资金通过上述 3 个过程，按照一定的规律依次转化，不断地周转循环，叫作资金周转。

工业企业中的资金，除上述资金周转外，还有由于调拨固定资产、支付利润、归还借款等情况引起的资金变动，这些资金的增减变动，也是企业资金运动的一部分，都是会计核算和监督的对象。工业企业资金运动如图 1.9 所示。

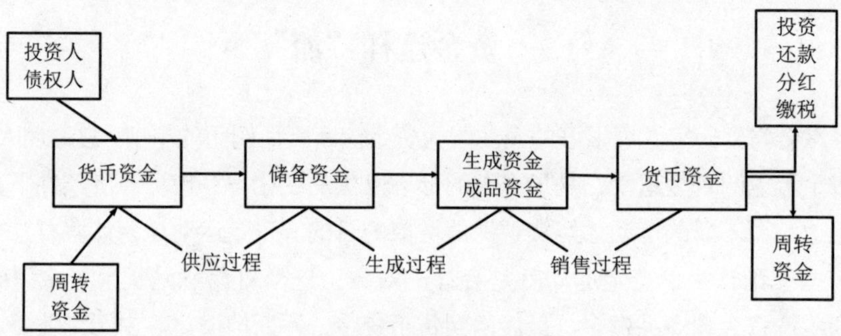

图 1.9　工业企业资金运动

资金流贯穿企业采购、生产、营销的方方面面，并且资金尤其是现金流是评价企业长期、短期偿债能力的指标，它从一个方面反映了一个企业的经营和周转情况。如果现金流不正常就会出现存货积压销不出去、原料采购不进来的情况，最终导致资金链断裂，企业破产。

1.8　会计等式

之所以会计的资产、费用记借方，负债、收入记贷方，那是因为会计核算基础平衡式"资产 + 费用 = 负债 + 所有者权益 + 收入"的要求。

最初，银行为了记账，产生了会计核算基础平衡式。再后来就应用到企业里面。读者都知道，当一个企业成立的时候，要有资本金，那么这个资本金又是从何处得来的呢？只有两个地方，一个是管别人借的钱，另外一个就是投资者投入的钱。这样就出现了以下基本等式。

资产 = 负债 + 所有者权益

以后延伸的公式都是以此为基础。随着企业的发展，企业的经营慢慢有了起色也渐渐地好了起来，于是就有了利润。那么利润的加入会不会破坏等式呢？答案是肯定不会。因为收入增加的同时，企业的资产也同时在增加。于是等式又变成如下。

资产 = 负债 + 所有者权益 + 利润

而利润又是收入减费用得来的，于是等式就变成完整的会计核算基本等式。

资产 = 负债 + 所有者权益 + 利润（收入 − 费用）

我们将费用移到等式左边就成了：

资产 + 费用 = 负债 + 所有者权益 + 收入

这个等式就可以回答为什么会计报表总是借贷相等，是“平”的；为什么会计分录也是借贷相等，也是“平”的。还可以回答为什么凭证做完后要编制科目汇总表，为什么说科目汇总表总是借贷相等的。更可以回答为什么报表会是“平”的，实务中分录却不一定正确。等式都可以告诉你答案，可见这个基本等式非常重要。这个基本等式也叫会计等式或会计衡等式。会计等式关系如图 1.10 ～图 1.13 所示。

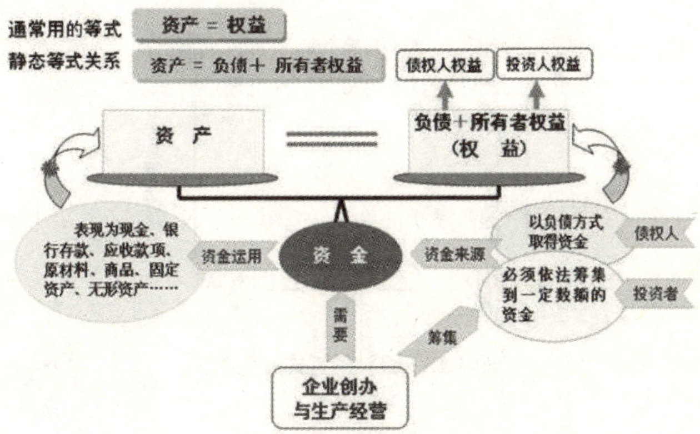

图 1.10 会计静态等式关系

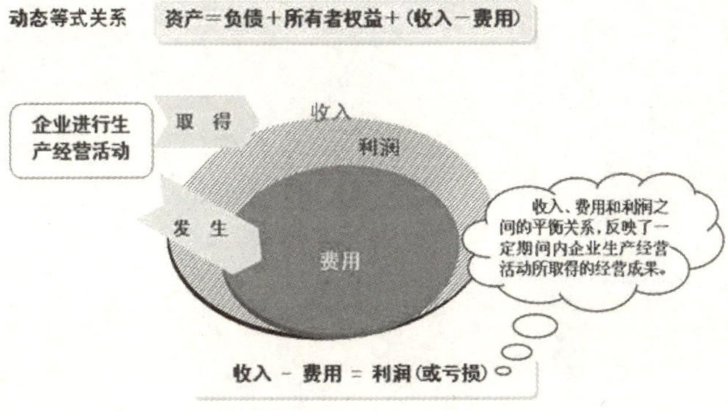

图 1.11 会计动态等式关系

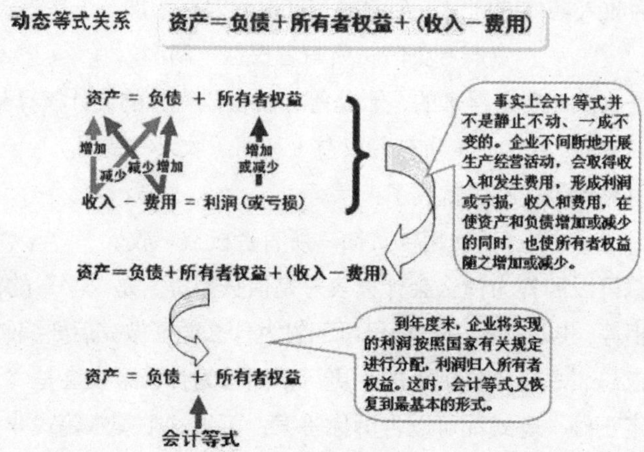

图 1.12　会计的等式关系 1

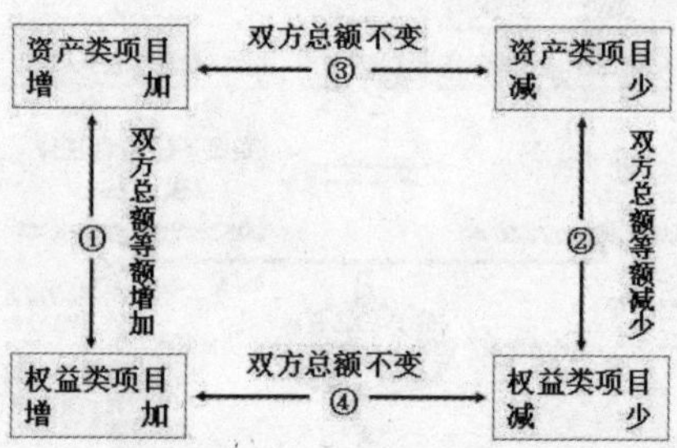

图 1.13　会计的等式关系 2

模拟演练

会计等式

天昊公司 2018 年 1 月 1 日资产负债表如表 1-3 所示。

表 1-3 天昊公司 2018 年 1 月 1 日

资产负债表（简表）

2018 年 1 月 1 日 金额单位：元

资产		负债 + 所有者权益	
项目	金额	项目	金额
银行存款	350 000.00	短期借款	500 000.00
应收账款	200 000.00	应付账款	200 000.00
存货	650 000.00	实收资本	1 300 000.00
固定资产	800 000.00		
总计	2 000 000.00	总计	2 000 000.00

该公司 1 月发生以下经济业务。

【业务 1】1 月 5 日，天昊公司接受投资单位投入大型设备一台，价值 200 000 元。

这项业务发生后，资产方的固定资产项目增加了 200 000 元，由原来的 800 000 元增加到 1 000 000 元；权益方的实收资本项目增加了 200 000 元，由原来的 1 300 000 元增加到 1 500 000 元。由于是资产和权益双方有关项目都以相等的金额增加，所以双方总额仍然相等。这项业务所引起的变化如表 1-4 所示。

表 1-4 天昊公司 2018 年 1 月 5 日

资产负债表（简表）

2018 年 1 月 5 日 金额单位：元

资产		负债 + 所有者权益	
项目	金额	项目	金额
银行存款	350 000.00	短期借款	500 000.00
应收账款	200 000.00	应付账款	200 000.00
存货	650 000.00	实收资本	1 500 000.00
固定资产	1 000 000.00		
总计	2 200 000.00	总计	2 200 000.00

由此可见，当一项经济业务发生后，资产与负债和所有者权益双方有关项目会以相等的金额同时增加或同时减少，双方总金额相等，仍然保持平衡关系。

【业务2】1月10日，天昊公司以银行存款100 000元偿还短期借款。

这项业务发生后，资产方的银行存款项目减少了100 000元，由原来的350 000元减少到250 000元；权益方的短期借款减少了100 000元，由原来的500 000元减少到400 000元。由于资产和权益双方有关项目都以相等的金额减少，因此双方总额仍然相等。这项业务所引起的变化如表1-5所示。

表1-5　天昊公司2018年1月10日

资产负债表（简表）

2018年1月10日　　金额单位：元

资产		负债+所有者权益	
项目	金额	项目	金额
银行存款	250 000.00	短期借款	400 000.00
应收账款	200 000.00	应付账款	200 000.00
存货	650 000.00	实收资本	1 500 000.00
固定资产	1 000 000.00		
总计	2 100 000.00	总计	2 100 000.00

可以看到，当一项经济业务发生后，资产和权益双方的项目都以相等的金额同时增减，双方总金额相等，仍然保持平衡关系。

【业务3】1月14日，天昊公司以银行存款购入原材料100 000元。

这项业务发生后，资产方的存货项目增加了100 000元，由原来的650 000元增加到750 000元；资产方的银行存款减少了100 000元，由原来的250 000元减少到150 000元。因为这项业务所引起的增减变化是发生在同一类项目之内，金额又相等，即使有关的项目金额变化了，也不会影响总额的变动。这项业务所引起的变化如表1-6所示。

表1-6　天昊公司2018年1月14日

资产负债表（简表）

2018年1月14日　　金额单位：元

资产		负债+所有者权益	
项目	金额	项目	金额
银行存款	150 000.00	短期借款	400 000.00
应收账款	200 000.00	应付账款	200 000.00
存货	750 000.00	实收资本	1 500 000.00
固定资产	1 000 000.00		
总计	2 100 000.00	总计	2 100 000.00

当一项经济业务只涉及资产方有关项目之间的金额增减变动时，资产总额不会发生变动。同时，由于它不涉及权益方的项目，因而权益总额也不会发生变动，所以资产和权益双方仍保持平衡关系。

【业务 4】1 月 20 日，天昊公司开出商业承兑汇票一张，金额为 50 000 元，以抵付前欠应付账款。

这项业务发生后，权益方的应付票据项目增加了 50 000 元；权益方的应付账款项目减少了 50 000 元，由原来的 200 000 元减少到 150 000 元。因为这项业务所引起的增减变化也是发生在同一类项目之内，金额又是相等的，虽然使有关项目的金额发生了变化，但不会影响总额的变动。这项业务所引起的变化如表 1-7 所示。

表 1-7　天昊公司 2018 年 1 月 20 日

资产负债表（简表）

2018 年 1 月 20 日　　金额单位：元

资产		权益负债 + 所有者权益	
项目	金额	项目	金额
银行存款	150 000.00	短期借款	400 000.00
应收账款	200 000.00	应付账款	150 000.00
存货	750 000.00	应付票据	50 000.00
固定资产	1 000 000.00	实收资本	1 500 000.00
总计	2 100 000.00	总计	2 100 000.00

由此可见，当一项经济业务只涉及权益方有关项目之间的金额增减变动时，权益总额不会发生变动。同时，由于它不涉及资产方的项目，最终资产总额也不会发生变动，所以资产和权益之间仍保持平衡关系。

第2章

凭证那些事儿

02

会计中出现的数据要经过各种“记录”，凭证就是记录之根本。企业的钱从哪里来，钱要到哪儿去，看看凭证就知道了。

2.1 会计凭证知多少

凭证又称会计凭证，是指能够用来证明经济业务事项发生、明确经济责任并据以登记账簿、具有法律效力的书面证明。会计凭证按填制程序和用途，可分为原始凭证和记账凭证两大类。会计凭证的分类如图 2.1 所示。

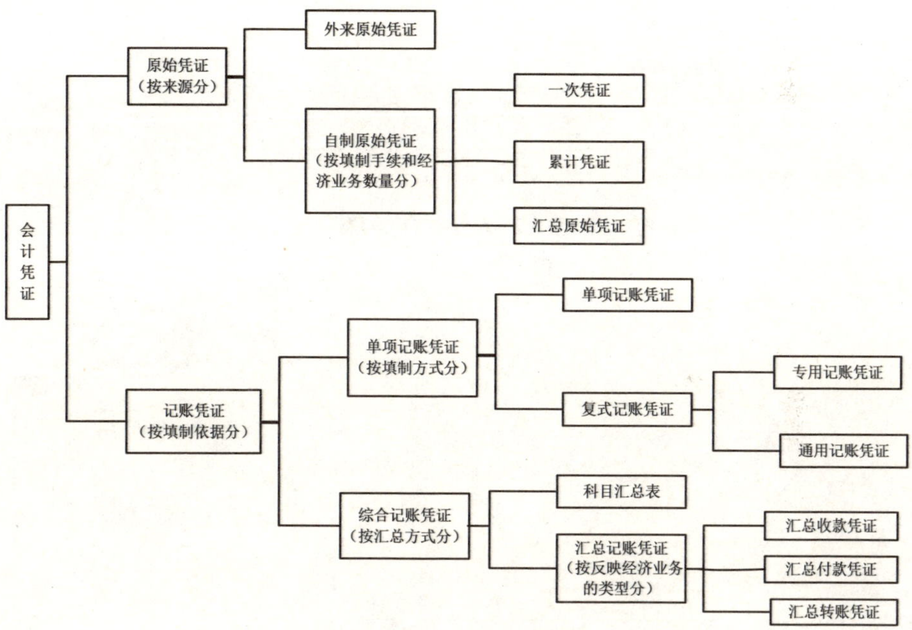

图 2.1 会计凭证的分类

2.1.1 晒晒原始凭证

所谓原始凭证，又叫单据，是在经济业务事项发生或者完成时填写的，用来证明经济业务事项已经发生或者完成，以明确经济责任并用作记账原始依据的一种凭证。

原始凭证按照来源不同进行分类，可以分为外来原始凭证和自制原始凭证两类。

增值税发票就是常见的外来原始凭证，它分为增值税专用发票和增值税普通发票两种。一般，专用发票（如图 2.2 所示）有三联：记账联、抵扣联和发票联。普通发票（如图 2.3 所示）只有记账联和发票联，而卷票（如图 2.4 所示）又是普通发票的一种。这些发票都是通过金税开票系统开出来的。

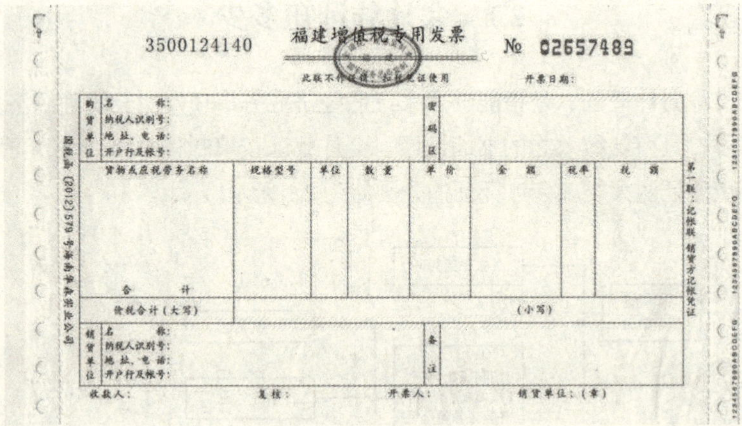
3500124140 福建增值税专用发票 № 02657489

此联不作报销、扣税凭证使用 开票日期：

购货单位	名称： 纳税人识别号： 地址、电话： 开户行及账号：	密码区					
货物或应税劳务名称	规格型号	单位	数量	单价	金额	税率	税额
合计							
价税合计（大写）					（小写）		
销货单位	名称： 纳税人识别号： 地址、电话： 开户行及账号：	备注					

收款人： 复核： 开票人： 销货单位：（章）

第一联：记账联 销货方记账凭证

图 2.2 增值税专用发票

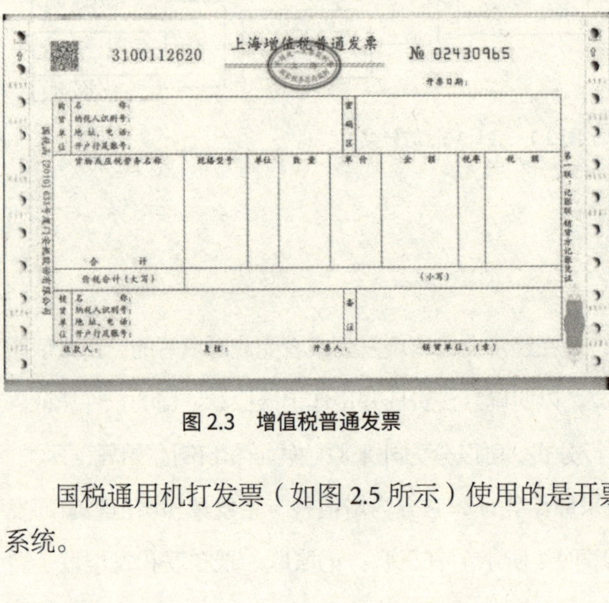
3100112620 上海增值税普通发票 № 02430965

开票日期：

购货单位	名称： 纳税人识别号： 地址、电话： 开户行及账号：	密码区					
货物或应税劳务名称	规格型号	单位	数量	单价	金额	税率	税额
合计							
价税合计（大写）					（小写）		
销货单位	名称： 纳税人识别号： 地址、电话： 开户行及账号：	备注					

收款人： 复核： 开票人： 销货单位：（章）

第一联：记账联 销货方记账凭证

图 2.3 增值税普通发票

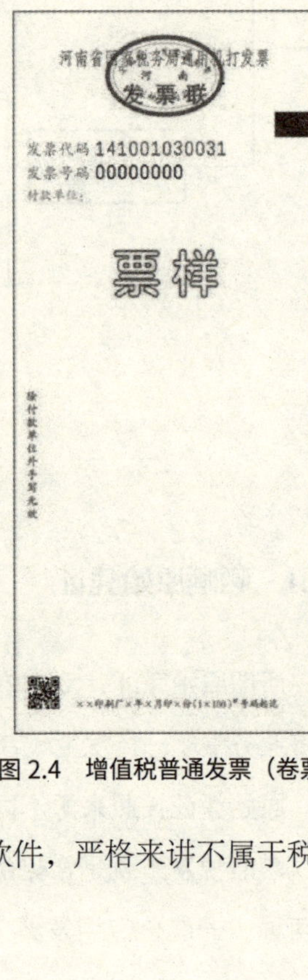
河南省国家税务局通用机打发票

发票联

发票代码 141001030031

发票号码 00000000

付款单位：

票样

图 2.4 增值税普通发票（卷票）

国税通用机打发票（如图 2.5 所示）使用的是开票软件，严格来讲不属于税控系统。

电子发票是信息时代的产物，同普通发票一样，采用税务局统一发放的形式给商家使用，发票号码采用全国统一编码，采用统一防伪技术，分配给商家，在电子发票上附有电子税局的签名机制。增值税电子普通发票（如图 2.6 所示）的开票方和受票方需要纸质发票的，可以自行打印增值税电子普通发票的版式文件，其法律效力、基本用途、基本使用规定等与税务机关监制的增值税普通发票相同。

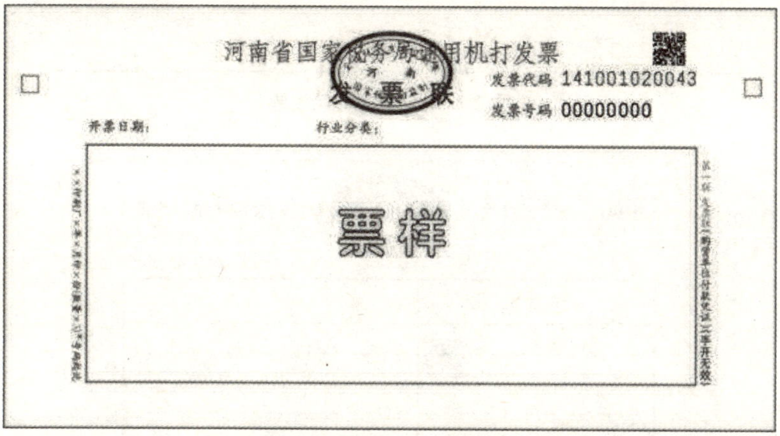

图 2.5　国税通用机打发票

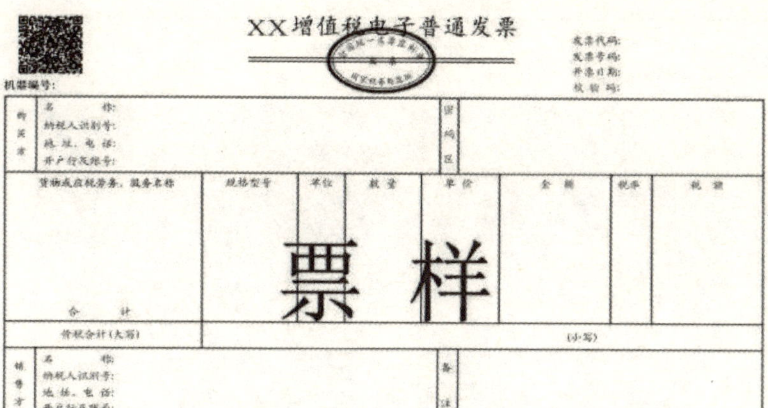

图 2.6　增值税电子普通发票

随着电子发票的兴起，手写发票逐渐退出历史舞台。还有一种是定额发票（如图 2.7 所示），营改增后，地税定额发票已经取消。

财政票据（如图 2.8 所示）、普通收款收据（如图 2.9 所示）、缴款书等都属于外来原始凭证。

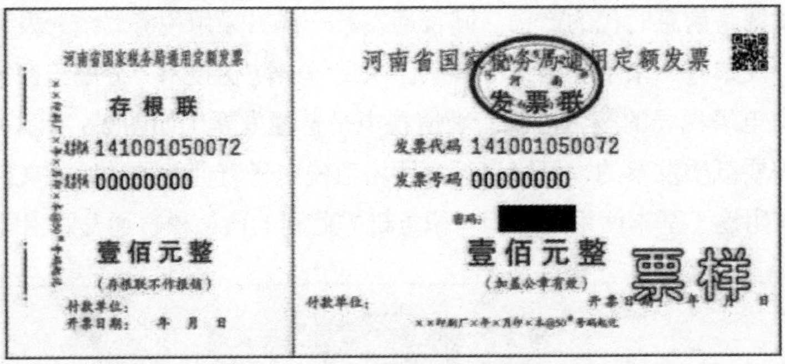
河南省国家税务局通用定额发票
存根联
141001050072
00000000
壹佰元整
（存根联不作报销）
付款单位：
开票日期：　年　月　日

河南省国家税务局通用定额发票
发票联
发票代码 141001050072
发票号码 00000000
壹佰元整
（加盖公章有效）
付款单位：
开票日期：　年　月　日
票样

图 2.7　国税通用定额发票

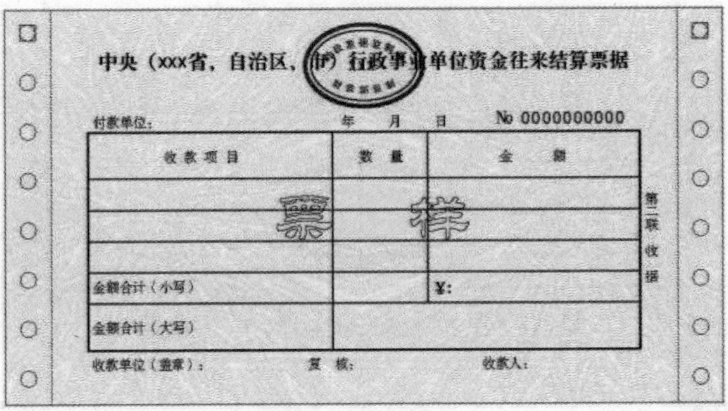
中央（xxx省，自治区，市）行政事业单位资金往来结算票据

付款单位：　年　月　日　№ 0000000000

收款项目	数量	金额
金额合计（小写）		¥:
金额合计（大写）		

收款单位（盖章）：　复核：　收款人：

第二联 收据

票样

图 2.8　财政票据

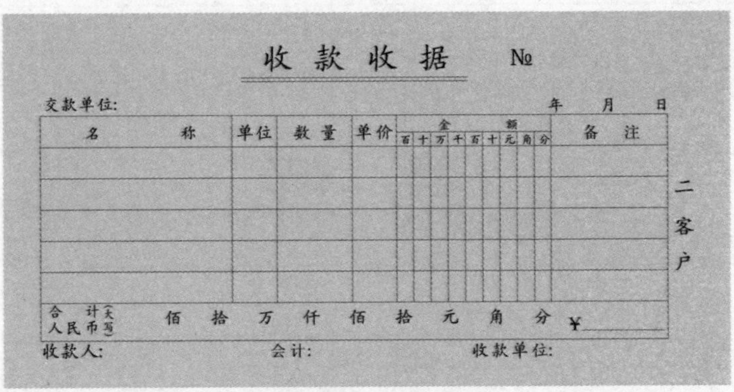
收款收据　№

交款单位：　年　月　日

名称	单位	数量	单价	金额（百 十 万 千 百 十 元 角 分）	备注
合计人民币（大写）	佰 拾 万 仟 佰 拾 元 角 分			¥	

收款人：　会计：　收款单位：

二 客户

图 2.9　普通收款收据

上述这些在经济业务发生或完成时从其他单位或个人直接取得的原始凭证被称为外来原始凭证。外来的原始凭证大多数为一次性凭证。自制原始凭证简称自制凭证，是指由本单位内部经办业务的部门或个人（包括财会部门本身）在执行或完成某项经济业务时所填制的原始凭证。比如考勤表（如表 2-1 所示）、领料单（如图 2.10 所示）等。

表 2-1　考勤表

单位：　　　　　　　　　　　　　　　　（自 20　年　月　日至 20　年　月　日）

序号	姓名	日期/出勤	1	2	3	4	5	6	7	8	9	10	11	12	13	14	15	16	17	18	19	20	21	22	23	24	25	26	27	28	29	30	31	出勤天数	迟到	早退	病假	事假	婚假	丧假	产假	加班	旷工	出差	缺勤天数
1		上午																																											
		下午																																											
2		上午																																											
		下午																																											
3		上午																																											
		下午																																											
4		上午																																											
		下午																																											
5		上午																																											
		下午																																											
6		上午																																											
		下午																																											
7		上午																																											
		下午																																											
8		上午																																											
		下午																																											
9		上午																																											
		下午																																											
10		上午																																											
		下午																																											
11		上午																																											
		下午																																											
12		上午																																											
		下午																																											
13		上午																																											
		下午																																											
14		上午																																											
		下午																																											
15		上午																																											
		下午																																											

√出勤 P+ 休息 L 迟到 E 早退○病假△事假 M 婚假 D 丧假 B 产假 + 加班 × 旷工 T 出差

注：此表由部门考勤员填写，统一报人力资源部。

领 料 单

领 料 部 门＿＿＿＿＿ No

生 产 单 号＿＿＿＿＿ 年 月 日

深圳熙立信印制 电话：26629539 领料单三联32开

领料用途：															
编 号	品 名	规 格	单位	请领数量	实发数量	单价	金 额								
							百	十	万	千	百	十	元	角	分
备注						合计									

①存根（白） ②交财务（红） ③交保管（黄）

主管 会计 记账 发料 领料 制单

图 2.10 领料单

有时候为了简化核算手续，实务中经常会把同一时期若干张相同经济业务的原始凭证汇总成一份凭证，如工资表（如表 2-2 所示）、发出材料汇总表（如表 2-3 所示）等，会计学上称为汇总原始凭证或是原始凭证汇总表。

表 2-2 工资表

编制单位：

工号	隶属部门	姓名	基本工资				奖金	缺勤扣款	应发工资	代缴社会保险费					代缴个税	实发工资
			基本工资	工龄工资	职称工资	合计				养老保险	医疗保险	失业保险	住房公积金	合 计		

还有一种原始凭证——收条，又称白条，在实务操作中常常用于单位内部人员的借款，如图 2.11 所示。

表 2-3 发出材料汇总表

应贷科目 应借科目		原材料									周转材料					合计
		原料及主要材料					燃料		辅助材料		专用工具	包装箱	劳保用品			
		圆钢	铝棒	黄铜棒	锡青铜带	冷轧钢板	原煤	焦炭	油漆	润滑油			工作服	劳保鞋	耐热手套	
基本生产车间	鼓式制动器															
	钳盘式制动器															
	一般消耗															
机修车间																
企业管理部门																
销售机构																
合计																

收 条

今收到来自群众影院郭靖交来的现金壹仟元整（￥1000.00），以此为据。

收款人：黄蓉

2018 年 6 月 24 日

图 2.11 收条

原始凭证的审核是核算和监督的第一关，要做到“一看二审”。“看”是审的初级阶段，“看”是指原始凭证的填制是否符合表 2-4 的要求；“审”是“看”的升级版，主要是对原始凭证的合法性、真实性、完整性、正确性进行审核。注意：原始凭证金额有错误的，应当由出具单位重开，不得在原始凭证上更正。原始凭证的审核方法如表 2-4 所示。

审核原始凭证很多时候要依据自己的主观判断，所以一定要多接触，熟能生巧。

表 2-4 原始凭证的审核方法

合法性	是否符合国家的有关方针政策、法规、制度和计划的规定
	是否以合同为依据
	有无违反财经制度的现象
	有无贪污、盗窃、虚报冒领、伪造凭证等违纪行为
真实性	经济业务的双方单位和当事人是否真实
	经济业务的内容是否真实
	经济业务发生的时间、地点和填制凭证的日期是否真实
完整性	原始凭证上所记载的经济活动的各项内容是否符合规定的要求，是否完整
	原始凭证上的每个项目填列是否全面、清楚，有无遗漏
正确性	原始凭证的填制手续是否正确
	原始凭证填制的内容，如数量、单价及金额是否正确

2.1.2 晒晒记账凭证

记账凭证按凭证的用途分类分为专用记账凭证和通用记账凭证两大类。二者的区别就是凭证的用途和格式不同。

专用记账凭证是指分类反映经济业务的记账凭证，按其反映的经济业务内容，可分为收款凭证、付款凭证和转账凭证。

收款凭证（如图 2.12 所示）是指用于记录现金和银行存款收款业务的记账凭证。

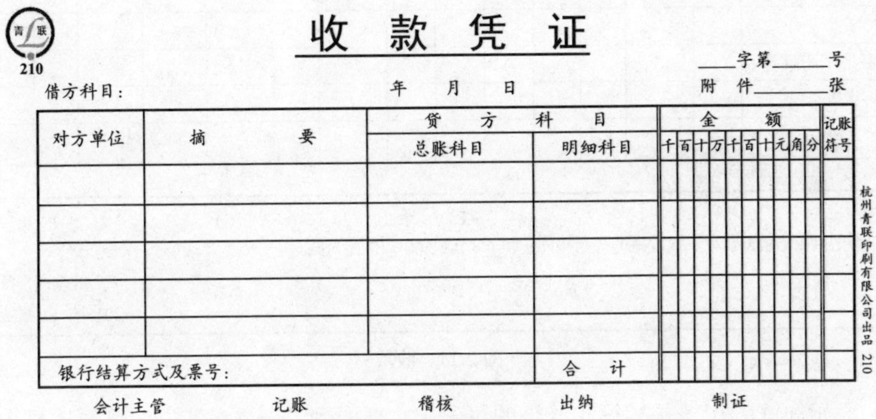

收 款 凭 证

210

____字第______号

借方科目： 年 月 日 附 件______张

对方单位	摘 要	贷方科目		金额	记账符号
		总账科目	明细科目	千 百 十 万 千 百 十 元 角 分	
银行结算方式及票号：			合 计		

会计主管 记账 稽核 出纳 制证

杭州青联印刷有限公司出品 210

图 2.12 收款凭证

付款凭证（如图 2.13 所示）是指用于记录现金和银行存款付款业务的记账凭证。

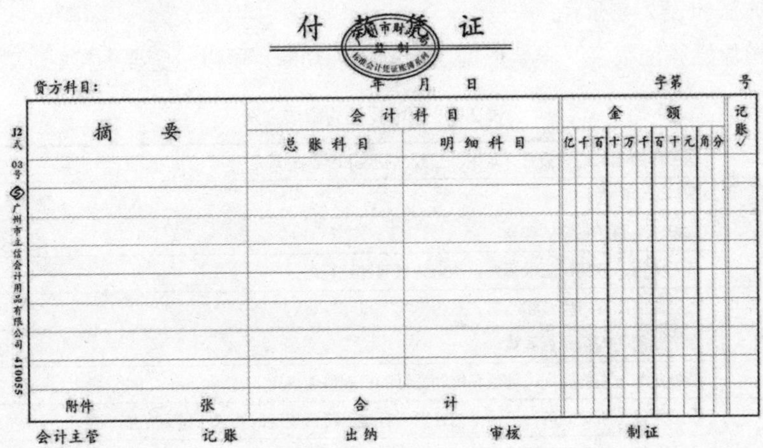

付 款 凭 证

贷方科目： 年 月 日 字第 号

摘 要	会计科目		金额	记账✓
	总账科目	明细科目	亿 千 百 十 万 千 百 十 元 角 分	
附件 张	合 计			

会计主管 记账 出纳 审核 制证

J2式 03号 广州市立信会计用品有限公司 410055

图 2.13 付款凭证

转账凭证（如图 2.14 所示）是指用于记录不涉及现金和银行存款业务的记账凭证。

转 账 凭 证

青联 207

转字第______号

年 月 日

附 件______张

摘要	总账科目	明细科目	借方金额										记账符号	贷方金额										记账符号
			千	百	十	万	千	百	十	元	角	分		千	百	十	万	千	百	十	元	角	分	
合计																								

会计主管 记账 复核 制证

杭州青联印刷有限公司出品 207

图 2.14 转账凭证

通用记账凭证（如图 2.15 所示）是指用来反映所有经济业务的记账凭证，为各类经济业务所共同使用，其格式与转账凭证基本相同。

记 账 凭 证

字第 号

年 月 日

摘要	总账科目	明细科目	借方金额											贷方金额											✓
			亿	千	百	十	万	千	百	十	元	角	分	亿	千	百	十	万	千	百	十	元	角	分	
合计																									

会计主管： 记账： 复核： 出纳： 制单：

图 2.15 通用记账凭证

2.2 记账凭证填写很简单

这是一张记账凭证（如图 2.16 所示），填制的内容由 8 个部分组成。

记账凭证

2018年5月20日　　　　　　　　记 字 第 108 号

摘要	总账科目	明细科目	记账	借方（十亿千百十万千百十元角分）	贷方（十亿千百十万千百十元角分）	附单据
开出转账支票支付货款	应付账款	A公司		15200000		
	银行存款				15200000	
						1
合　计				¥15200000	¥15200000	张

会计主管：　　记账：　　出纳：　　审核：　　制单：

图 2.16　记账凭证

首先是画圈的部分，这个部分是会计科目、记账方向和金额三者的组合，也叫会计分录。

2.2.1　会计分录的组合方法

要说起三者组合的规则，就要说到两种方法。一种叫单式记账法，是一种比较简单、不完整的、对于部分经济业务只在一个账户中进行记录的记账方法，比如个体生意记的流水账，企业基本不用。另一种叫复式记账法，就是对每一笔经济业务，都要以相等的金额，在两个或两个以上相互关联的账户中进行登记的方法。比如，从银行提取 2 000 元现金，这是一笔经济业务，要做账的金额就是 2 000 元，提了钱，存款就少了，涉及银行存款，同时手中的现金多了，还涉及库存现金。这时候，它们就叫相互关联的账户了。复式记账法后来又细分为借贷记账法、收付记账法和增减记账法。世界上大多数国家都用借贷记账法。记账方法的分类如图 2.17 所示。

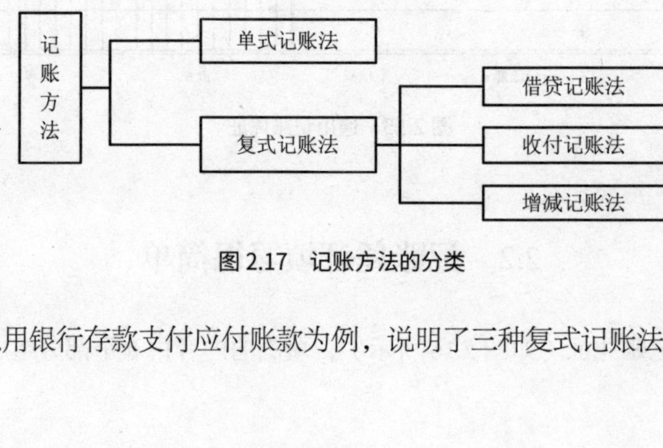

图 2.17　记账方法的分类

表 2-5 以用银行存款支付应付账款为例，说明了三种复式记账法的区别。

表 2-5　三种复式记账法的区别

借贷记账法	收付记账法	增减记账法
借：应付账款 　贷：银行存款	收：应付账款 　付：银行存款	增：应付账款 　减：银行存款

增减记账法曾在 20 世纪 60 年代我国商业行业普遍使用。收付记账法也曾在行政事业单位使用。现在统一使用借贷记账法了。其实“借”和“贷”仅仅是纯粹的记账符号，没有特别的意义。

会计科目的结构如图 2.18 所示。

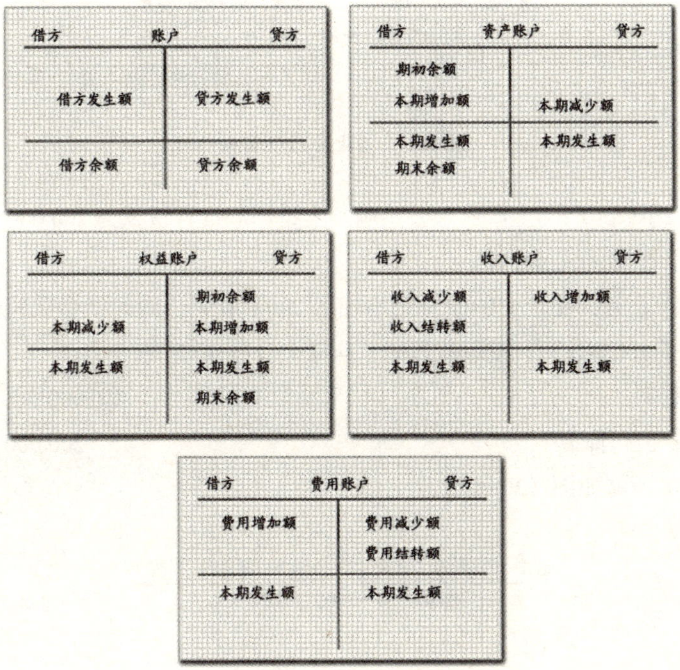

图 2.18　会计科目的结构

2.2.2　会计分录的编制

写分录的时候，把借方写在上面，贷方写在下面，然后按照“三步曲”来编制。比如“从银行提取现金 2 000 元”这笔经济业务，现金多了，银行存款少了。

第一步确定涉及的科目（库存现金、银行存款）。

第二步判断性质，确定方向（库存现金、银行存款是“老大”资产，“男左女右”，借方增加，贷方减少）。

第三步确定金额（2 000 元），注意借贷方金额一定要相等。

假设隆聚公司 2018 年 12 月发生下列经济业务。

【业务 1】3 日，公司股东以 300 000 元向企业投资，款项当即存入银行。

这项经济业务，使企业的银行存款增加了 300 000 元，同时使企业的资本金增加了 300 000 元，按“有借必有贷，借贷必相等”的记账规则，应做会计分录如下。

借：银行存款　　　　300 000

　　贷：实收资本　　　　300 000

该业务 T 型账如图 2.19 所示。

图 2.19　【业务 1】T 型账

【业务 2】5 日，向土产日杂公司购入土特产一批，货款为 200 000 元，土特产已验收入库，款项尚未支付。

这项经济业务，使企业的原材料增加了 200 000 元，同时使企业应付供应单位的账款增加了 200 000 元，按记账规则，应做会计分录如下。

借：原材料　　　　200 000

　　贷：应付账款　　　　200 000

该业务 T 型账如图 2.20 所示。

图 2.20　【业务 2】T 型账

【业务 3】10 日，经主管部门批准，减少注册资本 100 000 元，以银行存款付给投资者。

这项经济业务，使企业的实收资本减少了 100 000 元，同时使企业的银行存款也减少了 100 000 元，按记账规则，应做会计分录如下。

借：实收资本　　　　100 000

　　贷：银行存款　　　　100 000

该业务 T 型账如图 2.21 所示。

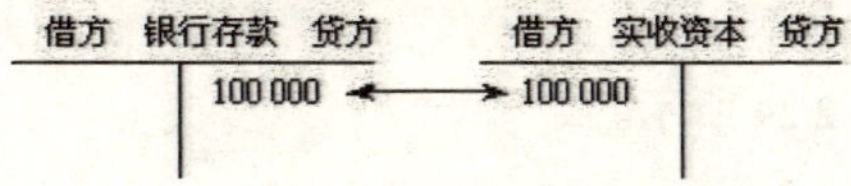

图 2.21 【业务 3】T 型账

【业务 4】12 日，以银行存款 130 000 元，偿还前欠本市土产日杂公司部分货款。

这项经济业务，使企业的银行存款减少了 130 000 元，同时使应付供应单位的账款也减少了 130 000 元，按记账规则，应做会计分录如下。

借：应付账款　　130 000

　　贷：银行存款　　130 000

该业务 T 型账如图 2.22 所示。

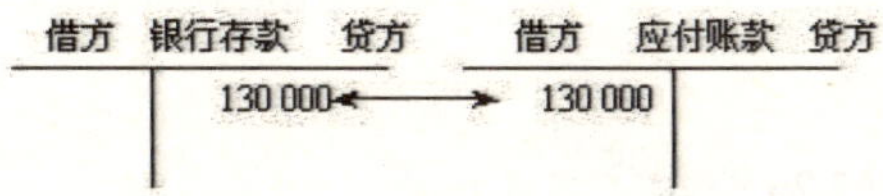

图 2.22 【业务 4】T 型账

【业务 5】15 日，以银行存款购入机器设备一台，买价 85 000 元，设备验收合格，交付有关部门使用。

这项经济业务，使企业的固定资产增加了 85 000 元，同时使企业的银行存款减少了 85 000 元，按记账规则，应做会计分录如下。

借：固定资产　　85 000

　　贷：银行存款　　85 000

该业务 T 型账如图 2.23 所示。

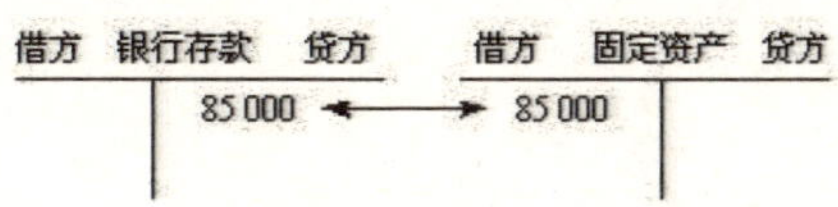

图 2.23 【业务 5】T 型账

【业务 6】18 日，经董事会决定，并报工商行政管理部门备案，企业将盈余公积金 150 000 元转增资本。

这项经济业务，使企业的实收资本增加了 150 000 元，同时使企业的盈余公积减少了 150 000 元，按记账规则，应做会计分录如下。

借：盈余公积　　150 000

　　贷：实收资本　　　　　　　　　　　　　　　　　　150 000

该业务 T 型账如图 2.24 所示。

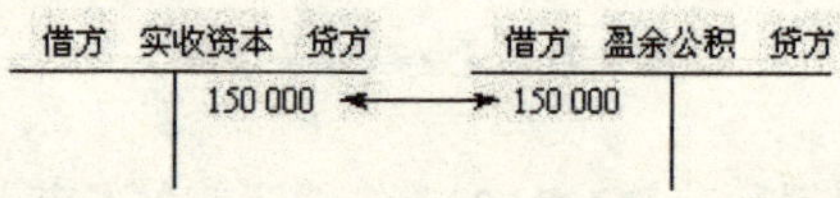

图 2.24　【业务 6】T 型账

【业务 7】20 日，签发商业承兑汇票一张，以抵付原欠金属材料公司账款 70 000 元。

这项经济业务，使企业的应付票据增加了 70 000 元，同时使应付供应单位的账款减少了 70 000 元，按记账规则，应做会计分录如下。

借：应付账款　　　　　　　　　　　　　　　　　70 000

　　贷：应付票据　　　　　　　　　　　　　　　　　　70 000

该业务 T 型账如图 2.25 所示。

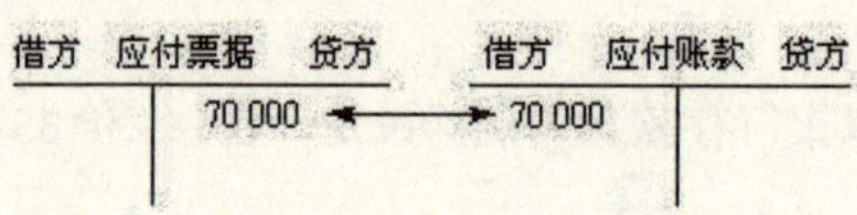

图 2.25　【业务 7】T 型账

【业务 8】25 日，企业将本年实现的利润，按规定分给投资者 100 000 元，款项尚未支付。

这项经济业务，使企业应付未付给投资者的利润增加 100 000 元，同时使企业可供分配的利润减少 100 000 元，按记账规则，应做会计分录如下。

借：利润分配　　　　　　　　　　　　　　　　　100 000

　　贷：应付股利　　　　　　　　　　　　　　　　　　100 000

该业务 T 型账如图 2.26 所示。

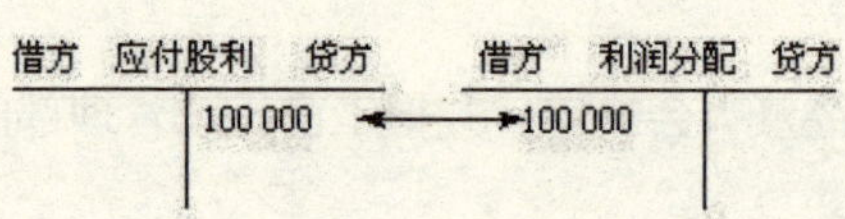

图 2.26　【业务 8】T 型账

【业务 9】25 日，接受投资者以上述获得的利润 100 000 元对本企业进行投资。

这项经济业务，使企业的资本金增加了 100 000 元，同时使企业应付给投资者的利润减少了100 000元，按记账规则，应做会计分录如下。

借：应付股利　　　　100 000

　　贷：实收资本　　　　100 000

该业务T型账如图2.27所示。

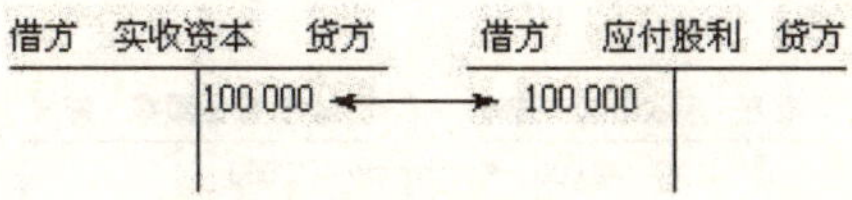

图2.27 【业务9】T型账

【业务10】26日，企业购入生产用的原材料120 000元，材料已验收入库，以银行存款支付货款100 000元，其余20 000元暂欠。

这项经济业务，一方面使企业的原材料增加了120 000元，另一方面使企业的银行存款减少了100 000元，应付供应单位的账款增加了20 000元，按记账规则，应做会计分录如下。

借：原材料　　　　120 000

　　贷：银行存款　　　　100 000

　　　　应付账款　　　　20 000

该业务T型账如图2.28所示。

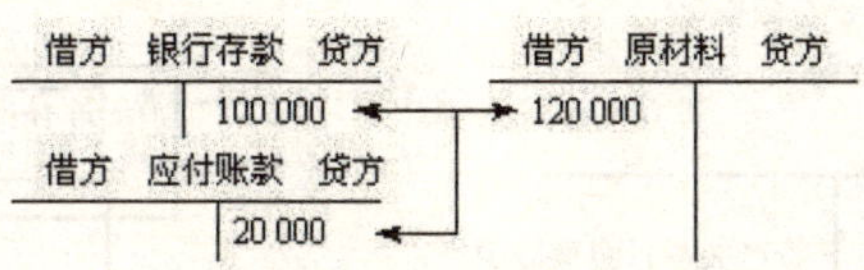

图2.28 【业务10】T型账

该业务中的复合分录，可以分解为两笔简单分录。

借：原材料　　　　100 000

　　贷：银行存款　　　　100 000

借：原材料　　　　20 000

　　贷：应付账款　　　　20 000

【业务11】28日，企业收到债务人开出的商业承兑汇票32 000元，银行转账支票16 000元，清偿前欠本企业货款，支票当即存入银行。

这项经济业务，一方面使企业的应收票据增加了32 000元，银行存款增加了16 000元，另一方面使企业应收购买单位的账款减少了48 000元，按记账规则，应做会计分录如下。

借：应收票据　　32 000

　　银行存款　　16 000

　　贷：应收账款　　48 000

该业务 T 型账如图 2.29 所示。

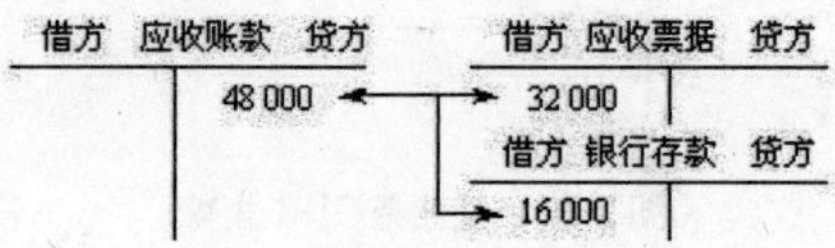

图 2.29　【业务 11】T 型账

该业务的复合分录，也可以分解为两笔简单分录。

借：应收票据　　32 000

　　贷：应收账款　　32 000

借：银行存款　　16 000

　　贷：应收账款　　16 000

总结：会计分录的编制流程如图 2.30 所示。

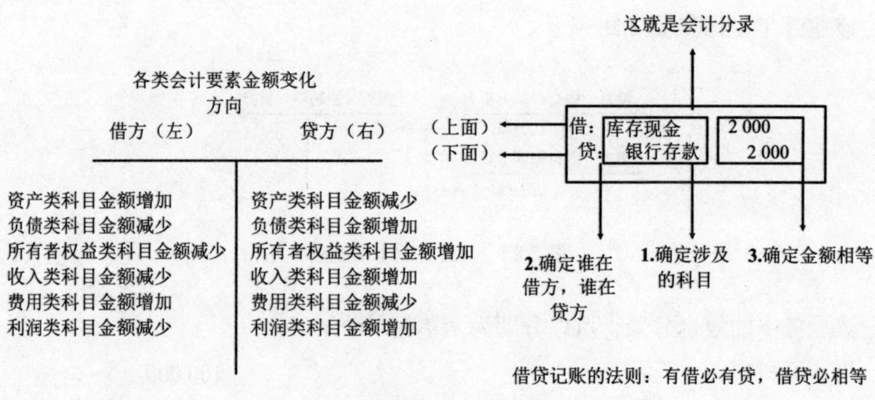

图 2.30　会计分录编制流程

2.2.3　凭证编号有讲究

通用型的记账凭证编号最简单，就是记字第 × × 号或是记字 × × 号，如图 2.31 所示。

凭证编号	记 字 第 108 号

图 2.31　通用型的记账凭证

如果是采用收款、付款、转账凭证组合，编号有三种方式可供选择，如表 2-6 所示。

表 2-6　收付转凭证的编号规则

凭证类别	收款凭证	付款凭证	转账凭证
编号规则 1	收字 ×× 号	付字 ×× 号	
编号规则 2	现收字 ×× 号、银收字 ×× 号	现付字 ×× 号、银付字 ×× 号	转字 ×× 号
编号规则 3	现字 ×× 号、银字 ×× 号		

比如凭证编号为 25 号，那么就可以写为：收字 25 号、现收字 25 号、现字 25 号。号码按照类别，以先后的顺序，从 1 号开始写（每个月都重新从第 1 号开始编）。

还有一点很关键，就是从银行取钱或是去银行存钱，都会同时涉及银行存款和现金的增减，只编写付款凭证就可以了。比如，去银行取钱 500 元。分录如下。

借：库存现金　　500

　　贷：银行存款　　500

银行存款减少了，要填付款凭证，虽然现金也增加了，如果再填收款凭证，无形中就做了两张凭证，要记两次账，500 元就成了 1 000 元，就全乱了。所以约定，同时涉及银行存款和现金的增减的业务，只编写付款凭证。

比如以下的收款凭证表头（如图 2.32 所示），其中的 27¾ 表明现收字 27 号凭证一共由 4 张组成，这是其中的第 3 张。如果是 27½，表明 27 号凭证由 2 张组成，这是第 1 张。以此类推。

收 款 凭 证　　现收字第 27¾ 号

2018 年 3 月 18 日　　附 件 2 张

图 2.32　收款凭证表头

因为业务涉及的科目太多，一张凭证写不完，所以才出现好几张凭证在同一个号下面。这和附件没有关系，附件 2 张是指原始凭证的张数。有的记账凭证没有原始凭证，附件数就不填。

这里的 2018 年 3 月 18 日是会计填制记账凭证当天的日期，不一定和原始凭证日期为同一天。

2.2.4 凭证里的小细节

另外，凭证里还有些小细节需要注意，比如图 2.33 所示的部分记账凭证里的记账“√”代表这张凭证已经记过账了，起到提醒的作用。收、付款凭证必须要出纳签章，其他凭证无需出纳签章。

还要注意 2 个小细节：一是空白的金额栏要画斜线；二是合计金额栏要有人民币符号“¥”。

这 2 个细节的目的都是防止有人恶意篡改凭证。

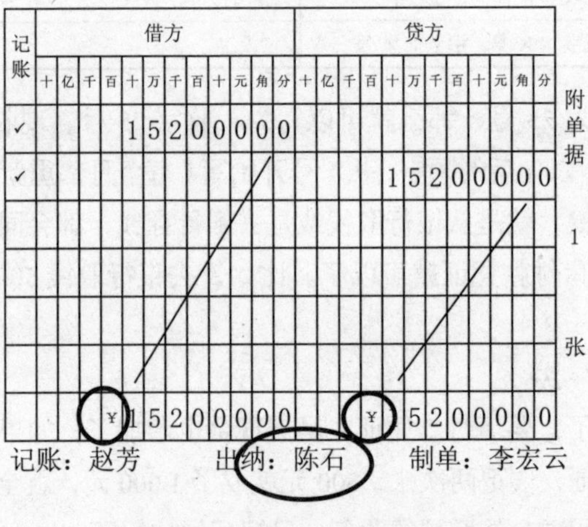

图 2.33 记账凭证（部分）

2.3 凭证的归属

会计凭证的外衣就是会计凭证封面（如图 2.34 所示）。

册数	第 本
编号	共 本

会 计 凭 证 封 面

自 年 月 日至 年 月 日止

收款凭证号数	自第 号至 号
付款凭证号数	自第 号至 号
转款凭证号数	自第 号至 号
记账凭证号数	自第 号至 号

会计主管： 装订人： 年 月 日装订

图 2.34 会计凭证封面

凭证填写好之后，先用大铁夹夹起来，定期用装订机把凭证装订好。一般单位，每月或每半月装订一次，如果数量很多，每日、五日、十日装订也可以。注意封面的右上角，有“第几本”“共几本”的编号。

假设这个月共有 27 本凭证，这一本是第 9 本，那么就填：第 9 本，共 27 本（如图 2.35 所示）；

如果一共 7 本，手上这一本是第 2 本，那么就填：第 2 本，共 7 本（如图 2.36 所示）。

册数	第 9 本
编号	共 27 本

图 2.35　会计凭证册数编号的填写 1

册数	第 2 本
编号	共 7 本

图 2.36　会计凭证册数编号的填写 2

注意：装订的日期一旦决定，一般一个会计年度内不要更改。

装订凭证之前，要考虑一下，估计一个月的记账凭证究竟要订成几册。每册的厚薄大致保持差不多就可以，厚度一般以 1.5 ~ 2.0 厘米为宜。不能把几张同属于一份记账凭证及所附的原始凭证拆开装订在两册之中。另外，还要再次检查所附原始凭证是否全部折叠、整理完毕。凡是超过记账凭证宽度和长度的原始凭证，都要折叠进去。要特别注意装订线眼处的折叠，不要使装订以后的凭证翻不开了。所有会计凭证都要加具封皮（包括封面和封底）。封皮应采用较为结实、耐磨、韧性较强的牛皮纸等。

记账凭证封面应注明单位名称、凭证种类、凭证编号的顺序号码、凭证所反映的经济业务发生的日期、凭证的起止号码、本札凭证的册数和张数，以及有关经办人员的签章。记账凭证的封底为抽出附件登记表（如表 2-7 所示）。

表 2-7　抽出附件登记表

抽出日期			原始凭证号码	抽出附件的详细名称	抽出理由	抽取人签章	会计主管签章	备注
年	月	日						

正式装订时，准备好凭证封皮、铁锥或装订机，以及线绳、铁夹、胶水等。按以下顺序进行装订。

（1）将凭证封面和封底裁开，分别附在凭证前面和后面，再拿一张质地相同的纸，放在封面上面，做护角之用。叠放整齐后，用两个铁夹分别夹住凭证的上侧和左侧。

（2）用铅笔在凭证的左上角画一个直角边长为 5 厘米的等腰三角形，如图 2.37 所示。

（3）在等腰三角形底边上的适当位置上选两个点打孔作为装订线眼，如图 2.38 所示。

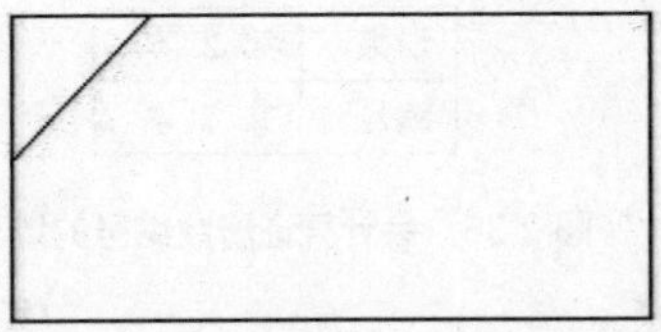

图 2.37

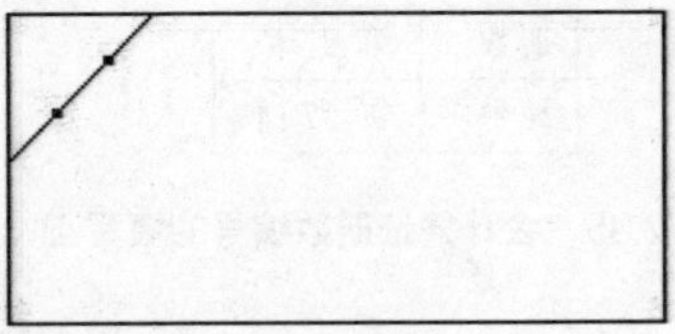

图 2.38

（4）用缝毛衣针引线绳沿虚线方向穿绕两孔若干次，并在凭证背面打结，如图 2.39 所示。

（5）将放在最上方的牛皮纸裁成一条宽 6 厘米左右的包角纸条，先从记账凭证的背面折叠纸条粘贴成如图 2.40 所示形状。

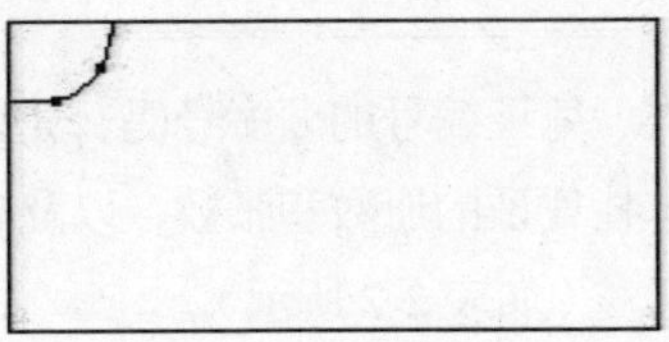

图 2.39

图 2.40

（6）从正面折叠纸条，粘贴成如图 2.41 所示形状。

（7）将正面未粘叠的包角纸条向后折叠，裁去一个长方形，与背后的包角纸条重叠、粘牢。包角后的记账凭证如图 2.42 所示。

图 2.41

图 2.42

（8）待晾干后，在凭证本的侧脊上面写上“某年某月第几册共几册”的字样。装订人在装订线封签处签名或者盖章。

现在会计凭证装订一般是用塑管热熔法，用此方法装订好的凭证如图 2.43 所示。

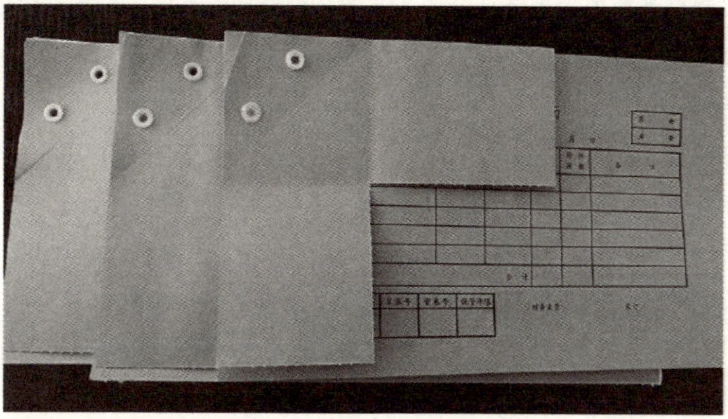

图 2.43　塑管热熔法装订的会计凭证

塑管热熔法要使用专门的胶管装订机，这种自动装订机以尼龙管代替棉线账绳；尼龙管作为装订铆管，高温热铆成钉。可在凭证左边装订线位置上均匀地打上三个孔。胶管装订机的装订厚度有限，打孔操作必须根据各个机型说明书规定的纸量来决定，纸张边距可用边距尺寸调节钮精确调整。在打孔时，装订机同时会根据当前装订厚度截取一定长度的胶管；打孔后，将自动切下的胶管放入打好的孔中，定位针会插入截取的小段铆管内；压下热铆手柄（半自动）、启动铆头，铆头进行热铆装订。这个就是一次打孔装订操作步骤。

要知道，原始凭证是不外借的，如有特殊需要使用，要经本单位领导批准，在专用登记簿上登记后，才允许提供复印件。有些凭证相当重要，比如文件、表册、契约、合同、存出保证金收据等，是要求登记后单独装订的。

除了上面提到的一些重要原始凭证外，经常查阅的工资表、奖金表，数量过多的领料单、发票、医院的账单等都可以单装成册。装订好的凭证一般在会计部门存放一年备查，而后送交档案部门保管。

模拟演练

收付转凭证的填写

请为下列经济业务编制会计分录（凡能明确明细科目的，应在分录中列出），并填写相应的收付转凭证。

【业务1】2018 年 8 月 8 日罚款收入 1 000 元，现金收讫。

会计分录如下。

借：库存现金　　　　1 000

　　贷：营业外收入——罚款收入　　　　1 000

填制的收款凭证如图 2.44 所示。

收款凭证

借方科目：库存现金　　　　2018年8月8日　　　　现收 字 第 0 5 1 号

摘要	贷方总账科目	明细科目	记账	金额											
				十	亿	千	百	十	万	千	百	十	元	角	分
收到罚款	营业外收入	罚款收入								1	0	0	0	0	0
合　计									¥	1	0	0	0	0	0

附单据 1 张

会计主管：　　记账：　　出纳：　　审核：　　制单：王玉浩

图 2.44　【业务 1】的收款凭证

【业务2】2018 年 9 月 20 日，企业收到立达工厂转账支票一张，金额 23 400 元，已办完进账手续。

会计分录如下。

借：银行存款　　　　23 400

　　贷：应收账款——立达工厂　　　　23 400

填制的收款凭证如图 2.45 所示。

【业务3】2018 年 7 月 14 日，以库存现金购入公用品 1 500 元，直接领用。其中：车间 500 元，管理部门 1 000 元。

会计分录如下。

借：制造费用——办公费　　　　500

收款凭证

借方科目：银行存款　　　　2018年9月20日　　　　银收 字 第 1 0 1 号

摘要	贷方总账科目	明细科目	记账	金额											
				十	亿	千	百	十	万	千	百	十	元	角	分
收到货款	应收账款	立达工厂							2	3	4	0	0	0	0
合　计								¥	2	3	4	0	0	0	0

附单据 1 张

会计主管：　　记账：　　出纳：　　审核：　　制单：王玉浩

图 2.45　【业务 2】的收款凭证

管理费用——办公费　　　　1 000

贷：库存现金　　　　1 500

填制的付款凭证如图 2.46 所示。

付款凭证

贷方科目：库存现金　　　　2018年7月14日　　　　现付 字 第 0 7 3 号

摘要	借方总账科目	明细科目	记账	金额											
				十	亿	千	百	十	万	千	百	十	元	角	分
购入办公用品	制造费用	办公费									5	0	0	0	0
	管理费用	办公费								1	0	0	0	0	0
合　计									¥	1	5	0	0	0	0

附单据 2 张

会计主管：　　记账：　　出纳：　　审核：　　制单：王玉浩

图 2.46　【业务 3】的付款凭证

【业务 4】2018 年 7 月 14 日，企业购进毛坯一批，价款 80 000 元，增值税进项税额 10 400 元，运杂费 400 元，材料已验收入库，款项用银行存款支付。

会计分录：

借：原材料——毛坯　　　　80 400

应交税费——应交增值税（进项税额）　　　　10 400

贷：银行存款　　　　90 800

填制的付款凭证如图 2.47 所示。

付款凭证

贷方科目：银行存款　　　　2018年7月14日　　　　银付 字 第 0 7 5 号

摘要	借方总账科目	明细科目	记账	金额										
				十	亿	千	百	十	万	千	百	十	元	角	分
购入原材料	原材料	毛坯								8	0	4	0	0	0
	应交税费	应交增值税（进项税额）								1	0	4	0	0	0
合　计									¥	9	0	8	0	0	0

附单据 3 张

会计主管：　　记账：　　出纳：　　审核：　　制单：王玉浩

图 2.47　【业务 4】的付款凭证

【业务 5】2018 年 6 月 28 日，从银行提取现金 5 000 元。

会计分录如下。

借：库存现金　　　　5 000

　　贷：银行存款　　　　5 000

填制的付款凭证如图 2.48 所示。（提示：对于仅涉及银行存款与现金两个科目变动的业务，仅编制付款凭证。从银行提取现金，仅涉及银行存款与现金的变动，按制度要求仅编制银行存款付款凭证，不再另行编制库存现金收款凭证。）

付款凭证

贷方科目：银行存款　　　　2018年6月28日　　　　银付 字 第 1 2 5 号

摘要	借方总账科目	明细科目	记账	金额										
				十	亿	千	百	十	万	千	百	十	元	角	分
提取现金	库存现金									5	0	0	0	0	0
合　计									¥	5	0	0	0	0	0

附单据 1 张

会计主管：　　记账：　　出纳：　　审核：　　制单：王玉浩

图 2.48　【业务 5】的付款凭证

【业务 6】2018 年 9 月 13 日，将当天现金收取的 15 000 元零星货款存入银行。

会计分录如下。

借：银行存款　　　　　　　　　　　　　　　　　　15 000

　　贷：库存现金　　　　　　　　　　　　　　　　　　15 000

填制的付款凭证如图 2.49 所示。（提示：对于仅涉及银行存款与现金两个科目变动的业务，仅编制付款凭证。将现金存入银行，仅涉及银行存款与现金的变动，按制度要求仅编制库存现金付款凭证，不再另行编制银行存款付款凭证。）

付款凭证

贷方科目：库存现金　　　　2018年9月13日　　　　现付 字 第 0 2 9 号

摘要	借方总账科目	明细科目	记账	金额（十亿千百十万千百十元角分）
现金存入银行	银行存款			1500000
合　计				¥1500000

附单据 1 张

会计主管：　　记账：　　出纳：　　审核：　　制单：王玉浩

图 2.49　【业务 6】的付款凭证

【业务 7】2018 年 8 月 24 日，销售给光明工厂总成产品 20 件，单位售价 3 000 元，增值税销项税额 7 800 元，款项尚未收到。

会计分录如下。

借：应收账款——光明工厂　　　　　　　　　　　　67 800

　　贷：主营业务收入——总成　　　　　　　　　　　　60 000

　　　　应交税费——应交增值税（销项税额）　　　　　　7 800

填制的转账凭证如图 2.50 所示。

转账凭证

2018年8月24日　　　　转 字 第 1 9 8 号

摘要	总账科目	明细科目	记账	借方（十亿千百十万千百十元角分）	贷方（十亿千百十万千百十元角分）
销售产品	应收账款			6780000	
	主营业务收入	总成			6000000
	应交税费	应交增值税（销项税额）			780000
合　计				¥6780000	¥6780000

附单据 3 张

会计主管：　　记账：　　出纳：　　审核：　　制单：王玉浩

图 2.50　【业务 7】的转账凭证

第3章

账簿

在日本，无论男女老少都会随身携带一本手账，就像是一种情结。和朋友约定外出前，先拿出手账检查下这周的日程安排；到办公室也是先翻开手账，查看一天的工作日程；干完一件，勾掉一件，再写上心得感想……而会计的手账就是账簿。

3.1 账簿的真面目

账簿的保管在很多方面是与凭证相通的，账簿也有它自己特定的保管程序。

会计账簿由具有一定格式的账页组成，是以会计凭证为依据，全面、连续地记录一个单位的经济业务，对大量分散的数据或资料进行分类归集整理。账簿的关键点有两个。

- 形式上：由有格式的账页装订而成。
- 内容上：以会计凭证为依据填写。

绝大多数的账簿是由封面、扉页和账页三部分组成的。

3.1.1 封面

账簿按封面（账簿的外表形式）分为订本式账簿、活页式账簿、卡片式账簿。

（1）订本式账簿是指单位在启用前进行顺序编号并固定装订成册的账簿，其优点是可以避免账页散失和防止抽换，缺点是账页固定且有编号，无法任意增减，容易出现账页余缺，造成浪费或影响连续记账。订本式账簿，一般适用于具有统驭性、重要性和会计制度规定的、只应该或只需要一个人登记的账簿。我国会计制度规定，只应该或只需要一个人登记的账簿，现金日记账、银行存款日记账以及总分类账必须使用订本式账簿。订本式账簿如图 3.1 所示。

（2）活页式账簿简称活页账，是将账页装在账夹内便于随时取放的账簿。在启用前没有编写账页顺序号，在使用过程中将各张账页置放在活页账夹内，或者临时拴扎成册。采用这种账簿，可以根据实际需要增添账页，不会造成浪费，使用比较灵活，便于分工记账。但是，这种账簿的账页容易散失和被抽换。因此，在采用这种账簿时，空白账页在使用时必须连续编号，并且有关人员要在账页上盖章，并应定期装订成册，以防止弊端的产生。活页式账簿一般适用于明细分类账。活页式账簿如图 3.2 所示。

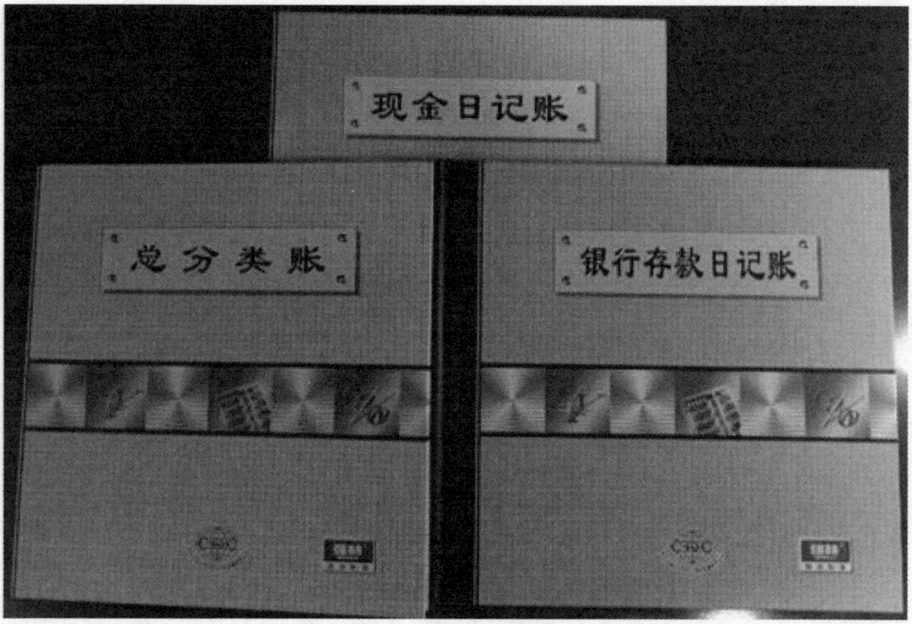

图 3.1　订本式账簿

（3）卡片式账簿，简称卡片账，是由某些专门格式的、分散的卡片作为账页组成的账簿。卡片通常放置于卡片箱中，数量可根据经济业务的需要增减，并且可跨年度使用。在我国，企业一般只对固定资产的核算采用卡片账形式，因为便于随同实物转移。固定资产卡片如图 3.3 所示。

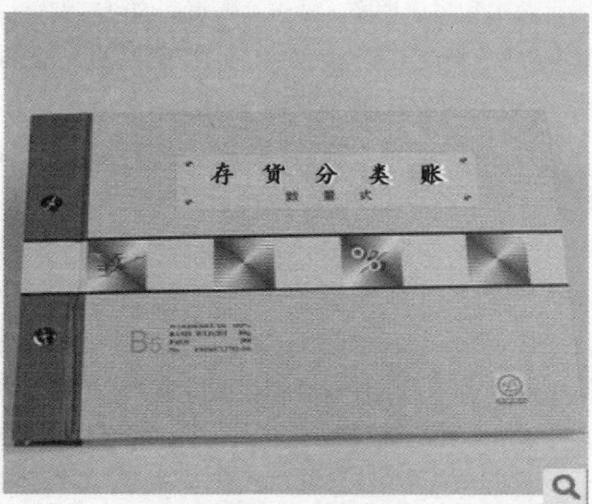

图 3.2　活页式账簿

固 定 资 产 卡 片　　（房屋及建筑物）

归口部门卡片编号：________
固定资产类别：________

<table>
<tr><td>设计单位</td><td></td><td></td><td></td><td colspan="3">固定资产编号</td><td></td><td></td></tr>
<tr><td>施工单位</td><td></td><td></td><td></td><td colspan="3">固定资产名称</td><td></td><td></td></tr>
<tr><td>开工日数</td><td></td><td></td><td></td><td colspan="3">体构形式</td><td></td><td></td></tr>
<tr><td>竣工日数</td><td></td><td></td><td></td><td colspan="2">占有地面积</td><td></td><td>层数</td><td></td></tr>
<tr><td>基地坎号</td><td></td><td></td><td></td><td colspan="2">建筑面积</td><td></td><td>间数</td><td></td></tr>
<tr><td rowspan="2">体积</td><td>长度</td><td>宽度</td><td>高度</td><td colspan="3">原值</td><td colspan="2"></td></tr>
<tr><td></td><td></td><td></td><td colspan="3">其中：附属设施</td><td colspan="2"></td></tr>
<tr><td colspan="4">附 属 设 施</td><td colspan="5">原 值 变 动 记 录</td></tr>
<tr><td>名称规格</td><td>结构形式</td><td>面积</td><td>金额</td><td>日期</td><td>凭证</td><td>摘要</td><td>增或减金额</td><td>变动后金额</td></tr>
<tr><td></td><td></td><td></td><td></td><td></td><td></td><td></td><td></td><td></td></tr>
<tr><td></td><td></td><td></td><td></td><td></td><td></td><td></td><td></td><td></td></tr>
<tr><td></td><td></td><td></td><td></td><td></td><td></td><td></td><td></td><td></td></tr>
<tr><td></td><td></td><td></td><td></td><td></td><td></td><td></td><td></td><td></td></tr>
<tr><td></td><td></td><td></td><td></td><td></td><td></td><td></td><td></td><td></td></tr>
</table>

图 3.3　固定资产卡片

3.1.2　扉页

扉页也叫账簿启用表（如表 3-1 所示）。启用账簿时，必须要填启用表。账簿启用表一般有以下内容：（1）单位名称；（2）账簿名称；（3）起止页数；（4）启用日期；（5）单位负责人；（6）会计主管；（7）监交人员；（8）移交人员和日期；（9）接管人员和日期。完整的账簿启用表还要盖上单位公章、粘印花税票并画线。

表 3-1　账簿启用表

<table>
<tr><td>单位名称</td><td colspan="10"></td><td colspan="2" rowspan="6">单 位 公 章</td></tr>
<tr><td>账簿名称</td><td colspan="10"></td></tr>
<tr><td>账簿编号</td><td colspan="10">第　　册 共　　册</td></tr>
<tr><td>账簿页数</td><td colspan="10">本账簿共计　　页　　号</td></tr>
<tr><td>启用日期</td><td colspan="10">年　　月　　日</td></tr>
<tr><td rowspan="3">职务</td><td rowspan="3">姓名</td><td colspan="2">单位负责人</td><td colspan="3"></td><td colspan="2">会计主管</td><td colspan="2"></td></tr>
<tr><td colspan="4">接管</td><td colspan="4">移交</td><td colspan="2">监交</td><td>印花粘贴处</td></tr>
<tr><td>年</td><td>月</td><td>日</td><td>盖章</td><td>年</td><td>月</td><td>日</td><td>盖章</td><td>姓名</td><td>盖章</td><td></td></tr>
<tr><td></td><td></td><td></td><td></td><td></td><td></td><td></td><td></td><td></td><td></td><td></td><td></td><td></td></tr>
<tr><td></td><td></td><td></td><td></td><td></td><td></td><td></td><td></td><td></td><td></td><td></td><td></td><td></td></tr>
<tr><td></td><td></td><td></td><td></td><td></td><td></td><td></td><td></td><td></td><td></td><td></td><td></td><td></td></tr>
<tr><td></td><td></td><td></td><td></td><td></td><td></td><td></td><td></td><td></td><td></td><td></td><td></td><td></td></tr>
</table>

账簿扉页的背面就是账簿目录（如表 3-2 所示），分编号、科目、起讫页数三部分。

表 3-2　账簿目录

编号	科目	起讫页数	编号	科目	起讫页数	编号	科目	起讫页数

3.1.3 账页

账页是会计账簿的主体，会计账簿由若干账页组成，会计账页常见的有总账账页、日记账账页、明细账账页等。每一账页应包括以下内容。

（1）账户名称 (即会计科目)。

（2）登记账簿的日期栏。

（3）记账凭证的种类和号数栏。

（4）摘要栏。

（5）金额栏。

（6）总页次和分页次。

3.2　五花八门的账簿

会计账簿除了可按封面(账簿的外表形式)分类外，还可按用途和账页格式分类，如图 3.4 所示。

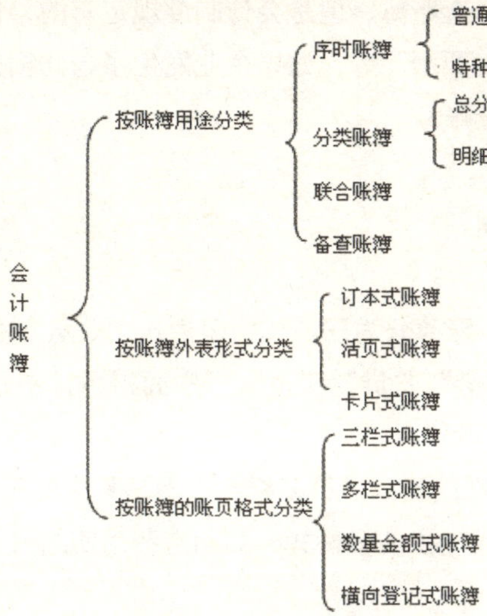

图 3.4　会计账簿的分类

3.2.1　用途不同叫法不同

会计账簿按照账簿的用途分为四种。

（1）序时账簿。序时，就是按照时间的顺序，序时账也就是流水账，它分为普通日记账和特种日记账。我国会计实务中，普通日记账多由私人或个体户记账使用，正规企业是不用的。特种日记账有两本，一本是现金日记账，一本是银行存款日记账。为什么叫日记账呢？因为是按业务发生的时间顺序，逐日逐笔登记，加上每天都要结出余额，第二天又重新开始，和记日记没什么区别。比较特别的是它是由出纳而非会计登记的。注意一点，日记账必须是订本式账簿。

（2）分类账簿。它是对经济业务按账户进行分类登记的账簿，分为总分类账和明细分类账两种。总分类账又叫总账，是按一级会计科目设置账页；明细分类账又叫明细账，是根据总账科目下属的二级科目或明细科目设置账页。总账是总括地反映经济业务，对明细账起统御的作用；明细账是对某一业务进行反映，起的是补充说明的作用。此外，总账必然是订本式账簿；明细账大部分是活页式账簿。

（3）联合账簿。它是将序时账簿与分类账簿相结合设置的账簿。它同时具有序时账和分类账的作用。比如有的企业将日记账与总账相结合设置日记总账。

（4）备查账簿。它是一种辅助账簿，一般采用活页式。它的记录不列入本单位的会计报告，用于对某些在日记账和分类账中未能记载的会计事项进行补充登记。

并不是每个企业都要设置备查账簿，但是会计制度规定有的科目必须要设置备查账簿，如“应收票据”“应付票据”等，如果企业发生了与此相关的业务，就必须按照会计制度的规定设置备查账簿。

3.2.2　格式不同叫法不同

账页根据格式的不同，账簿分为三栏式、多栏式、数量金额式和横线登记式。

（1）三栏式，因设“借”“贷”“余”三栏而得名，由这种账页构成的账簿称为三栏式账簿（如图 3.5 所示）。

（2）多栏式明细分类账的格式多种多样，下面是其中的三种。

① 只按借方发生额设置专栏的多栏式，如制造费用明细账（如图 3.6 所示）。

总第____页　分第____页

____级科目编号及名称__

年		凭证		摘要	对方科目	借方	贷方	借或贷	余额	√
月	日	字	号			十亿千百十万千百十元角分	十亿千百十万千百十元角分		十亿千百十万千百十元角分	

图 3.5　三栏式账簿

制　造　费　用

年		凭证		摘　　要	合计	借　方　金　额					
						工资	折旧	修理费	劳保费	水电费	……
月	日	字	号		十亿千百十万千百十元角分	十亿千百十万千百十元角分	十亿千百十万千百十元角分	十亿千百十万千百十元角分	十亿千百十万千百十元角分	十亿千百十万千百十元角分	十亿千百十万千百十元角分

图 3.6　制造费用明细账

② 只按贷方发生额设置专栏的多栏式，如主营业务收入明细账（如图 3.7 所示）。

主 营 业 务 收 入

年		凭证		摘要	合计	贷方金额					
月	日	字	号			胶管类	胶制品类	密封条圈	……		
					十亿千百十万千百十元角分	十亿千百十万千百十元角分	十亿千百十万千百十元角分	十亿千百十万千百十元角分	十亿千百十万千百十元角分	十亿千百十万千百十元角分	十亿千百十万千百十元角分

图 3.7 主营业务收入明细账

③ 分别按借方、贷方发生额设置专栏的多栏式，如应交税费明细账（如图 3.8 所示）。

应 交 税 费

年		凭证		摘要	借方			贷方				余额
月	日	字	号		进项税额	已交税额	合计	销项税额	进项税额转出	……	合计	
					十亿千百十万千百十元角分	十亿千百十万千百十元角分	十亿千百十万千百十元角分	十亿千百十万千百十元角分	十亿千百十万千百十元角分	十亿千百十万千百十元角分	十亿千百十万千百十元角分	十亿千百十万千百十元角分

图 3.8 应交税费明细账

（3）数量金额式账簿。账簿的借方、贷方和余额三个栏目内，都分设数量、单价和金额三小栏，借以反映财产物资的实物数量和价值量，如原材料明细账（如图 3.9 所示）、库存商品明细账等。

原 材 料

存货地点： 名称： 规格： 单位：

年		凭证		摘要	借方			贷方			借或贷	余额		
月	日	字	号		数量	单价	十亿千百十万千百十元角分	数量	单价	十亿千百十万千百十元角分		数量	单价	十亿千百十万千百十元角分

图 3.9 原材料明细账

（4）横线登记式账页。也称平行式账页，实质上也是一种多栏式明细账，其登记方法是采用横线登记，即将同一相关业务登记在一行，这样就可以依据每一行各个栏目的登记情况来判断该项业务的进展情况。因为时间是不同的，主要用于“材料采购”“其他应收款”等账户的明细分类核算。这种账页的优点是物资的流通情况一目了然，其缺点是工作量太大，一般企业用不上。

此类账簿由会计人员逐笔进行登记。同一行内如果借方、贷方都有记录，表明该项经济业务已处理完毕，如果只有借方记录，没有贷方记录，则表示该项经济业务还未结束。横线登记式账页格式如图 3.10 所示。

其他应收款——备用金明细类账

<table>
<tr><td colspan="2" rowspan="2">2018 年</td><td colspan="2" rowspan="2">凭证</td><td rowspan="3">摘要</td><td rowspan="3">户名</td><td rowspan="3">借方（借支）</td><td colspan="6">贷方（报销、收回）</td><td rowspan="3">备注</td></tr>
<tr><td colspan="2" rowspan="1">2018 年</td><td colspan="2">凭证</td><td rowspan="2">报销金额</td><td rowspan="2">收回金额</td></tr>
<tr><td>月</td><td>日</td><td>字</td><td>号</td><td>月</td><td>日</td><td>字</td><td>号</td></tr>
<tr><td>3</td><td>5</td><td>记</td><td>10</td><td>预借差旅费</td><td>张强</td><td>3 000.00</td><td>3</td><td>25</td><td>记</td><td>130</td><td>2 800.00</td><td>200.00</td><td></td></tr>
<tr><td></td><td></td><td></td><td></td><td></td><td></td><td></td><td></td><td></td><td></td><td></td><td></td><td></td><td></td></tr>
<tr><td></td><td></td><td></td><td></td><td></td><td></td><td></td><td></td><td></td><td></td><td></td><td></td><td></td><td></td></tr>
</table>

图 3.10　横线登记式账页

3.3　账务处理程序

会计核算流程，也叫账务处理程序或核算组织程序。它的工作就是以账簿为核心，再把凭证、账簿、记账程序和记账方法结合起来，相当于把各个独立的会计工作放在流水线上，各个会计人员各司其职，分工不分家，目的就是既能相互制约相互监督又能保证工作效率。

我国采用的会计核算流程有 4 个。

（1）记账凭证核算组织程序。

（2）科目汇总表核算程序。

（3）汇总记账凭证核算程序。

（4）多栏式日记账核算程序。

3.3.1　记账凭证账务处理程序

记账凭证核算程序是最基本的一种核算程序。它的特点是直接根据各种记账凭证逐笔登记总分类账。其他核算程序都是在它基础上发展演变来的。

这种程序下，记账凭证按收款、付款和转账三种凭证划分，账簿包括日记账、总分类账和明细分类账。日记账一般采用三栏式，总分类账采用借、贷、余三栏式，明细分类账可以选用采用三栏式、多栏式或数量金额式。

记账凭证账务处理程序的基本步骤分 6 步。

（1）根据原始凭证或汇总原始凭证编制记账凭证。

（2）根据收、付款凭证，逐日逐笔登记日记账。

（3）根据原始凭证、汇总原始凭证或记账凭证，逐笔登记各种明细分类账。

（4）根据记账凭证逐笔登记总分类账。

（5）期末，将日记账和各明细分类账的余额与总分类账的余额核对。

（6）最后，根据总分类账和有关明细分类账的数额编制会计报表。

记账凭证账务处理程序如图 3.11 所示。

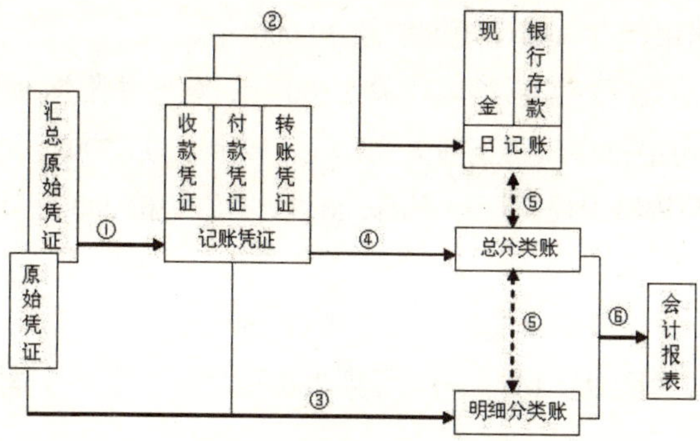

图 3.11 记账凭证账务处理程序图

例：嘉善观海潮公司 2018 年 9 月 1 日，各总账科目余额如表 3-3 所示。

表 3-3 嘉善观海潮公司 2018 年 9 月 1 日总账科目余额表

账户名称	借方余额	账户名称	贷方余额
库存现金	900.00	累计折旧	285 000.00
银行存款	125 000.00	短期借款	80 000.00
其他应收款	200.00	应付账款	11 700.00
原材料	86 900.00	应交税费	3 000.00
库存商品	27 000.00	实收资本	600 000.00
固定资产	950 000.00	资本公积	70 300.00
		盈余公积	120 000.00
		利润分配	20 000.00
合计	1 190 000.00	合计	1 190 000.00

该企业 9 月发生的经济业务如下。

（1）1 日，收到股东张旺投入资本 50 000 元，存入银行。

（2）2 日，生产甲产品领用 A 材料 5 000 千克，单价 10 元，B 材料 2 000 千克，单价 4 元。

（3）4 日，采购员王会出差回来，报销差旅费 190 元，退回余款 10 元（原借款 200 元）。

（4）5 日，从银行提取现金 50 000 元，准备发放工资。

（5）5 日，用现金发放工资 50 000 元。

（6）8 日，从星光工厂购入 A 材料 2 000 千克，买价 19 400 元，增值税 2 522 元，运杂费 600 元，款项用银行存款支付，材料已验收入库。

（7）9 日，用银行存款归还短期借款 30 000 元。

（8）10 日，用银行存款缴纳城建税 2 100 元，教育费附加 900 元。

（9）12 日，用银行存款归还前欠立达工厂购料款 11 700 元。

（10）13 日，销售给卫民工厂甲产品 200 件，单位售价 200 元，增值税计 5 200 元，款项已收存银行。

（11）15 日，用银行存款支付产品广告费 180 元。

（12）18 日，用现金支付办公用品费 280 元，其中生产车间 80 元，管理部门 200 元。

（13）20 日，生产甲产品领用 A 材料 1 000 千克，单价 10 元，车间领用 B 材料 50 千克，单价 4 元，管理部门领用 C 材料 100 千克，单价 3 元。

（14）20 日，用银行存款支付本季度的短期借款利息 250 元。

（15）25 日，用银行存款支付本月水电费 30 000 元，其中生产车间 22 000 元，管理部门 8 000 元。

（16）27 日，销售给胜利工厂甲产品 600 件，单位售价 200 元，增值税计 15 600 元，款项已收存银行。

（17）30 日，结转本月应付职工工资 50 000 元，其中生产甲产品工人工资 30 000 元，车间管理人员工资 8 000 元，企业管理人员工资 12 000 元。

（18）30 日，计提本月伙食补助 7 000 元，其中生产甲产品工人 4 200 元。车间管理人员 1 120 元，企业管理人员 1 680 元。

（19）30 日，计提本月固定资产折旧 2 000 元，其中生产车间 1 400 元，管理部门 600 元。

（20）30 日，结转本月制造费用 32 800 元。

（21）30 日，本月生产的甲产品 1 000 件全部完工，结转生产成本 135 000 元。

（22）30 日，结转本月销售 800 件甲产品的成本 108 000 元。

（23）30 日，计提本月应缴增值税 18 278 元，城建税 1 279.46 元，教育费附加 548.34 元。

（24）30 日，将本月销售甲产品取得的收入 160 000 元结转“本年利润”账户。

（25）30 日，将本月主营业务成本 108 000 元，销售费用 180 元，税金及附加

1 827.80 元，管理费用 22 970 元，财务费用 250 元结转至“本年利润”账户。

先根据以上业务编制会计分录如下。

会计分录	借方	贷方
（1）借：银行存款	50 000	
贷：实收资本——张旺		50 000
（2）借：生产成本——甲产品	58 000	
贷：原材料——A 材料		50 000
——B 材料		8 000
（3）借：管理费用	190	
贷：其他应收款——王会		190
借：库存现金	10	
贷：其他应收款——王会		10
（4）借：库存现金	50 000	
贷：银行存款		50 000
（5）借：应付职工薪酬	50 000	
贷：库存现金		50 000
（6）借：原材料——A 材料	20 000	
应交税费——应交增值税（进项税额）	2 522	
贷：银行存款		22 522
（7）借：短期借款	30 000	
贷：银行存款		30 000
（8）借：应交税费——应交城建税	2 100	
——应交教育费附加	900	
贷：银行存款		3 000
（9）借：应付账款——立达工厂	11 700	
贷：银行存款		11 700
（10）借：银行存款	45 200	
贷：主营业务收入——甲产品		40 000
应交税费——应交增值税（销项税额）		5 200
（11）借：销售费用	180	
贷：银行存款		180
（12）借：制造费用	80	
管理费用	200	
贷：库存现金		280

分录	科目	借方	贷方
（13）借：	生产成本——甲产品	10 000	
	制造费用	200	
	管理费用	300	
	贷：原材料——A 材料		10 000
	——B 材料		200
	——C 材料		300
（14）借：	财务费用	250	
	贷：银行存款		250
（15）借：	制造费用	22 000	
	管理费用	8 000	
	贷：银行存款		30 000
（16）借：	银行存款	135 600	
	贷：主营业务收入——甲产品		120 000
	应交税费——应交增值税（销项税额）		15 600
（17）借：	生产成本——甲产品	30 000	
	制造费用	8 000	
	管理费用	12 000	
	贷：应付职工薪酬——工资		50 000
（18）借：	生产成本——甲产品	4 200	
	制造费用	1 120	
	管理费用	1 680	
	贷：应付职工薪酬——职工福利		7 000
（19）借：	制造费用	1 400	
	管理费用	600	
	贷：累计折旧		2 000
（20）借：	生产成本——甲产品	32 800	
	贷：制造费用		32 800
（21）借：	库存商品——甲产品	135 000	
	贷：生产成本——甲产品		135 000
（22）借：	主营业务成本——甲产品	108 000	
	贷：库存商品——甲产品		108 000
（23）借：	应交税费——转出来交增值税	18 278	
	贷：应交税费——未交增值税		18 278

借：税金及附加　　1 827.80
　　贷：应交税费——应交城建税　　1 279.46
　　　　　　　　——应交教育费附加　　548.34

（24）借：主营业务收入——甲产品　　160 000
　　贷：本年利润　　160 000

（25）借：本年利润　　133 227.80
　　贷：主营业务成本——甲产品　　108 000
　　　　税金及附加　　1 827.80
　　　　销售费用　　180
　　　　管理费用　　22 970
　　　　财务费用　　250

月末，根据记账凭证（略）上的会计科目登记总账，全部登好后再编制 9 月末的总账期末余额表（如表 3-4 所示）。

表 3-4　嘉善观海潮公司 2018 年 9 月 30 日总账科目余额表

账户名称	借方余额	贷方余额
库存现金	630.00	
银行存款	208 148.00	
原材料	38 400.00	
库存商品	54 000.00	
固定资产	950 000.00	
累计折旧		287 000.00
应付职工薪酬		7 000.00
短期借款		50 000.00
应交税费		20 105.80
实收资本		650 000.00
资本公积		70 300.00
盈余公积		120 000.00
利润分配		20 000.00
本年利润		26 772.20
合计	1 251 178.00	1 251 178.00

9 月初和 9 月末的 2 张总分类账户期末余额表借贷双方的合计数都是相等的，这就体现了“有借必有贷，借贷必相等”的借贷记账法的记账规则。

记账凭证账务处理程序比较简单，易于理解，而且由于总账是根据记账凭证逐笔登记的，所以能够详细反映经济业务的内容，也正因为如此，工作量比较大。因此它适用于规模小、经济业务少、凭证不多的单位。在实务中，可以尽量使用原始凭证汇总表，对同类经济业务的原始凭证进行整理，再根据原始凭证汇总表编制记账凭证来减少工作量。

3.3.2 科目汇总表账务处理程序

科目汇总表核算程序的记账凭证、日记账、总分类账和明细分类账的设置与记账凭证核算程序相同。只是为了将记账凭证定期地进行汇总，增加了一个科目汇总表的填制。

科目汇总表可以起到试算平衡的作用。但最主要的还是为了简化总分类账的登记工作。总账直接根据科目汇总表登记。科目汇总表可以每月汇总一次编制一张，也可以按旬汇总，按月编制。业务量较多的单位还可以每日进行汇总。

科目汇总表和总账，都不能明确反映有关账户之间的对应关系，所以不便于分析，也不便于查账，一般为经济业务量大的单位所采用。而且为了编制科目汇总表，收款、付款、转账 3 种凭证的编制都以简单会计分录为主，并且转账凭证要复写两联：一联作为借方账户的汇总，另一联作为贷方账户的汇总。

科目汇总表账务处理程序的基本步骤如下。

（1）根据原始凭证或汇总原始凭证编制记账凭证。

（2）根据收、付款凭证逐笔登记日记账。

（3）根据原始凭证、汇总原始凭证和记账凭证逐笔登记明细分类账。

（4）根据记账凭证定期编制科目汇总表。

（5）根据科目汇总表登记总分类账。

（6）期末，将日记账、各明细分类账的余额与总分类账的余额进行核对。

（7）最后，根据总分类账和明细分类账编制会计报表。

科目汇总表账务处理程序如图 3.12 所示。

沿用上例中的数据，如果采用全部汇总的方法编制，则科目汇总表如表 3-5 所示。

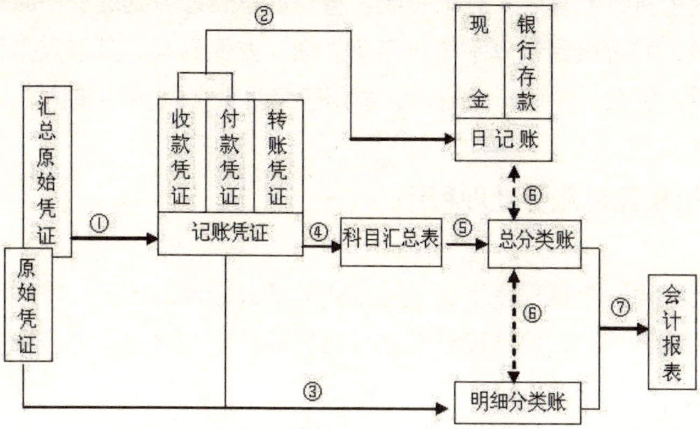

图 3.12 科目汇总表账务处理程序图

表 3-5 嘉善观海潮公司 2018 年 9 月科目汇总表

2018 年 9 月 1 日至 30 日　　汇字 01 号

会计科目	账页	借方发生额	贷方发生额	记账凭证起讫号数
库存现金		50 010.00	50 280.00	
银行存款		230 800.00	147 652.00	
其他应收款			200.00	
原材料		20 000.00	68 500.00	
库存商品		135 000.00	108 000.00	
生产成本		135 000.00	135 000.00	
累计折旧			2 000.00	
短期借款		30 000.00		
应付账款		11 700.00		
应付职工薪酬		50 000.00	57 000.00	
应交税费		23 800.00	40 905.80	
实收资本			50 000.00	
本年利润		133 227.80	160 000.00	
制造费用		32 800.00	32 800.00	
主营业务收入		160 000.00	160 000.00	
主营业务成本		108 000.00	108 000.00	
税金及附加		1 827.80	1 827.80	
销售费用		180.00	180.00	
管理费用		22 970.00	22 970.00	
财务费用		250.00	250.00	
合计		1 145 565.60	1 145 565.60	

最后用这个科目汇总表来登记总账。科目汇总表账务处理程序减轻了登记总分类账的工作量，并可做到试算平衡，简明易懂，方便易学。其缺点是科目汇总表不能反映账户对应关系，不便于对账。它适用于经济业务较多的单位。

3.3.3 汇总记账凭证账务处理程序

在汇总记账凭证核算程序下，各种记账凭证、账簿的设置、格式与记账凭证核算程序基本相同，不同点就是设置汇总记账凭证。它与科目汇总表账务处理程序也相似，只是把科目汇总表换成了汇总记账凭证。

汇总记账凭证是根据记账凭证汇总填制的，汇总的期间不应超过 10 天，每月至少汇总 3 次，每月填制一张，月末结算出合计数，以便登记总账。种类可分为汇总收款凭证、汇总付款凭证和汇总转账凭证。

汇总记账凭证账务处理程序的基本步骤如下。

（1）根据原始凭证或汇总原始凭证编制记账凭证。

（2）根据收、付款凭证，逐日逐笔登记日记账。

（3）根据原始凭证、汇总原始凭证或记账凭证，逐笔登记各明细分类账。

（4）根据收、付款凭证和转账凭证，定期编制汇总收款凭证、汇总付款凭证和汇总转账凭证。

（5）期末，根据汇总记账凭证登记总分类账。

（6）期末，将日记账和各明细分类账的余额与总分类账的余额进行核对。

（7）最后，根据总分类账和明细分类账的数据编制会计报表。

汇总记账凭证账务处理程序如图 3.13 所示。

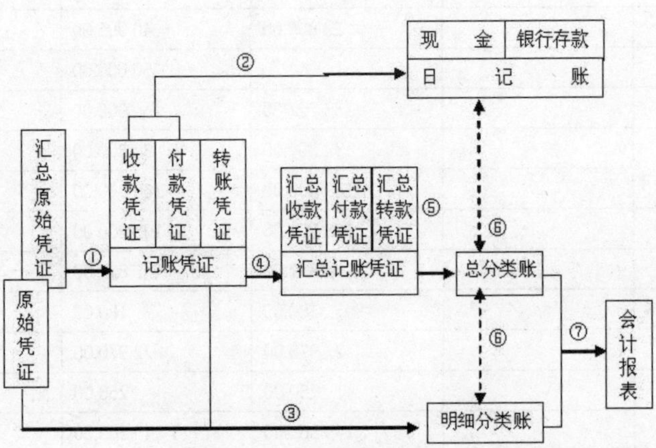

图 3.13 汇总记账凭证账务处理程序图

它能够反映会计科目之间的对应关系，便于查账和分析，这一点比科目汇总表核算程序要强，此外它也简化了总账的登记工作。只是编制汇总记账凭证的工作量较大，一般适用于规模大、经济业务较多的单位。

3.3.4 多栏式日记账账务处理程序

多栏式日记账账务处理程序是根据多栏式日记账来登记总账，对于转账业务，则用转账凭证逐笔登记总账，或是按转账凭证定期编制科目汇总表来登记总账。这个程序用得不多，毕竟日记账会计都习惯用三栏式，一下子改过来用多栏式有点不大适应。所以这个程序适用于规模不是很大但收付业务较多的单位。如果企业的经济业务繁杂，会使日记账的专栏栏次过多、账页庞大，这种方式就不太适用了。

多栏式日记账账务处理程序的基本步骤如下。

（1）根据原始凭证或汇总原始凭证编制记账凭证。

（2）根据收款、付款凭证登记多栏式日记账。

（3）根据原始凭证、汇总原始凭证或记账凭证，登记明细分类账。

（4）期末，根据转账凭证，编制科目汇总表。

（5）期末，根据多栏式日记账、科目汇总表登记总分类账。

（6）期末，将各明细分类账余额与总分类账的余额进行核对。

（7）最后，根据总分类账和明细分类账编制会计报表。

多栏式日记账账务处理程序如图 3.14 所示。

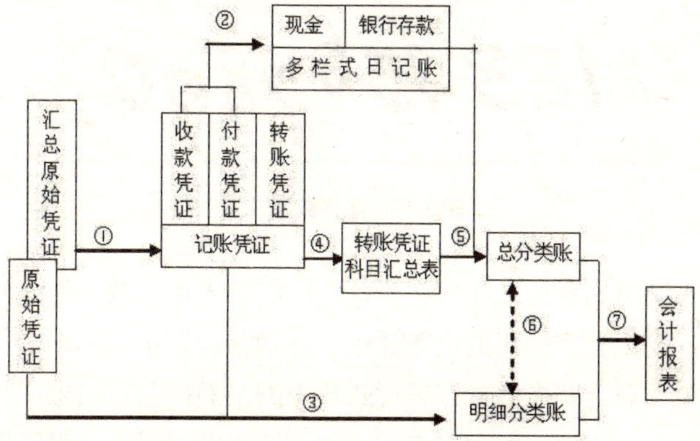

图 3.14 多栏式日记账账务处理程序图

3.4 账簿登记知多少

账页是账簿的核心组成部分。账页的填写，其实就是账簿的登记。账簿在登记时，除了必须以审核无误的凭证为依据外，还有一些具体的要求，如保证准确完整、书写规范、要连续登记，等等。

3.4.1 完整规范是基本

账簿登记首先要保证准确完整。要将账页中的日期、凭证编号、摘要、金额等项目填写齐全，账页中的月、日应填写记账凭证的日期，每一笔记账凭证中的业务登记完毕后，都应在记账凭证“过账”栏内画“√”，表示记账完毕，避免重记、漏记。在记账之前，要对审核过的记账凭证再进行一次复核，这是岗位责任制和会计内部控制的要求，是必须要做的。如果记账凭证有错误，暂时就不要登记了，报告给主管或是经理，由上级做决定。有一点务必要注意：在任何情况下，凡不兼任填制记账凭证工作的记账人员都不得自行更改记账凭证。每一笔会计记录，一方面要记总分类账，另一方面要计入对应的明细分类账。

其次是账簿数字要规范书写（如图 3.15 所示）。为了保持记录的长期有效，防涂改就是关键，记账必须使用蓝黑墨水或碳素墨水，用钢笔或签字笔书写，不能用圆珠笔或铅笔写，除结账、改错、冲账、登记减少数可以使用红笔登记外，其余账簿登记均不得使用红色墨水。在书写文字和数字时，不要写满格，一般占格距的 1/2 就可以了，目的是在发现错误时，可以在该文字和数字的上面进行更正。

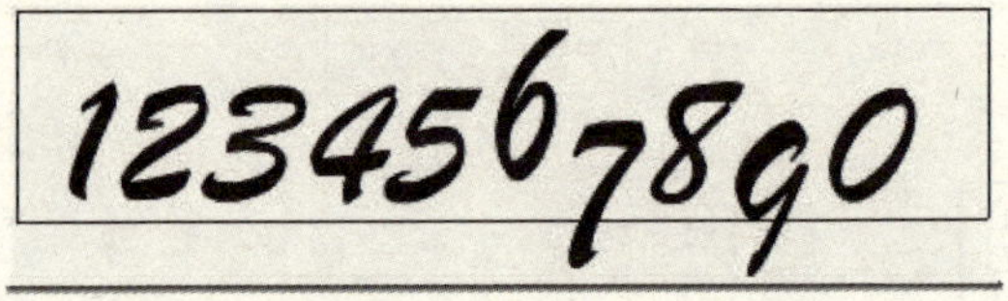

图 3.15 账簿数字书写

红色墨水的使用具有特殊作用。会计中的红字表示负数，能够使用红色墨水登记的情况包括：按照红字冲账的记账凭证，冲销错误记录；在不设“借”“贷”栏的多栏式账页中，登记减少数；在三栏式账户的余额栏前，如未印明余额方向的，在余额栏内登记负数余额；根据国家统一的会计制度规定可以用红字登记的其他会计记录。除此之外，都不能用红色墨水登记。

3.4.2 连续登记不得涂改

连续登记指在记账时，必须按账户页次逐页逐行登记，不得隔页、跳行。如发生隔页、跳行现象，应在空页、空行处用红色墨水画对角线注销，或者注明“此页空白”或“此行空白”字样，并由记账人员和会计机构负责人（会计主管人员）签章，如图 3.16 所示。

总第　页 分第　页

明细科目：新华工厂

应 收 账 款

2018 年 月	日	凭证 字	号	摘要	对方科目	借方（十亿千百十万千百十元角分）	贷方（十亿千百十万千百十元角分）	借或贷	余额（十亿千百十万千百十元角分）	√
					此行空白	李冰				
1	5	记	11	期初金额				借	5000000	

图 3.16 账簿跳行登记

每一账页登记完毕时，就要及时结出本页发生额合计及余额，在该账页最末一行“摘要”栏注明“转次页”或“过次页”，还要将最末一行的金额计入到下一页第一行的金额栏里，并在该行“摘要”栏注明“承前页”，以保持账簿记录的连续性，便于对账和结账，如图 3.17 所示。

月	日	字	号	摘要	对方科目	借方	贷方	借或贷	余额	√
7	31			本期发生额及余额		31600000	41500000	借	27000000	
				过次页		31600000	41500000	借	27000000	

银行存款日记账　　45

2018 年 月	日	凭证 字	号	摘要	对方科目	借方（十亿千百十万千百十元角分）	贷方（十亿千百十万千百十元角分）	借或贷	余额（十亿千百十万千百十元角分）	√
				承前页		31600000	41500000	借	27000000	

图 3.17 账簿的换页登记

凡需要结出余额的账户，结出余额后，应当在“借或贷”栏目内注明“借”或“贷”字样，以示余额的方向；对于没有余额的账户，应在“借或贷”栏内写“平”字，并在“余额”栏用“0”表示。现金日记账和银行存款日记账必须逐日结出余额。

3.4.3 结合账簿讲规则

记账规则，是指记录经济业务和账簿启用与登记时所应遵守的规则。不同的账簿所遵循的规则各有不同。

（1）日记账。它是要逐日逐笔进行登记，由出纳根据收款凭证和付款凭证登记相应的日记账。日记账有三栏式和多栏式 2 种。三栏式日记账设借方、贷方和余额三个基本的金额栏目，一般将其分别称为收入、支出和结余三个基本栏目。在金额栏与摘要栏之间常常插入“对方科目”，比如，收到现金 100 万元，如果对应科目是“短期借款”或者“实收资本”，那么在账簿记录中可以明确地看出它们的对应关系。至于多栏式日记账，一般很少使用。它不像三栏式日记账那样单独设一个对方科目栏，而是在收入栏和支出栏里设置了若干科目，分别进行汇总，比较直观。多栏式现金日记账的登记如图 3.18 所示。

现金日记账（多栏式）　　第 10 页

2018 年		凭证号数		摘要	收入			支出			结余
月	日	字	号		银行存款	其他应收款	合计	管理费用	其他应收款	合计	
4	1			期初余额							360
	1	银付	1	提取现金	1 000		1 000				
	1	现付	1	购买办公用品				100		100	
	1	现付	2	暂借差旅费					500	500	760
	2	现收	1	报销返纳		20	20				780
				（略）							
	30			本月合计	103 500	320	115 260	65 000	3 420	114 870	750

图 3.18　多栏式现金日记账的登记

银行存款日记账和现金日记账的道理相同，只不过银行存款日记账涉及一个结算凭证的问题，支票的号数栏目也要特别标明。三栏式银行存款日记账的登记如图 3.19 所示。

登记方法与现金日记账相同　　银行存款日记账（三栏式）　　登记分录中银行存款的对方科目

2018年		记账凭证	摘　要	结 算 凭 证		对方科目	收 入	付 出	结 余
月	日			种 类	号数				
3	1		月初余额						200 000
	1	银付 1	提取现金	现金支票	0356	现金		5 000	195 000
	1	银收 1	销售收入	转账支票	2375	主营业务收入	35 100		230 100
	1	银付 2	付材料款	转账支票	0431	物资采购		46 800	183 300

登记结算凭证的种类和号码　　登记方法与现金日记账相同

图 3.19　三栏式银行存款日记账的登记

（2）总分类账。它的账页一般设置为三栏式，为了保证安全要求外观是订本式的。它的记账依据和登记方法取决于企业采用的账务处理程序，既可能根据记账凭证逐笔登记，也可能根据经过汇总的科目汇总表或汇总记账凭证等登记。实务中可以三五天登记一次，也可以根据汇总记账凭证的时间按旬或月中、月末进行总分类账登记。反映银行存款科目的总分类账如图 3.20 所示。

总 分 类 账

科目：银行存款

2018 年		凭证		摘要	借方												贷方												借或贷	余额												√
月	日	字	号		十	亿	千	百	十	万	千	百	十	元	角	分	十	亿	千	百	十	万	千	百	十	元	角	分		十	亿	千	百	十	万	千	百	十	元	角	分	
1	1			上年结转																									借					2	3	0	0	0	0	0	0	
1	10	汇	1	1～10日发生额						6	3	9	7	8	0	0					1	2	9	3	0	9	0	0	借					1	6	4	6	6	9	0	0	

图 3.20　总分类账的登记

（3）明细分类账，它的格式有三栏式、多栏式、数量金额式和横线登记式等，明细分类账的特点如下。

- 三栏式明细分类账。债权、债务结算类账户通常设置三栏式明细分类账，没有必要再反映数量、金额、单价等信息。
- 多栏式明细分类账。它是在一张账页上分设若干专栏，集中反映明细科目的金额。一般适用于成本、费用、收入和成果的明细核算。
- 数量金额式明细分类账。它是在三栏式的基础上，增加数量栏，适用于既需要金额又需要实务数量核算的科目。比如原材料、库存商品、包装物和低值易耗品等财产物资科目。在收、发、存下面分别设置数量栏、单价栏、金额栏。
- 横线登记式明细分类账。实际上它是一种多栏式明细分类账，登记方法是将每一笔相关的业务登记在同一行，这样做的好处是可以根据每一行各个栏目的登记情况来判断该项业务是否有进展。

账簿登记起来规矩很多，除了以上的规则外，还要进行平行登记和试算平衡。

3.5　从“平行”到“平衡”

总分类账对明细分类账起统御作用，明细分类账对总分类账起补充说明作用。二者密不可分，密切配合。其作用机理就是平行登记。所谓平行登记就是在经济业务发生后，以会计凭证为依据，一方面要在有关的总分类账进行总括登记，另一方面在总分类账户所属的明细分类账户进行详细登记。通过平行登记，期末进行相互核对，可以及时发现错账，予以更正，以保证账簿记录的准确性。要达到平行登记所希望的目的，就需要做到“三同一相等”。所谓“三同”是指总分类账和所属明细分类账对于同一项经济业务做到如下要求。

● 登记的时间必须相同。

● 记账方向必须相同。

● 登记的原始依据必须一致。

"一相等"是指总分类账和明细分类账登记的金额必须相等。利用这种相等的关系，来核对总分类账和明细分类账的登记是否正确。如有不等，则表明记账出现差错，需要改正。但平行登记仅仅是防止舞弊和错误的第一步，我们还需要试算平衡。

试算平衡是通过会计基本恒等式，即"资产 = 负债 + 所有者权益"来检验记账工作是否正确的一种方法。具体做法有 3 步。

● 检查每次会计分录的借贷金额是否平衡。

● 检查总分类账户的借贷发生额是否平衡。

● 检查总分类账户的借贷余额是否平衡。

要想正确检查，必须借助以下 3 个公式。

全部账户的借方期初余额合计 = 全部账户的贷方期初余额合计

全部账户的借方发生额合计 = 全部账户的贷方发生额合计

全部账户的借方期末余额合计 = 全部账户的贷方期末余额合计

如果上述三个方面都能保持平衡，说明记账工作基本上是正确的，否则就是说明记账工作发生了差错。在实务中，这种试算平衡通常是通过编制试算平衡表来（也称试算表）进行的。

试算平衡表可以分为两种：一种是将本期发生额和期末余额分别编制列表；另一种是将本期发生额和期末余额合并在一张表上进行试算平衡，如表 3-6 所示。

表 3-6 试算平衡表

编制单位：伟杰贸易公司　　2018 年 3 月 1 日　　单位：元

账户名称	期初余额		本期发生额		期末余额	
	借方	贷方	借方	贷方	借方	贷方
库存现金	2 000.00			1 000.00	1 000.00	
银行存款	150 000.00		100 000.00	120 000.00	130 000.00	
其他应收款			1 000.00		1 000.00	
原材料	50 000.00		10 000.00		60 000.00	
固定资产	400 000.00		80 000.00		480 000.00	
短期借款				100 000.00		100 000.00
应付账款		52 000.00	52 000.00	2 000.00		2 000.00
应付票据			40 000.00	40 000.00		
其他应付款				40 000.00		40 000.00

续表

账户名称	期初余额		本期发生额		期末余额	
	借方	贷方	借方	贷方	借方	贷方
实收资本		400 000.00	100 000.00	170 000.00		470 000.00
盈余公积		100 000.00	50 000.00			50 000.00
利润分配		50 000.00	40 000.00			10 000.00
合计	602 000.00	602 000.00	473 000.00	473 000.00	672 000.00	672 000.00

要知道试算平衡表也不是万能的。如果借贷不平衡，当然可以肯定账户的记录或者是计算有错误；但是如果借贷平衡，我们也不能肯定账户记录没有错误，因为有些错误并不影响借贷双方的平衡关系。比如在账户中重记或漏记某项经济业务，或者将经济业务的借贷方向记反，就不一定能通过试算平衡发现错误。例如某公司总分类账户发生额计算平衡表如表 3-7 所示，表下为出错示例。

表 3-7　总分类账户发生额计算平衡表

账户名称	本期发生额	
	借方	贷方
银行存款	400 000.00	190 000.00
原材料	14 985.00	
固定资产	100 000.00	
短期借款	20 000.00	
应付账款	80 015.00	4 985.00
应付票据		20 015.00
实收资本		480 000.00
盈余公积	80 000.00	
合计	695 000.00	695 000.00

若借方漏记 400 000，借方合计 295 000，贷方合计 695 000。

若借方 80 000 记贷方，借方合计 615 000，贷方合计 775 000。

若 4 985 颠倒为 4 958，借方合计 695 000，贷方合计 694 973。

3.6　账簿的归属

年末，账簿一旦结账，紧跟着就是新的会计年度建新账问题了。

并不是所有的账簿都要重新建账。一般来说，总账、日记账和多数明细账应每年更换一次，对此要做好期初数字的录入工作。有些财产物资明细账和债权债务明细账，由于材料品种、规格和往来单位较多，如果更换新账，重抄一遍工作量较大，因此，可以跨年度使用，不必每年度更换一次。各种备查账簿也可以连续使用。

3.6.1 账簿的更换

现金日记账、银行存款日记账、总分类账及一般的明细分类账都要每年更换新账，只有固定资产明细账或固定资产卡片可以继续使用，不必每年更换新账。

年终结账后，有期末余额的账户，仅仅将其余额结转至下年度新账簿的相应账户中去。结转时，将有余额的账户的余额直接计入新账簿中相对应的账户中的余额栏内，要注意这时不需要编制记账凭证，也不必将余额再计入上年账户的借方或贷方。

下年度在新账页的第一行，填写的日期是1月1日，“摘要”栏注明“上年结转”字样，同时，将上年结转余额计入“余额”栏，并标明余额方向。上年度该账户的借方余额，转至下年度新账内仍为借方余额，上年度该账户的贷方余额，转至下年度新账内仍为贷方余额。

账簿扉页的启用表（如表3-8所示）和目录（如表3-9所示）要认真填写。这样一是可以明确责任，二是平时工作要找数字就会方便很多。

表3-8　账簿启用表

<table>
<tr><td>单位名称</td><td colspan="9">新疆顺华有限责任公司</td><td>单位盖章</td></tr>
<tr><td>账簿名称</td><td colspan="9">现金日记账</td><td rowspan="7"></td></tr>
<tr><td>账簿编号</td><td colspan="9">2018年 总 1 册 第 1 册</td></tr>
<tr><td>账簿页数</td><td colspan="9">本账簿共计 135 页　第 1～135 页</td></tr>
<tr><td>启用日期</td><td colspan="9">2018年 1月1日 至　2018年 12月31日</td></tr>
<tr><td rowspan="3">经管人员</td><td colspan="3">负责人</td><td colspan="3">主管</td><td colspan="3">出纳</td></tr>
<tr><td>职别</td><td>姓名</td><td>盖章</td><td>职别</td><td>姓名</td><td>盖章</td><td>职别</td><td>姓名</td><td>盖章</td></tr>
<tr><td></td><td></td><td></td><td></td><td>张颖</td><td></td><td></td><td>李冰</td><td></td></tr>
<tr><td rowspan="7">交接记录</td><td rowspan="2">职别</td><td rowspan="2">姓名</td><td colspan="3">接管</td><td colspan="4">移交</td><td rowspan="2">印花税票粘贴处</td></tr>
<tr><td>年</td><td>月</td><td>日</td><td>年</td><td>月</td><td>日</td><td>盖章</td></tr>
<tr><td></td><td></td><td></td><td></td><td></td><td></td><td></td><td></td><td></td><td rowspan="5"></td></tr>
<tr><td></td><td></td><td></td><td></td><td></td><td></td><td></td><td></td><td></td></tr>
<tr><td></td><td></td><td></td><td></td><td></td><td></td><td></td><td></td><td></td></tr>
<tr><td></td><td></td><td></td><td></td><td></td><td></td><td></td><td></td><td></td></tr>
<tr><td></td><td></td><td></td><td></td><td></td><td></td><td></td><td></td><td></td></tr>
</table>

表 3-9　账簿目录

编号	科　目	起讫页码	编号	科　目	起讫页码	编号	科　目	起讫页码
1001	库存现金	01 ～ 18						
1002	银行存款	19 ～ 40						

3.6.2　账簿的保管

账簿保管归档前应先装订。首先按账簿启用表的目录部分核对账户是否相符，账页是否齐全，序号排列是否连续；然后，按会计账簿封面、账簿启用表、账户目录和排序整理好的账页顺序装订。将账页号数填写齐全，除去空白页和账夹，并加具封底封面；多栏式活页账、三栏式活页账、数量金额式活页账等不得混装，应将同类业务、同类账页装订在一起；在装订账页的封面上填写好账簿的种类，编好卷号，由会计主管人员、装订人或经办人签章。账簿的封口要严密，封口处要加盖印章；封面应齐全、平整，并注明所属年度及账簿名称、编号，编号要一年一编，编号顺序是总账、现金日记账、银行存款日记账、分类明细账；装订完毕后，按规定进行保管。账簿归档后未经批准不得借出，如有特殊需要经本单位负责人批准，可以提供查阅或者复制，但要办理登记手续。

会计账簿的保管期限如下。

- 总账（包括日记总账）：30 年。
- 明细账：30 年。

- 日记账：30 年。
- 固定资产卡片在固定资产报废清理后：5 年。
- 辅助账簿（备查账簿）：30 年。

企业和其他组织会计档案保管期限如表 3-10 所示。

表 3-10　企业和其他组织会计档案保管期限表

序号	档案名称	保管期限	备注
一	会计凭证		
1	原始凭证	30 年	
2	记账凭证	30 年	
二	会计账簿		
3	总账	30 年	
4	明细账	30 年	
5	日记账	30 年	
6	固定资产卡片		固定资产报废清理后保管 5 年
7	其他辅助性账簿	30 年	
三	财务会计报告		
8	月度、季度、半年度财务会计报告	10 年	
9	年度财务会计报告	永久	
四	其他会计资料		
10	银行存款余额调节表	10 年	
11	银行对账单	10 年	
12	纳税申报表	10 年	
13	会计档案移交清册	30 年	
14	会计档案保管清册	永久	
15	会计档案销毁清册	永久	
16	会计档案鉴定意见书	永久	

账簿一旦保管期满，就要按照下列程序销毁。

（1）由本单位档案机构会同会计机构提出销毁意见，编制会计档案销毁清册，列明销毁档案的名称、卷号、册数、起止年度和档案编号，应保管期限，已保管期限，销毁时间等内容。

（2）单位负责人在会计账簿销毁清册上签署意见。

（3）销毁会计账簿时，应当由档案机构和会计机构共同派员监销。

（4）监销人员在销毁会计账簿前应当按照会计账簿销毁清册所列内容清点核对所销毁的会计账簿；销毁后，应当在会计账簿销毁清册上签名盖章，并将监销情况报告本单位负责人。

模拟演练

账簿的登记

平行登记一边联系总账，另一边联系明细账，是会计记账的基本功之一，一旦处理不好，极易造成账簿记录的混乱。下面以虹宇工厂为例，详细讲解平行登记的账务处理。

虹宇工厂“原材料”和“应付账款”总分类账户和所属明细分类账户期初结存额如图 3.21 所示。

账户名称		数量	计量单位	单价	金额	
总账	明细账				总账	明细账
原材料					180 000.00	
	甲材料	4 000.00	千克	30.00		120 000.00
	乙材料	1 000.00	件	60.00		60 000.00
应付账款					79 000.00	
	启鸿工厂					40 000.00
	兴华工厂					30 000.00
	同道工厂					9 000.00

图 3.21　虹宇工厂原材料和应付账款期初结存额

2018 年 9 月材料收发及应付账款业务如下。

用银行存款偿还上月欠启鸿工厂货款 40 000 元、兴华工厂货款 30 000 元。

借：应付账款——启鸿工厂　　40 000

　　　　　　——兴华工厂　　30 000

　贷：银行存款　　70 000

向启鸿工厂购入甲材料 6 000 千克，每千克 30 元，价款 180 000 元；购入丙材料 50 吨，每吨 600 元，价款 30 000 元。材料验收入库，货款尚未支付。

借：原材料——甲材料　　180 000

　　　　　——丙材料　　30 000

　贷：应付账款——启鸿工厂　　210 000

向同道工厂购入甲材料 5 000 千克，每千克 30 元，价款 150 000 元；向兴华工厂购入乙材料 2 000 件，每件 60 元，价款 120 000 元。材料验收入库，货款尚未支付。

借：原材料——甲材料　　150 000

　　　　　——乙材料　　120 000

　贷：应付账款——同道工厂　　150 000

——兴华工厂　120 000

用银行存款偿还上月欠同道工厂货款9 000元，偿还本月欠启鸿工厂部分货款110 000元。

借：应付账款——同道工厂　9 000

——启鸿工厂　110 000

贷：银行存款　119 000

仓库发出下列材料（如表3-11所示），投入产品生产。

表3-11　仓库发出材料统计表

材料名称	数量	计量单位	单价	金额
甲材料	12 000.00	千克	30.00	360 000.00
乙材料	2 400.00	件	60.00	144 000.00
丙材料	30.00	吨	600.00	18 000.00

借：生产成本　522 000

贷：原材料——甲材料　360 000

——乙材料　144 000

——丙材料　18 000

根据上述资料，进行平行登记。

1. “原材料”总分类账户与所属明细账户的平行登记

（1）在“原材料”总分类账户，先登记期初余额180 000元；同时在“甲材料”“乙材料”明细分类账户，分别按数量、单价和金额登记期初余额。

（2）将本月收入的材料逐笔计入总分类账户的借方；同时将收入的各种材料分别按数量、单价和金额，计入有关明细分类账户的借方。

（3）将本月发出材料的合计数522 000元，计入“原材料”总分类账户的贷方；同时将发出的各种材料分别按数量、单价和金额，计入有关明细分类账户的贷方。

（4）月末，对“原材料”总分类账户及其所属明细分类账户进行结账，结出本期发生额和月末余额，并进行相互核对。

“原材料”总分类账与所属明细分类账平行登记的结果如图3.22、图3.23所示。

2. “应付账款”总分类账户与明细分类账户的平行登记

（1）在“应付账款”总分类账户与所属明细分类账户，先登记期初余额。

（2）将本期发生的新债务和清偿负债，按发生日期先后计入“应付账款”总分类账户和所属明细分类账户。

总分类账

科目：原材料

2018年 月	日	凭证 字	号	摘要	借方（十亿千百十万千百十元角分）	贷方（十亿千百十万千百十元角分）	借或贷	余额（十亿千百十万千百十元角分）	√
4				期初余额			借	18000000	
4	10	记	33	购入	21000000		借	39000000	
	20	记	61	购入	27000000		借	66000000	
	25	记	86	领用		52200000	借	13800000	
	30	记	102	本期发生额及余额	48000000	52000000	借	13800000	

图 3.22 原材料总分类账的登记

明细分类账

账户名称：甲材料

2018年 月	日	凭证 字	号	摘要	借方 数量	借方 单价	借方 金额（十亿千百十万千百十元角分）	贷方 数量	贷方 单价	贷方 金额（十亿千百十万千百十元角分）	借或贷	余额 数量	余额 单价	余额 金额（十亿千百十万千百十元角分）
4				期初余额							借	4 000	30.00	12000000
4	10	记	33	购入	6 000	30.00	18000000				借	10 000	30.00	30000000
	20	记	61	购入	5 000	30.00	15000000				借	15 000	30.00	45000000
	25	记	86	领用				12 000	30.00	36000000	借	3 000	30.00	9000000
	30	记	102	本期发生额及余额	11 000	30.00	33000000	12 000	30.00	36000000	借	3 000	30.00	9000000

明细分类账

账户名称：乙材料

2018年 月	日	凭证 字	号	摘要	借方 数量	借方 单价	借方 金额（十亿千百十万千百十元角分）	贷方 数量	贷方 单价	贷方 金额（十亿千百十万千百十元角分）	借或贷	余额 数量	余额 单价	余额 金额（十亿千百十万千百十元角分）
4				期初余额							借	1 000	60.00	6000000
4	20	记	61	购入	2 000	60.00	12000000				借	3 000	60.00	18000000
	25	记	86	领用				2 400	60.00	14400000	借	600	60.00	3600000
	30	记	102	本期发生额及余额	2 000	60.00	12000000	2 400	60.00	14400000	借	600	60.00	3600000

明细分类账

账户名称：丙材料

2018年 月	日	凭证 字	号	摘要	借方 数量	借方 单价	借方 金额（十亿千百十万千百十元角分）	贷方 数量	贷方 单价	贷方 金额（十亿千百十万千百十元角分）	借或贷	余额 数量	余额 单价	余额 金额（十亿千百十万千百十元角分）
4	10	记	33	购入	50	600.00	3000000				借	50	600.00	3000000
	25	记	86	领用				30	600.00	1800000	借	20	600.00	1200000
	30	记	102	本期发生额及余额	50	600.00	3000000	30	600.00	1800000	借	20	600.00	1200000

图 3.23 原材料明细分类账的登记

（3）月末，对“应付账款”总分类账和所属明细账进行结账，结出本期发生额和月末余额，并进行相互核对。

“应付账款”总分类账与所属明细分类账平行登记结果如图 3.24、图 3.25 所示。

总分类账

科目：应付账款

2018年 月	日	凭证 字	号	摘要	借方（十亿千百十万千百十元角分）	贷方（十亿千百十万千百十元角分）	借或贷	余额（十亿千百十万千百十元角分）	√
4				期初余额			贷	7900000	
4	10	记	41	还欠款	7000000		贷	900000	
	20	记	93	欠货款		21000000	贷	21900000	
	25	记	101	欠货款		27000000	贷	48900000	
	29	记	143	还欠款	11900000		贷	37000000	
	30			本期发生额及余额	18900000	48000000	贷	37000000	

图 3.24 应付账款总分类账的登记

明细分类账

账户名称：启鸿工厂

2018年 月	日	凭证 字	号	摘要	借方	贷方	借或贷	余额
4				期初余额			贷	4000000
4	10	记	41	还欠款	4000000		平	θ
	20	记	93	欠货款		21000000	贷	21000000
	29	记	143	还欠款	11000000		贷	10000000
	30			本期发生额及余额	15000000	21000000	贷	10000000

明细分类账

账户名称：兴华工厂

2018年 月	日	凭证 字	号	摘要	借方	贷方	借或贷	余额
4				期初余额			贷	3000000
4	10	记	41	还欠款	3000000		平	θ
	25	记	101	欠货款		12000000	贷	12000000
	30			本期发生额及余额	3000000	12000000	贷	12000000

明细分类账

账户名称：同道工厂

2018年 月	日	凭证 字	号	摘要	借方	贷方	借或贷	余额
4				期初余额			贷	900000
4	25	记	101	还欠款		15000000	贷	15900000
	29	记	143	欠货款	900000		贷	15000000
	30			本期发生额及余额	900000	15000000	贷	15000000

图 3.25　应付账款明细分类账的登记

从上述平行登记的结果可以看出，“原材料”和“应付账款”总分类账的期初、期末余额及本期借、贷方发生额，与其所属明细分类账的期初、期末余额之和及本期借、贷方发生额之和都是相等的。利用这种相等的关系，可以核对总分类账和明细分类账的登记是否正确。如有不同，就表明记账出现差错，即应查明予以更正。核对的方法：可将各明细账的本期发生额及余额相加，与总分类账直接核对，也可以编制本期发生额及余额明细表与总分类账核对。

根据本例数据编制的“原材料”和“应付账款”本期发生额及余额明细表如表 3-12、表 3-13 所示。

表 3-12　原材料本期发生额及余额明细表

金额单位：元

明细账户	计量单位	单价	期初余额		本期发生额				期末余额	
					收入（借方）		发出（贷方）			
			数量	金额	数量	金额	数量	金额	数量	金额
甲材料	千克	30.00	4 000.00	12 000.00	11 000.00	330 000.00	12 000.00	360 000.00	3 000.00	90 000.00
乙材料	件	60.00	1 000.00	6 000.00	2 000.00	120 000.00	2 400.00	144 000.00	600.00	36 000.00
丙材料	吨	600.00			50.00	30 000.00	30.00	18 000.00	20.00	12 000.00
合计				180 000.00		480 000.00		522 000.00		138 000.00

表 3-13　应付账款本期发生额及余额明细表

金额单位：元

明细账户	期初余额	本期发生额		期末余额
		借方	贷方	
启鸿工厂	40 000.00	150 000.00	210 000.00	100 000.00
兴华工厂	30 000.00	30 000.00	120 000.00	120 000.00
同道工厂	9 000.00	9 000.00	150 000.00	150 000.00
合计	79 000.00	189 000.00	48 000.00	370 000.00

总之，做到了“三同一相等”，平行登记就完成了。

第 4 章

先对账再结账

04

账表的流程为建账—记账—过账—对账—结账—报表，其中的对账、结账至关重要。

4.1 从账簿对账到财产清查

在实际生活中，除了日常业务之外，还会碰到一些其他的业务，比如财产清查。茅盾《霜叶红似二月花》里面有这么一句："善堂的账目非清查不可，然而善堂的积存却也未便移作别用！"财产清查是通过对财产物资和债权、债务进行盘点和核对，确定真实的数量，查明实存数与账面数是否相符的方法。

之前讲过的会计监督是会计的基本职能。监督财产物资的保管以及使用的情况，保证单位财产物资的安全完整，不断地提高财产物资的使用效率，是会计监督的重要任务。实际工作中出现某些财产账实不符的情况，究其原因主要有：自然损耗；计量不准确；收发手续不健全或制度不严密；营私舞弊，贪污盗窃；自然灾害等。必须要通过"财产清查"进行定期或不定期的盘点和核对，进行账务处理，并在处理后的基础上编制财务报告。

在进行财产清查前，需要进行一些准备。一般要成立财产清查领导小组，这个小组具体负责财产清查的领导和组织工作。财会等部门要进行业务准备，主要包括以下几项。

（1）将所有的经济业务登记入账，并将账簿登记齐全，结出余额。总账中货币资金、财产物资和债权债务的账户与明细账、日记账核对清楚，先做到账账相符、账证相符。

（2）仓库等部门登记好自己管理的各种财产物资明细账，结出余额，并与财会部门的总账、明细账相对相符。同时，保管员要将所保管的财产物资堆放整齐，挂上标签，标明品种、规格和数量，便于进行盘点。

（3）财产清查小组准备好计量器具和清查用的表册。

另外，遵循不同的财产盘存制度，会有不同的处理结果。

4.1.1 盘点 + 核对 = 财产清查？

商店门口有时会挂块牌子"今日盘点，暂停营业"，这种盘点其实就是财产清查的一种。当然还有别的方法，财产清查的分类如图 4.1 所示。

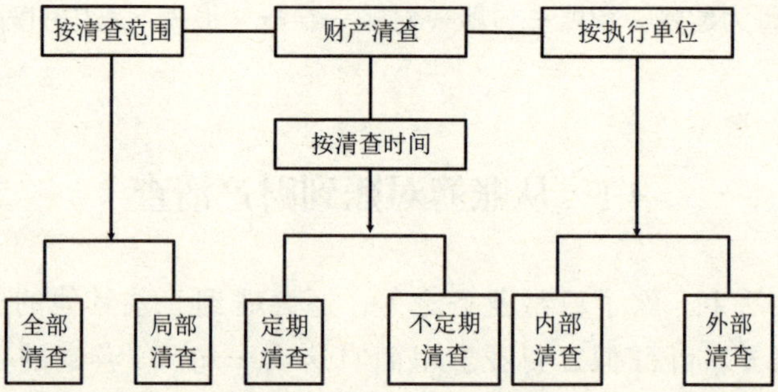

图 4.1　财产清查的分类

财产清查的分类主要有两种方法。第一种是按清查的对象和范围，分为全面清查和局部清查。

全面清查，顾名思义是指对所有财产物资进行全面盘点和核对。包括如下内容。

- 现金、银行存款等货币性资产。
- 所有的固定资产、存货等实物资产。
- 各项债权、债务。
- 其他单位加工或保管的材料、商品和物资等。

全面清查的范围太广，内容太多，准备时间长，还要动用大量的人力、物力，一般很少用，但下列情况除外。

- 单位年终决算。
- 单位撤销、合并或改变隶属关系。
- 开展资产评估、清产核资的时候。
- 单位主要负责人调离工作。

至于局部清查自然是根据需要对一部分财产物资进行清查，主要是针对流动性较大的财产，如现金、银行存款、存货等。它范围小，涉及的人员也较少，但专业性较强，一般有如下内容。

- 出纳日清月结。
- 银行存款和银行借款，出纳要每月同银行核对一次。
- 材料、在产品和库存商品除年度清查外，还要有计划地每月轮番清点抽查，对贵重的财产物资，每月清查盘点一次。
- 债权债务，在年内至少核对一至二次，有问题要及时核对，及时解决。

第二种分类方法是按清查的时间，分为定期清查和不定期清查。

定期清查要根据预定计划安排的时间清查。一般是在年末、季末或月度末结账时进行。不定期清查要根据实际需要进行临时性清查。如更换出纳时对现金、银行存款进行的清查；更换仓库保管员时对其保管的财产物资进行的清查，目的在于分清责任，查明情况。

4.1.2 账该怎么对

平行登记和试算平衡都不是万能的，有些错误一时找不出来。但是只要做到账证相符、账账相符、账实相符（账表相符这里用不上），舞弊和错误就一定能杜绝。对账工作主要有如下内容。

（1）账证核对。就是账簿和记账凭证之间核对，有时甚至要进行账簿和原始凭证之间的核对。

（2）账账核对。账簿之间的核对包括以下内容。

- 核对总账的记录。这项核对工作通常采用编制试算平衡表来完成。
- 总账与所属明细账簿核对。核对总账各账户的期末余额与其所属的明细账的期末余额之和是否相符。
- 总账与序时账核对。核对现金总账和银行存款总账的期末余额与现金日记账和银行存款日记账的期末余额是否相符。
- 明细账之间的核对。比如，会计部门有关实物资产的明细账与财产物资保管部门或使用部门的明细账定期核对，以检查其余额是否相符。实务中一般是由财产物资保管部门或使用部门定期编制收发结存汇总表报会计部门核对。

（3）账实核对。账实核对是指各项财产物资、债权债务等账面余额与实有数额之间的核对。账实核对的内容主要有如下内容。

- 现金日记账账面余额与库存现金数额是否相符。银行存款日记账账面余额与银行对账单的余额是否相符。
- 各项财产物资明细账账面余额与财产物资的实有数额是否相符。
- 有关债权债务明细账账面余额与对方单位的账面记录是否相符等。

4.1.3 货币资金的清查

货币资金是在企业生产经营过程中处于货币形态的那部分资金，按其形态和用途不同可分为库存现金、银行存款和其他货币资金。它是企业中最活跃的资金，流动性最强，因而是审查重点。而在货币资金之中，现金又是重点中的重点。

现金的清查就是通过实地盘点确定库存现金的实存数，再与现金日记账的账面数核对，就能查明盈亏情况了。在清查时有 3 个必须：出纳人员必须在场；现金日记账必须记录完整；白条必须要剔除出来，不能用白条抵充库存现金。盘点结束后，要根据盘点的结果及与现金日记账核对的情况，填制“现金盘点报告表”。“现金盘点报告表”（如表 4-1 所示）是重要的原始凭证，它既是“盘存单”又是“实存账存对比表”。

表 4-1　现金盘点报告表

单位名称：　　　　　年　月　日　　　　　单位：元

实存金额	账存金额	实存与账存对比		备注
		盘盈	盘亏	
盘点人签章：			出纳员签章：	

相对而言，银行存款的清查就比较烦琐了，要与开户银行转来的对账单逐笔进行核对。虽然理论上来说，只要不出错，银行对账单应该和单位所记录的银行存款日记账的内容相同，但是对账单上的余额与本单位银行存款日记账上的余额仍有可能不一致。

除了记账双方都可能有错误之外，还有一个原因就是出现了未达账项。

所谓未达账项，是指开户银行和本单位之间，对于同一业务的收付，由于凭证传递时间会有滞后，导致记账时间不一致，造成一方已经入账，而另一方还没有入账的会计事项。未达账项有以下 4 种情况。

（1）企业已收，银行未收。如企业销售产品收到支票，送存银行后即可根据银行盖章的“进账单”回单联，登记银行存款的增加，但是银行是不能马上登记的，要等款项收妥后再登记增加。如果此时对账，就会出现企业账面钱多，银行账面钱少的现象。

（2）企业已付，银行未付。如企业开支票支付购材料款，企业可根据支票存根联、发货票等凭证，登记银行存款的减少。如果供应商没有将支票送往银行，银行没有接到支付凭证自然不会登记减少，如果在此时对账，会出现企业账面钱少，银行账面钱多的现象。

（3）银行已收，企业未收。如外地单位给企业汇款，银行收到汇款单后就会登记企业存款的增加，企业还没有收到汇款凭证就不能登记银行日记账。如果此时对账会出现银行账面钱多，企业账面钱少的现象。

（4）银行已付，企业未付。如银行代企业支付款（如水电费等），银行取得支付款项的凭证会登记企业银行存款的减少，企业未接到凭证不会对银行日记账做任何处理。如果此时对账会出现银行账面钱少，企业账面钱多的现象。

上述原因都是因为票据传递的时间滞后造成的，所以在与银行对账时，要首先查明有无未达账项，如有就编制“银行存款余额调节表”，对未达账项先进行调整，然后再确定企业与开户银行之间双方记账是否一致，是否有错误登记，最后核对双方的账面余额是否相符。

“银行存款余额调节表”编制的公式如下。

企业银行存款日记账余额 + 银行已收入账企业尚未入账账项 - 银行已付入账企业尚未入账账项 = 银行对账单余额 + 企业已收入账银行尚未入账账项 - 企业已付入账银行尚未入账账项

例如，阳光文化公司 2018 年 10 月银行存款日记账的余额为 280 000 元，银行对账单余额为 370 000 元，经过逐笔核对，并没有发现有错账，但有以下几笔未达账项。

（1）企业收到支票一张 10 000 元的销货款，已登记银行存款增加，银行尚未登记增加。

（2）企业开出支票一张 90 000 元支付购料款，已登记银行存款减少，而持票人尚未将支票送达银行，银行尚未入登记减少。

（3）银行收到外地某单位汇来的本企业销货款 50 000 元，银行已登记增加，企业没有接到收款通知，也没有入账。

（4）银行代企业支付电费 40 000 元，银行已登记减少，企业尚未接到付款通知，还没有入账。

阳光文化公司编制好的银行存款余额调节表如表 4-2 所示。

表 4-2　阳光文化公司银行存款余额调节表

项目	金额	项目	金额
企业银行存款日记账余额	280 000.00	银行对账余额	370 000.00
加：银行已收，企业未收	50 000.00	加：企业已收，银行未收	10 000.00
减：银行已付，企业未付	40 000.00	减：企业已付，银行未付	90 000.00
调节后的存款余额	290 000.00	调节后的存款余额	290 000.00

这个 290 000 元是调节后的余额，就是阳光文化公司在 2018 年 10 月 31 日实际可以动用的银行存款。

银行存款余额调节表不是原始凭证。银行存款余额调节表在实务中只起到对账作用，其编制的目的，也只是检查银行日记账记录的正确性，并不是要更改账簿记录。所以它不是原始凭证，企业和银行不能做账务处理。要等以后有关凭证实际到达后，再做账务处理。

如果编了调节表，数字还是不平，那就必须与银行打印的收支明细，再逐一核对。余额调节表一般是在月底做，银行对账单什么时候来什么时候做也可以。要注意的是它不能作为记账依据，账务上不用单独处理。

4.1.4 存货的清查

目前有两种财产盘存制度，即永续盘存制和实地盘存制。

永续盘存制亦称账面盘存制，根据这种制度，平时对各项存货的增加数和减少数，都要根据会计凭证连续计入有关账簿，可以随时根据账簿记录结出账面结存数。它的计算公式如下。

期末存货结存数量 = 期初存货结存数量 + 本期增加存货数量 − 本期发出存货数量

期末存货结存金额 = 期初存货结存金额 + 本期增加存货金额 − 本期发出存货金额

【例】振浩化工 A 材料的期初结存及购进和发出的资料如下。

9 月 1 日，结存 300 千克，单价 110 元，金额 33 000 元。

9 月 6 日，发出 200 千克。

9 月 11 日，购进 400 千克，单价 110 元，金额 44 000 元。

9 月 18 日，购进 100 千克，单价 110 元，金额 11 000 元。

9 月 25 日，发出 500 千克。

如果采用永续盘存制，则 A 材料明细账上的记录如图 4.2 所示。

材料明细账

品名：A 材料　　　　单位：千克、元

2018 年		凭证		摘要	收入			发出			结存		
月	日	字	号		数量	单价	金额	数量	单价	金额	数量	单价	金额
9				期初结存							300	110.00	33 000.00
	6	记	25	发出				200	110.00	22 000.00	100	110.00	11 000.00
	11	记	30	购进	400	110.00	44 000.00				500	110.00	55 000.00
	18	记	37	购进	100	110.00	11 000.00				600	110.00	66 000.00
	25	记	44	发出				500	110.00	55 000.00	100	110.00	11 000.00
	30			本期发生额及余额	500	110.00	55 000.00	700	110.00	77 000.00	100	110.00	11 000.00

图 4.2　A 材料明细账（永续盘存制）

永续盘存制的特点就是随时结出账面数，单位可以随时掌握存货的占用情况及其动态，便于加强管理。其不足之处就是工作量大，加上账簿记录都是根据凭证登记的，如果有人徇私舞弊，会发生账实不符的情况。因此需要对各项存货定期进行清查，查明是否账实相符。

实地盘存制也叫定期盘存制，平时只在账簿中登记各项存货的增加数，不登记减少数，就是以存计销（商业企业）、以存放耗（工业企业），到月末对各项存货进行盘点，将实地盘点确定的实存数作为账面结存，再倒推计算出本期的减少数。计算公式如下。

期末存货结存金额 = 期末存货盘点数量 × 存货单价

本期存货减少金额 = 期初存货账面结存金额 + 本期存货增加金额 − 期末存货结存额

期初存货 + 本期购货 − 期末存货 = 销货成本

承上例，期末盘点 A 材料的结存数量为 95 千克，采用实地盘存制登记的 A 材料明细账如图 4.3 所示。

材料明细账

品名：A 材料　　　　单位：千克、元

2018年		凭证		摘要	收入			发出			结存		
月	日	字	号		数量	单价	金额	数量	单价	金额	数量	单价	金额
9	1			期初结存							300	110.00	33 000.00
	11	记	30	购进	400	100.00	44 000.00				700	110.00	77 000.00
	18	记	37	购进	100	110.00	11 000.00				800	110.00	88 000.00
	30	记	49	盘点							95	110.00	10 450.00
	30	记	49	发出成本				705	110.00	77 550.00			
	30			本期发生额及余额	500	110.00	55 000.00	705	110.00	775 500.00	95	110.00	10 450.00

图 4.3　A 材料明细账（实地盘存制）

因为不记录发出的数量和金额，所以核算工作比较简单，工作量较小。但也存在缺少严密的手续，不便于会计监督和实物管理的问题。账簿不能随时反映和监督各项财产物资的收、发、结存情况，数字不精确，仓库如果有多发少发、物资毁损、盗窃、丢失等情况，在账面上没法反映，全部会隐藏在本期的发出数内，不利于存货的管理，也不利于监督检查。减少数是倒推出来的，也无法进行分析和考核。在会计实务中一般只是用于核算那些价值低和数量不稳定、损耗大的鲜活商品，比如鱼、鸡、鸭、鹅等。例题中的A材料减少的705千克，除了正常领用外，还可能有其他原因，比如有可能毁损，或者丢失，甚至被偷了。

在实际工作中，绝大部分的存货都采用永续盘存制。只有一些价值低、品种多、收发频繁的物资采用实地盘存制，比如水产品行业采用的就是实地盘存制。不同种类的财产物资，因为形态各异，采用的盘点方法也有所不同。实物的盘点方法包括实地盘点和技术推算这两个方法。

（1）实地盘点，是指把要清查的财产物资堆放在现场进行逐一清点或者用仪器测定实存数的一种方法。它适用范围广，数字准确可靠，清查质量高，但是对人、对仪器的要求严格，工作量也大。如果事先按形态进行科学的码放，如五五排列，三三制码放等，会有助于提高清查的速度。

（2）技术推算，是利用技术方法，比如通过量方计尺等对财产物资的实存数进行推算的一种方法。这种方法适用于大量成堆，难以逐一清点的财产物资，如煤堆、黄沙、石子等。

在进行财产物资盘点时，保管员必须在场并参加盘点。盘点结果登记在“盘存单”上，参加盘点的人员和保管员都要签章。“盘存单”（如图4.4所示）是记录财产物资实存数量盘点的书面证明，也是财产清查工作的原始凭证之一。

盘存单

单位名称：　　　　盘点时间：　　　　编号：

财产类别：　　　　存放地点：

单位：公斤、元

序号	名称	规格型号	计量单位	单价	金额	备注
盘点人签章：			会计签章：			

图4.4　盘存单

盘点结束后，需要将实存数额与账面结存余额进行核对，如果账实不符，则需填制“实存账存对比表”（如表4-3所示），以确定财产物资盘盈或盘亏的数额。“实存账存对比表”是财产清查的重要报表，是调整账面记录的原始凭证。

表 4-3 实存账存对比表

单位名称: 年 月 日 单位：千克、元

序号	名称	规格型号	计量单位	单价	实存		账存		实存与账存对比			
					数量	金额	数量	金额	数量	金额	数量	金额
盘点人签章:							会计签章:					

4.1.5 结算往来款项的清查

清查不仅要查资产还要查负债。除了货币资金、存货外，还有结算往来款项，比如流动资产和流动负债中的应收账款和应付账款，也容易出问题。

结算往来款项一般需要向对方发函证求实，也就是采用函证核对法进行清查，要编制“往来款项对账清单”（如图 4.5 所示）或“询证函”（如图 4.6 所示）一式两份，其中一份作为回联单寄送给对方单位。对方经过核对后，会在回联单上加盖公章（不能盖财务章）寄回，表示已核对；如果核对后有内容或数字不符，对方会在回联单上注明，或抄对账单回复，此时就需要进一步查明原因，再次核对，一直到找出原因为止。

往来款项对账清单

———单位：明一商机电器公司

你单位于 2018 年 9 月 5 日到我厂购买DMG冰箱500台，已付货款30 000元，尚有50 000元款未付清，请核对后将回联单寄回。

清查单位：腾飞电器厂

2018 年11 月5 日

沿此虚线裁开，将以下回联单寄回！

往来款项对账清单（回联）

———清查单位：腾飞电器厂

你单位寄来的“往来款项对账清单”已收到，经核对相符无误。

单位：明一商机电器公司

2018 年11 月20日

图 4.5 往来款项对账清单

询证函

编号：__________

致：____________________

本公司为了做好______年的上半年财务结算工作，特此询证本公司与贵单位应收账款往来明细情况事项。下列数据出自本公司账簿记录，如与贵单位记录相符，请在本函下端"数据证明无误"处签章证明；如有不符，请在"数据不符，需加说明事项"处详为指证。谢谢合作。

1．本公司与贵单位的往来应收款项列示如下：

截止时间	往来项目（内容）	金额	备注

2．其他事项

本函仅为核对账目之用，并非催款结算。若款项在上述日期之后已经付清，请给予说明。

（单位签章）
年 月 日

对账结论：

1．数据证明无误　　　　2．数据不符，需加说明事项：

（单位签章）
年 月 日

（单位签章）
年 月 日

图 4.6 询证函

要注意的是，和银行余额调节表一样，询证函的结果不能作为记账的依据，仅仅是求证结果而已。

往来结算款的清查一般每年至少要进行一次，有些账可根据实际需要于每月、每季或每半年对账一次。一般情况下，差异都是可以通过"对账"查出来的。

4.1.6 财产清查结果的处理

财产清查结束之后一般有三种情况：第一种情况是账实相符；第二种情况是实存数大于账存数，即盘盈；第三种情况是实存数小于账存数，就是盘亏。第一种情况在会计上不必进行账务处理。但对第二和第三种情况，都要进行账务处理。核算时要设置"待处理财产损溢"账户，它属于资产类账户，具有双重性质，借方登记各项财产发生的盘亏、毁损数和批准处理财产盘盈的转销数；贷方登记各项财产发生的盘盈数和经批准的盘亏、毁损财产转销数；期末借方余额表示上等处理的净损失，贷方余额表示尚待处理的净溢余。清查结果处理的过程有两个步骤。

一是上级审批前的核算。分为 2 类。

（1）盘盈的核算。其中流动资产，借记"原材料""库存商品"等账户，贷记"待处理财产损溢"账户。其中固定资产，借记"固定资产"，贷记"以前年度损益调整"。

（2）盘亏的核算。借记"待处理财产损溢"和"累计折旧"账户，贷记"原材料""库存商品”“固定资产”等账户。

二是上级审批后的核算。也分 2 类。

（1）盘盈的核算。对流动资产盘盈：借记“待处理财产损溢”账户，贷记“管理费用”账户。

（2）盘亏的核算。对固定资产盘亏和毁损，借记“营业外支出”账户，贷记“待处理财产损溢”账户；对流动资产盘亏和毁损，应根据不同情况分别计入各有关账户。由责任人赔偿和保险公司赔偿的部分，借记“其他应收款”账户；管理不善的部分，借记“管理费用”账户，非正常损失的部分，比如自然灾害，借记“营业外支出”账户，贷记“待处理财产损溢”账户。

例如，水艺公司在财产清查过程中盘盈设备一台，同类设备的市场价格为 40 000 元，估计七成新；盘盈配套材料一批，估计价值为 500 元。

批准前，根据“实存账存对比表”所确定的固定资产盘盈情况，先要编制会计分录如下。

借：固定资产——设备　　28 000

　　贷：以前年度损益调整　　28 000

批准前，根据“实存账存对比表”所确定的甲材料盘盈情况，编制会计分录如下。

借：原材料——配套材料　　500

　　贷：待处理财产损溢——待处理流动资产损溢　　500

据以登账，调整原账面余额，这样账实就相符了。

例如，独秀集团在财产清查过程中，盘亏机器一台，账面余额 58 000 元，已提折旧 38 000 元，盘亏乙商品 3 600 元。

批准前，根据“实存账存对比表”所确定的机器盘亏数额，编制会计分录如下。

借：待处理财产损溢——待处理固定资产损溢　　20 000

　　累计折旧　　38 000

　　贷：固定资产——机器　　58 000

批准前，根据“实存账存对比表”所确定的乙商品盘亏数额，编制会计分录如下。

借：待处理财产损溢——待处理流动资产损溢　　3 600

　　贷：库存商品——乙商品　　3 600

盘亏的固定资产和乙商品经由领导批准后做如下处理。

（1）盘亏固定资产的净值作为营业外支出。

借：营业外支出　　20 000

　　贷：待处理财产损溢——待处理固定资产损溢　　20 000

（2）盘亏的乙商品 3 600 元中有 400 元应由责任者张文赔偿，有 2 100 元应由保险公司赔偿，有 600 元属于自然灾害造成的非常损失，还有 500 元属于管理不善造成。

借：其他应收款——张文　400
　　　　　　——保险公司　2 100
　　营业外支出　600
　　管理费用　500
　　贷：待处理财产损溢——待处理流动资产损溢　3 600

对于长期收不回来的应收账款或其他应收款，先确认为坏账，再按规定核销。会计分录是：借记"坏账准备"账户，贷记"应收账款"或"其他应收款"账户。同样，对于应付的款项，也不允许长期挂账。确实无法支付的，转作营业外收入处理，借记"应付账款"或"其他应付款"，贷记"营业外收入"。

4.2　错账和更正

4.2.1　账簿"找茬"有方法

常见的会计错账查找的方法主要如下。

1. 差数法

差数法查找就是先确定错误的差额，再直接从账账之间的差额数字来查找错误的方法。这种方法主要适用于漏记、重记等原因形成的差错。例如现金日记账余额为 3 940 元，总账中现金账户的余额为 3 820 元，相差 120 元。可直接根据账面数（现金日记账余额）与核对数（总账中现金账户的余额）的差额来查找。重复记账的时候，先从查找账簿记录中查，如果发现同一账户记录中，有两个数相同并与这个差额（120 元）相等。那么其中一个数很可能是重记的数字。漏记时，可在记账凭证中直接查找 120 元的经济业务，检查是否漏登。

2. 尾数法

如果账簿记录发现金额错误，且差错是角、分，只检查元以下的尾数即可，以提高查错的效率。例如借方发生额合计和贷方发生额合计，二者之间差额是 0.57 元，可以先回忆一下，是否有一笔金额有 0.57 元的，如果有，找出来看看，检查这笔业务是不是只记在了借方，没记在贷方。

3. 除 2 法

如果在记账过程中出现将记账方向记反了，即借方记到了贷方，贷方记到了借方，这种差错会导致该账户一方（借或贷）合计数增多，而另一方（借或贷）合计数减少的情况，而差额正好是记错方向金额的两倍，且差数应该为偶数，能被 2 整除。对于这种错误的查找可以采用除 2 法。例如，借方发生额合计和贷方发生额合计两者之间不等，差额 5 000 元如果回忆不起来，那么可以把这个数字除以 2，即 5 000/2=2 500 元，根据所得结果再进行回忆，假如的确在本期发生过金额为 2 500 元的经济业务，那么 2 500 元很可能是记错了借贷方向。

4. 除 9 法

除 9 法是指用差数除以 9 来查找错账的方法。这种方法适用于查找数字写错位以及相邻数字位置颠倒所引起的差错，这些差错常以以下三种情况出现。

- 将数字写小，如 8 000 写成 800。
- 将数字写大，如 600 写成 6 000。
- 邻数颠倒，如 65 写成 56。

但是如果错了不止一笔，通过这种方法，是查不出来的。

账簿记录有错误，不能够刮、擦、挖补或用退色药水更改字迹，而应采用规定的方法更正。

4.2.2 不能乱涂改——画线更正法

如果记账凭证没有错误，只是登记账簿时出现了错误，就是笔误，不管是文字还是数字错误，在结账前都可以采用画线更正法。更正时，先在错误的文字或数字上画上一条红线，再在红线的上方填写正确的文字或数字，最后记账人员在更正处盖章，如图 4.7、图 4.8 所示。但应注意，更正时不得只画销错误数字，而是应将全部数字画销，并保持原有数字清晰可辨，以便审查。

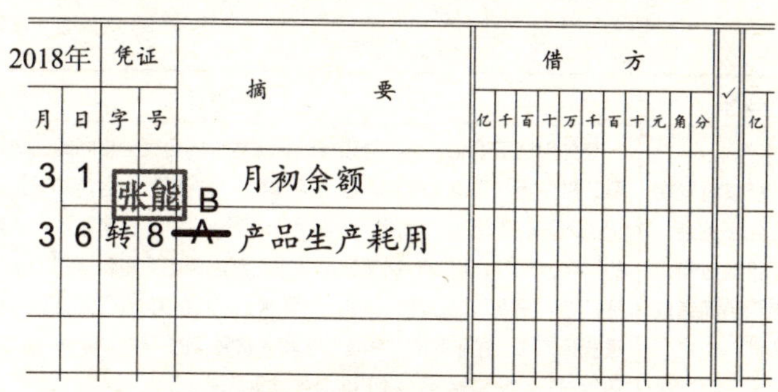

图 4.7 画线更正法范例

例如，记账人员在根据记账凭证登记账簿时，将 86 870 元错误登记为 86 370 元。正误更正错账对照如图 4.9 所示。

摘要	借方	贷方	✓	借或贷	余额	✓
	亿千百十万千百十元角分	亿千百十万千百十元角分			亿千百十万千百十元角分	
月初余额				借	23410000	
产品生产耗用		张能 15893266 ~~15983266~~		借	张能 7516734 ~~7426734~~	

图 4.8　画线更正法范例

正确更正法									错误更正法							
	万	千	百	十	元	角	分			万	千	百	十	元	角	分
	8	6	8	7	0	0	0	张浩				8	7			
	~~8~~	~~6~~	~~3~~	~~7~~	~~0~~	~~0~~	~~0~~			8	6	~~3~~	~~7~~	0	0	0

（红线———）

图 4.9　正误更正错账对照

4.2.3　红笔即负数——红字更正法

红字更正法，又称红字冲销法、赤字冲销法。当出现以下两种情况时，可采用此方法。红字更正法的适用范围和具体做法如表 4-4 所示。

表 4-4　红字更正法的适用范围和具体做法

红字冲销法		
编号	适用范围	具体做法
1	记账后，经核对发现由于原记账凭证上会计科目名称写错或应借、应贷的方向记错而造成账簿记录错误	首先用红字填制一张与原错误的记账凭证内容完全相同的记账凭证，在凭证的“摘要”栏注明“注销 × 月 × 日 × 字第 × 号凭证”内容，并据此红字凭证用红字登记入账，在账簿的“摘要”栏注明“冲销 × 月 × 日错账”，“凭证”栏写上凭证的“字、号”，将原有错误记录冲销。然后用蓝字重新填制一张内容正确的记账凭证，在“摘要”栏注明“订正 × 月 × 日 × 字第 × 号凭证”内容，并以此记账凭证登记入账，在账簿的“凭证”栏写入该凭证的“字、号”，在“摘要”栏注明“更正 × 月 ×× 错账”，将正确内容记载下来
2	记账或结账以后，发现原记账凭证上的金额大于实际金额，造成账簿记录金额错误	首先把多记的金额用红字填制一张记账凭证，其中使用的会计科目，应借、应贷方向应与原记账凭证相同，并在“摘要”栏注明“冲销 × 月 × 日 × 字 × 号凭证多记金额”，并据以用红字金额登记入账，在账簿的“摘要”栏注明“冲销 × 月 × 日账上多记金额”，将原记录中多记的金额冲销

比如瑜丰公司摊销应由本月行政部门负担的财产保险费 1 000 元。

（1）根据有关原始凭证，编制记账凭证，并据以登记入账。原记账凭证填制内容如图 4.10 所示。

转账凭证

2018年10月31日　　　　转 字 第 1 5 2 号

摘要	总账科目	明细科目	记账	借方												贷方											
				十	亿	千	百	十	万	千	百	十	元	角	分	十	亿	千	百	十	万	千	百	十	元	角	分
摊销保险费	财务费用									1	0	0	0	0	0												
	预提费用																					1	0	0	0	0	0
合　计									¥	1	0	0	0	0	0						¥	1	0	0	0	0	0

附单据 1 张

会计主管：陈曦　记账：郑好　出纳：张宇宇　审核：李斯思　制单：王玉浩

图 4.10　原记账凭证

（2）经过查核，发现上述记录有误，首先用红字填制一张与原记账凭证内容相同的记账凭证，并以红字登记入账，将原错误记录冲销。红字记账凭证填制如图 4.11 所示。

转账凭证

红字凭证

2018年10月31日　　　　转 字 第 1 5 7 号

摘要	总账科目	明细科目	记账	借方												贷方											
				十	亿	千	百	十	万	千	百	十	元	角	分	十	亿	千	百	十	万	千	百	十	元	角	分
更正转字号第152号凭证	财务费用									1	0	0	0	0	0												
	预提费用																					1	0	0	0	0	0
合　计									¥	1	0	0	0	0	0						¥	1	0	0	0	0	0

附单据 张

会计主管：陈曦　记账：郑好　出纳：张宇宇　审核：李斯思　制单：王玉浩

图 4.11　红字记账凭证

（3）然后，用蓝字填制一张内容正确的记账凭证，并据此登记入账。正确的记账凭证填制如图 4.12 所示。

（注：新准则中没有“待摊费用”和“预提费用”这两个会计科目，但其中规定中有一段“企业在不违反会计准则确认、计量和报告规定的前提下，可以根据本单位的实际情况自行增设、分拆、合并会计科目”。因此，可以增加设置“待摊费用”和“预提费用”这两个会计科目。）

转账凭证

2018年10月31日　　　　转 字 第 158 号

摘要	总账科目	明细科目	记账	借方（十亿千百十万千百十元角分）	贷方（十亿千百十万千百十元角分）	附单据 1 张
摊销保险费	管理费用			100000		
	待摊费用				100000	
	合　计			¥100000	¥100000	

会计主管：陈曦　　记账：郑好　　出纳：张宇宇　　审核：李斯思　　制单：王玉浩

图 4.12　蓝字记账凭证

摊销保险费更改错账 T 型账如图 4.13 所示。以下财务费用、预提费用科目第 2 行金额（2）1 000 元要用红字写。

借	财务费用	贷
(1)	1 000	
(2)	1 000	

借	预提费用	贷
	(1)	1 000
	(2)	1 000

借	管理费用	贷
(3)	1 000	

借	待摊费用	贷
	(3)	1 000

图 4.13　更改错账 T 型账

再举个例子，瑜丰公司收到外单位偿还的货款 70 200 元，入存款账。

（1）根据有关原始凭证，填制记账凭证，并据此登记入账。原记账凭证填制如图 4.14 所示。

（2）经核对，发现上述记录有误。更正时，用红字按多记金额填写一张记账凭证，并以红字登记入账，将原记录中多记的金额冲销。红字记账凭证填制如图 4.15 所示。

收款凭证

借方科目：银行存款　　2018年10月7日　　银收 字 第 0 1 1 号

摘要	贷方总账科目	明细科目	记账	金额											
				十	亿	千	百	十	万	千	百	十	元	角	分
收到货款	应收账款	澳华公司							7	2	0	0	0	0	0
合　　计								¥	7	2	0	0	0	0	0

附单据 1 张

会计主管：陈曦　记账：郑好　出纳：张宇宇　审核：李斯思　制单：王玉浩

图 4.14　原记账凭证

红字凭证

收款凭证

借方科目：银行存款　　2018年10月19日　　银收 字 第 0 1 7 号

摘要	贷方总账科目	明细科目	记账	金额											
				十	亿	千	百	十	万	千	百	十	元	角	分
更正银收字第011号凭证	应收账款	澳华公司								1	8	0	0	0	0
合　　计									¥	1	8	0	0	0	0

附单据 张

会计主管：陈曦　记账：郑好　出纳：张宇宇　审核：李斯思　制单：王玉浩

图 4.15　红字记账凭证

更改错账 T 型账如图 4.16 所示。2 个科目中的 1 800 元都要用红字。

借	银行存款	贷
(1)　72 000		
(2)　1 800		

借	应收账款	贷
		(1)　72 000
		(2)　1 800

图 4.16　更改错账 T 型账

此例题所述错账是：所记金额大于应记金额，除可使用本例中介绍的更正方法之外，还可以上一题介绍的更正方法进行更正，以保持一笔经济业务处理过程和内容的完整性。

4.2.4 少记的要补——补充登记法

补充登记法是指在会计核算中，用补记金额以更正原错误账簿记录的一种方法。补充登记法的适用范围和具体做法如表 4-5 所示。

表 4-5 补充登记法的适用范围和具体做法

补充登记法	
适用范围	记账或结账后，发现记账凭证中的会计科目，应借、应贷方向没有错误，唯独所记金额小于应记金额，并已登记入账，造成账簿金额错误
具体做法	核对时发现记账凭证上记载的金额小于经济业务的实际金额，并已在相应的账簿中记载下来，此时可按照少记的金额，填制一张与原记账凭证中的会计科目，应借、应贷方向完全相同的记账凭证，在“摘要”栏注明“补充 × 月 × 日 × 字第 × 号凭证少记金额”，以此凭证过入相应的账簿中，在账簿的“摘要”栏注明“补充 × 月 × 日少记金额”

举例说明，瑜丰公司开出转账支票一张，支付上月欠外厂的货款 102 000 元。

（1）根据有关原始凭证，编制记账凭证，并据以登记入账。原记账凭证填制如图 4.17 所示。

付款凭证

贷方科目：银行存款　　2018年10月1日　　银付 字 第 0 0 1 号

摘要	借方总账科目	明细科目	记账	金额											
				十	亿	千	百	十	万	千	百	十	元	角	分
支付货款	应付账款	爱华公司							8	6	0	0	0	0	0
合　计								¥	8	6	0	0	0	0	0

附单据 2 张

会计主管：陈曦　记账：郑好　出纳：张宇宇　审核：李斯思　制单：王玉浩

图 4.17 原记账凭证

（2）核对时，发现上述记录有误。更正时，按照少记金额填写一张记账凭证，并登记入账，补充少记金额。补充填制的记账凭证图 4.18 所示。

付款凭证

贷方科目：银行存款　　　　2018年10月5日　　　　银付 字 第 0 0 2 号

摘要	借方总账科目	明细科目	记账	金额											
				十	亿	千	百	十	万	千	百	十	元	角	分
补记10月1日银付字第001号凭证少记金额	应付账款	爱华公司							1	6	0	0	0	0	0
合　计								¥	1	6	0	0	0	0	0

附单据　张

会计主管：陈曦　记账：郑好　　出纳：张宇宇　审核：李斯思　制单：王玉浩

图 4.18　补充记账凭证

更改错账 T 型账如图 4.19 所示。

对此例中所述错账，除可使用补充登记法外，也可以使用红字冲销法，这样可以保持一项经济活动完成后其记录的统一完整。错账都更正完毕后，就可以结账了。

借	应付账款	贷
(1) 86 000 (2) 16 000		

借	银行存款	贷
		(1) 86 000 (2) 16 000

图 4.19　更改错账 T 型账

4.3　账簿里的结账

结账是一项将账簿记录定期结算清楚的账务工作。在一定时期结束（如月末、季末或年末）时，需要编制会计报表，先要进行结账。结账的内容通常包括两个方面：一是结转各种损益类账户，并据以计算确定本期利润；二是结清各资产、负债和所有者权益账户，分别结出本期发生额合计和余额。

结账四部曲如下。

（1）检查本期内日常发生的经济业务是否已全部登记入账，若发现漏账、错账，应及时补记、更正。

（2）在实行权责发生制的单位，应按照权责发生制的要求，进行账项调整的账务处理，以计算确定本期的成本、费用、收入和财务成果。

（3）将损益类科目转入“本年利润”科目，结平所有损益类科目。

例如华润公司期末结账前有关损益类账户的余额如表 4-6 所示。

表 4-6　华润公司期末结账前损益类账户余额表

账户名称	借方余额	贷方余额	账户名称	借方余额	贷方余额
主营业务成本	500 000.00		主营业务收入		900 000.00
管理费用	45 000.00		其他业务收入		125 000.00
财务费用	20 400.00		营业外收入		30 000.00
其他业务支出	74 000.00		销售费用	19 000.00	
所得税费用	102 100.00		税金及附加	47 200.00	
营业外支出	8 000.00				

根据上述资料编制有关结账分录如下。

①结清收入类账户：

借：主营业务收入　　900 000

　　其他业务收入　　125 000

　　营业外收入　　30 000

　　贷：本年利润　　1 055 000

②结清费用类账户：

借：本年利润　　815 700

　　贷：主营业务成本　　500 000

　　　　税金及附加　　47 200

　　　　其他业务支出　　74 000

　　　　销售费用　　19 000

　　　　管理费用　　45 000

　　　　财务费用　　20 400

　　　　营业外支出　　8 000

　　　　所得税费用　　102 100

根据上述分录登记到相关损益类账户后，这类账户期末无余额。

（4）在本期全部经济业务登记入账的基础上，结算出全部账户的本期发生额和期末余额。计算登记各种账簿的本期发生额和期末余额。

结账方式：对现金、银行存款日记账按日结账，对其他账户按月、季、年结账。

日结或月结时应在该日、该月最后一笔经济业务下面画一条通栏单红线，在红线下“摘要”栏内注明“本日合计”或“本月合计”、“本月发生额及余额”字样，在“借方”栏、“贷方”栏或“余额”栏分别填入本日、本月合计数和月末余额，同时在“借或贷”栏内注明借贷方向。然后，在这一行下面再画一条通栏红线，以便与下日、下月发生额划分清楚。账簿月结如图 4.20 所示。

季结时通常在每季度的最后一个月月结的下一行，在“摘要”栏内注明“本季合计”或“本季度发生额及余额”，同时结出借、贷方发生总额及季末余额。最后，在这一行下面画一条通栏单红线，表示季结的结束。

总　　账

第 1 页

会计科目编号 1001

会计科目名称 库存现金

2018年 月	日	汇总凭 种类	号数	摘要	借方金额（亿千百十万千百十元角分）	√	贷方金额（亿千百十万千百十元角分）	√	借或贷	余额（亿千百十万千百十元角分）	√
1	1			上年结转					借	100000	
1	10	科汇	01	1-10日汇总	1000000		900000		借	200000	
1	20	科汇	02	11-20日汇总	500000		650000		借	50000	
1	31	科汇	03	21-31日汇总	2000000		1990000		借	60000	
				本月合计	3500000		3540000		借	60000	
2											

图 4.20　账簿月结

年结时在第四季度季结的下一行，在“摘要”栏注明“本年合计”或“本年发生额及余额”，同时结出借、贷方发生额及期末余额。然后，在这一行下面画上通栏双红线，以示封账。年度结账后总账和日记账应当更换新账，明细账一般也要更换。有些明细账，如固定资产卡片账（明细账）可以继续使用，不必更换。账簿年结如图 4.21 所示。

在实务中要注意以下几点。

（1）编制会计报表前必须把总账和明细账登记齐全，并试算平衡，不能先以估计数出报表，后面再补记账簿和结账。

（2）凡涉及债权债务及待处理事项的账户填写“上年结转”时，要在“摘要”栏如实填写经济业务内容说明，最后一行的余额栏填写上年度余额。

（3）根据不同的账户，采用不同的方法。

① 对不需要按月结计本期发生额的账户，如应收款明细账和财产物资明细账，每次记账后，随手结出余额，养成习惯。每月最后一笔余额就是月末余额。月结时，在最后一笔经济业务记录之下画一单红线即可。

总　账

会计科目：原材料

2018年		凭证		摘要	借方	贷方	借或贷	余额
月	日	各类	号数					
1	1			上年结转			借	12 500
	10	转	8	入库	10 000		借	22 500
12	31			本月合计	30 000	25 000	借	10 000
				本年合计	150 000	152 500	借	10 000
				上年结余	12 500			
				结转下年		10 000		
				合　计	162 500	162 500		

A计算出本年度12个月度发生额合计数和余额。“摘要”栏注明“本年合计”。其下画双红线

B将上年结转来的余额按其相同方向记入该行借（或贷）方栏。（上年结余+本年增加）

D进行借贷双方合计。收入＝支出

C将本年的余额按其相反方向记入这一行的（借）贷方栏内。（本年减少+本年结余）

图 4.21　账簿年结

② 总账账户平时只需结计月末余额。年终结账时，为了反映全年各项资产、负债及所有者权益增减变动的全貌，便于对账，要将所有总账的账户结出全年发生额和年末余额，在“摘要”栏内注明“本年合计”字样，并在合计数下画一双红线。有一些单位总账采用棋盘式账页，还有一些单位用科目汇总表代替总账。年终结账，还应当汇编一张全年合计的科目汇总表和棋盘式总账。

③ 需要结计本月发生额的某些账户，如果本月只发生一笔经济业务，那么这笔记录的金额就是本月发生额，结账时，就在这一行记录下画一条单红线，与下月的发生额明显分开就可以了，不需另结出“本月合计”数。

（4）如何画线。月结季结画单线，年结画双线；画线画红线；红线应画通栏线。

（5）余额的填写。月结时，要将月末余额与本月发生额写在同一行内。年结时，第 12 月的“本月合计”行已有余额的，“本年累计”行就不必再写余额了。

（6）能否用红字结账。账簿记录中如果用到了红字，一定是具有特定的含义，它表示某一个账户正常金额的减少或负数余额。因此在结账时，如果出现负数余额，才能用红字在余额栏登记，但如果余额栏前印有余额的方向（如借或贷），则必须蓝字书写，不得使用红字。

年度终了，要把各账户的余额结转到下一会计年度，并在“摘要”栏注明“结转下年”。如果账页的“结转下年”行以下还有空行，应当自“余额”栏的右上角至日期栏的左下角用红笔画对角斜线注销。在下一会计年度新建有关会计账簿的第一行“余额”栏内填写上年结转的余额，并在“摘要”栏注明“上年结转”。这时，

结账工作就全部结束了。

如果是使用会计电算化的企业，结账要用财务软件相应模块自动处理。实行会计电算化的企业，为了便于审计和加强会计信息的安全性与完整性，财政部要求总账和明细账应当定期打印。有收付款业务的，在输入凭证的当天，必须打印出现金日记账和银行存款日记账，并与库存现金核对无误。

账簿结账如图 4.22 所示。

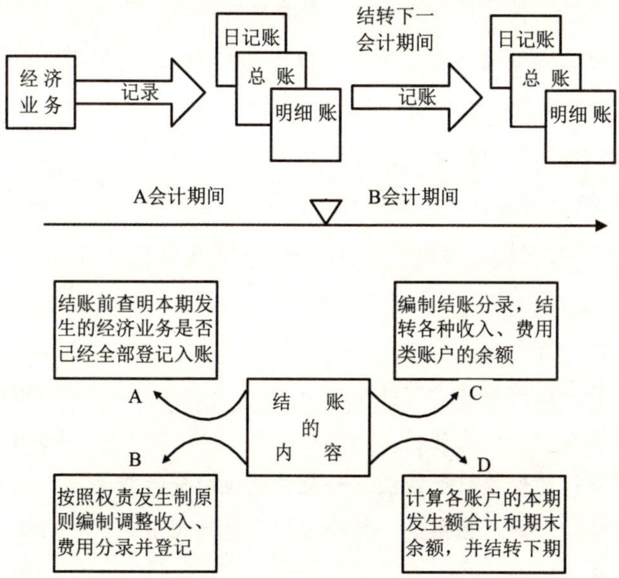

图 4.22 账簿结账

模拟演练

财产清查的核算

资料：花贤企业2018年年终进行财产清查，在账实清查中发现以下问题。

（1）账外盘盈一台机器设备，重置成本为30 000元（假定与其计税基础不存在差异）。

（2）账外盘盈乙种材料260千克，同类材料的市场价格为每千克15元。

（3）盘亏旧A型设备1台，账面原值1 700元，已提折旧920元。

（4）盘亏甲种材料350千克，每千克18元。

（5）盘亏乙种材料400千克，每千克20元。

（6）盘亏W产成品6件，每件35元。

根据以上发现的问题，编制审批前的会计分录（要反映明细科目）。

参考答案如下。

（1）借：固定资产——机器　　30 000
　　贷：以前年度损益调整　　30 000

（2）借：原材料——乙材料　　3 900
　　贷：待处理财产损溢——待处理流动资产损溢　　3 900

（3）借：待处理财产损溢——待处理固定资产损溢　　780
　　累计折旧　　920
　　贷：固定资产——A设备　　1 700

（4）借：待处理财产损溢——待处理流动资产损溢　　6 300
　　贷：原材料——甲材料　　6 300

（5）借：待处理财产损溢——待处理流动资产损溢　　8 000
　　贷：原材料——乙材料　　8 000

（6）借：待处理财产损溢——待处理流动资产损溢　　210
　　贷：库存商品——W产成品　　210

资料：根据上题的资料内容，上述清查出的问题经逐项核实，处理的结果如下。

（1）假定公司按净利润的10%提取法定盈余公积。

（2）盘盈乙材料为计量不准造成的，按规定转入管理费用。

（3）盘亏A型设备一台，已报废，按规定转作营业外支出。

（4）盘亏的甲种材料，是因为管理不善造成的，现在无法收回了，转作管理费用。

（5）由于自然灾害，造成乙材料损失，向保险公司索赔5 000元，其余可转作营业外支出。

（6）W 产品损失，属王小毛失职造成的，应由其负责赔偿。

请根据上述查核结果，编制相应的会计分录。

参考答案如下。

（1）结转为留存收益时：借：以前年度损益调整 30 000

贷：盈余公积——法定盈余公积 3 000

利润分配——为分配利润 27 000

（2）借：待处理财产损溢——待处理流动资产损溢 3 900

贷：管理费用 3 900

（3）借：营业外支出 1 700

贷：待处理财产损溢——待处理固定资产损溢 1 700

（4）借：管理费用 6 300

贷：待处理财产损溢——待处理流动资产损溢 6 300

（5）借：其他应收款——保险公司 5 000

营业外支出 3 000

贷：待处理财产损溢——待处理流动资产损溢 8 000

（6）借：其他应收款——王小毛 210

贷：待处理财产损溢——待处理流动资产损溢 210

第5章

出纳银行业务

一般常见的出纳工作包括以下内容。

（1）办理现金收付和结算业务。

（2）登记现金和银行存款日记账。

（3）保管库存现金和各种有价证券。

（4）保管相关财务印章、空白收据和空白支票。

另外，各公司的对出纳的职责范围会有些细则上的补充，具体还要熟悉企业相关流程、遵章办事。而出纳最常见的就是银行结算业务了。

5.1 银行结算账户

银行结算账户，是指银行为企业开立的办理资金收付结算的人民币活期存款账户。

银行结算账户按照存款人的不同，分为单位银行结算账户和个人银行结算账户，和企业相对应的当然就是单位银行结算账户了。单位银行结算账户按用途可以分为：基本存款账户、一般存款账户、专用存款账户（包括零余额账户）、临时存款账户。

5.1.1 开户程序

企业应在注册地或住所地开立银行结算账户。符合异地（跨省、市、县）开户条件的，也可以在异地开立银行结算账户。

开户时必须填列开户申请书，提供当地工商行政管理机构核发的营业执照和法定代表人、会计身份证等有关证件的原件、复印件，送交盖有企业财务章和法人章的印鉴卡片，经银行审查同意后开立账户。银行开户程序如图 5.1 所示。

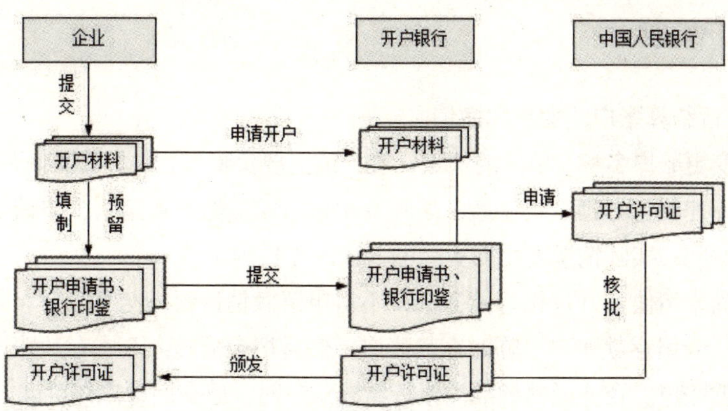

图 5.1 银行开户程序

需要人民银行核准的账户包括：基本存款账户、临时存款账户（除因注册验资和增资验资开立的外）、预算单位专用存款账户和QFII专用存款账户（合格境外机构投资者在境内从事证券投资开立的人民币特殊账户和人民币结算资金账户）。

符合开立一般存款账户、其他专用存款账户和个人银行结算账户条件的，银行应办理开户手续，并于开户之日起5个工作日内向中国人民银行当地分支行备案。

中国人民银行当地分支行应于2个工作日内对开户银行报送的核准类账户的开户资料的合规性予以审核，符合开户条件的，予以核准，颁发基本（或临时或专用）存款账户开户许可证。

企业开立单位银行结算账户，自正式开立之日起3个工作日后，方可使用该账户办理付款业务。但注册验资的临时存款账户转为基本存款账户和因借款转存开立的一般存款账户除外。对于核准类银行结算账户，“正式开立之日”为中国人民银行当地分支行的核准日期；对于非核准类银行结算账户，“正式开立之日”为开户银行为企业办理开户手续的日期。

银发〔2019〕41号《中国人民银行关于取消企业银行账户许可的通知》明确：加强银行账户资金管控，取消开户许可证。即2019年2月25日起，在全国范围内分批取消企业银行账户许可，2019年底前实现完全取消。在取消企业银行账户许可地区，办理基本户、临时户采用备案制。

换句话说，试点地区银行按规定审核企业身份、开户意愿真实性以及基本存款账户唯一性后，即可为符合条件的企业开立基本存款账户，不再需要中国人民银行审批。

5.1.2 账户管理

1. 银行结算账户的变更和撤销

企业变更账户名称、单位的法定代表人或主要负责人、地址等其他开户资料后，应及时向开户银行办理变更手续，填写变更银行结算账户申请书。申请变更银行结算账户的时间：实际情况发生变更后的5个工作日内。

企业尚未清偿其开户银行债务的，不得申请撤销该银行结算账户。先撤销一般存款账户、专用存款账户、临时存款账户，然后把余额转入基本存款账户，最后撤销基本存款账户。企业撤销核准类银行结算账户时，应交回开户许可证。

2. 银行结算账户的实名制管理

（1）企业应以实名开立银行结算账户，并对其出具的开户（变更、撤销）申请资料实质内容的真实性负责，法律、行政法规另有规定的除外。

（2）企业应按照账户管理规定使用银行结算账户办理结算业务，不得出租、出借银行结算账户，不得利用银行结算账户套取银行信用或进行洗钱活动。

3. 企业结算账户变更事项的管理

企业申请临时存款账户展期，变更、撤销单位银行结算账户以及补（换）发开户许可证时，可由法定代表人或单位负责人直接办理，也可授权他人办理。

4. 企业预留银行签章的管理

单位遗失预留公章或财务专用章的，应向开户银行出具书面申请、开户许可证、营业执照等相关证明文件；更换预留公章或财务专用章时，应向开户银行出具书面申请、原预留公章或财务专用章等相关证明文件。

5. 银行结算账户的对账管理

银行结算账户的企业应与银行按规定核对账务。

5.2 结算方式

银行的结算方式
- 票据结算：支票、银行汇票、商业汇票、银行本票
- 非票据结算：汇兑、托收承付、委托收款、信用卡、信用证

5.2.1 银行本票

银行支付业务中信誉度最高的就是银行本票了。它是申请人将款项交存银行，由银行签发的，给申请人据以办理转账结算或支取现金的票据。银行本票按其金额不同，分为不定额银行本票和定额银行本票两种。其中定额银行本票面额为 1 000 元、5 000 元、1 万元和 5 万元。银行本票的出票人是银行，不定额银行本票（如图 5.2 所示）由经办银行签发和兑付，定额银行本票（如图 5.3 所示）则由中国人民银行发行，各银行代办签发和兑付。

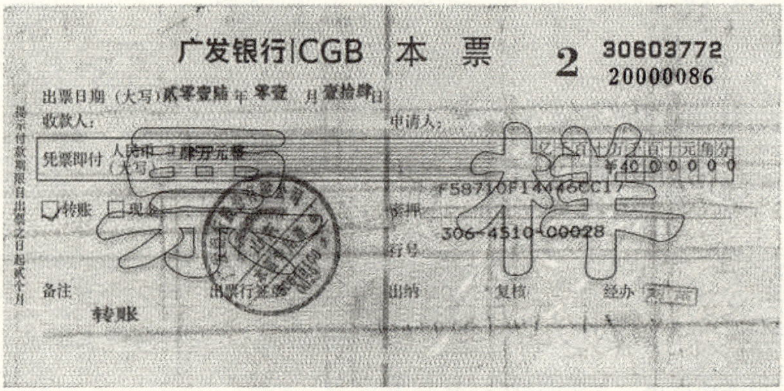

图 5.2　不定额银行本票

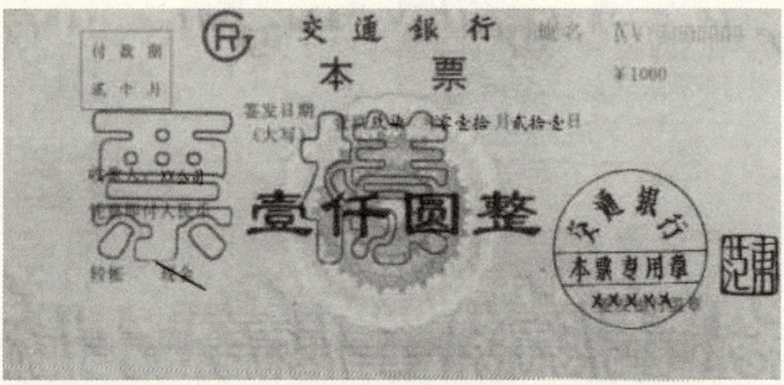

图 5.3　定额银行本票

5.2.2　银行汇票

银行汇票的信誉度同银行本票相当。它是汇款人将款项交存当地银行，由银行签发给汇款人据以办理转账结算或支取现金的票据。采用银行汇票结算，不受是否在银行开户的限制，只要汇款人将款项交存可以签发和解付银行汇票的银行，汇款人即可取得所需的银行汇票；银行汇票由汇款人自己携带，人到钱到，使用资金时，既可转账，也可提现，从而避免了携带大量现金外出采购可能发生的意外。银行汇票如图 5.4 所示。

银行汇票可以用于转账，填明“现金”字样的银行汇票也可以用于支取现金。银行汇票一律记名，可以背书转让，汇款金额起点为 500 元，提示付款期限自出票日起 1 个月。银行汇票适用于异地单位和个人之间各种款项的结算，特别适用于企业先收款后发货或钱货两清的商品交易。

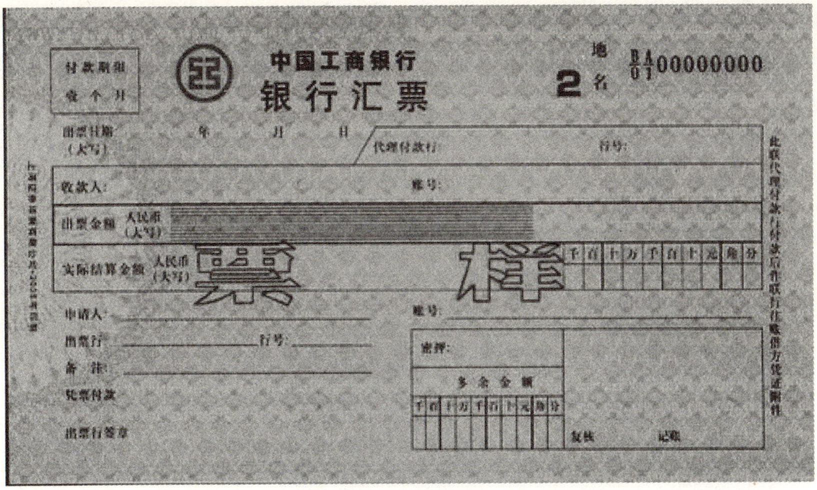

中国工商银行
银行汇票
2
BA 01 00000000
出票日期（大写）　年　月　日
代理付款行：　行号：
收款人：　账号：
出票金额　人民币（大写）
实际结算金额　人民币（大写）　千 百 十 万 千 百 十 元 角 分
申请人：　账号：
出票行：　行号：
备　注：
凭票付款
出票行签章
密押：
多余金额
千 百 十 万 千 百 十 元 角 分
复核　记账

图 5.4　银行汇票

5.2.3　商业汇票

除此之外，出纳经常接触到的凭证还有商业汇票。它按其承兑人的不同，分为商业承兑汇票和银行承兑汇票两种。

（1）商业承兑汇票（如图 5.5 所示）是指由收款人签发，付款人承兑或是由付款人自己签发并承兑的票据。商业承兑汇票可分别由供销双方约定签发。若由付款人签发的则应由其本人承兑，若由收款人签发的则应由付款人承兑。

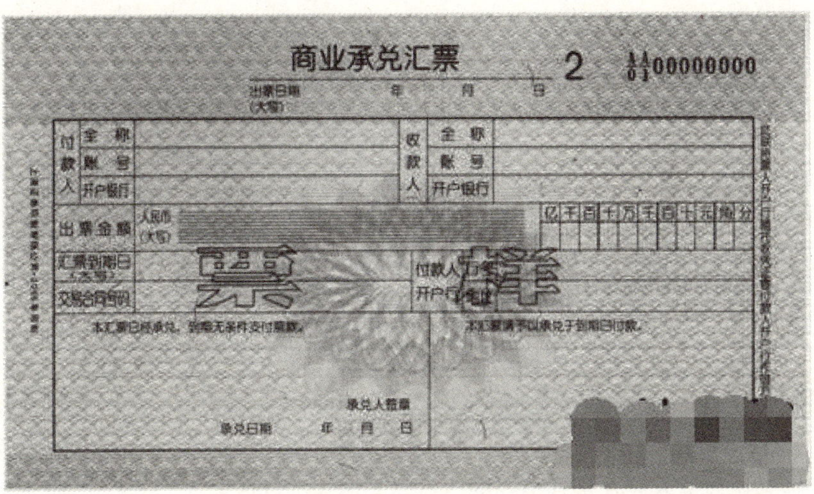

商业承兑汇票
2
BA 01 00000000
出票日期（大写）　年　月　日
付款人　全称　账号　开户银行
收款人　全称　账号　开户银行
出票金额　人民币（大写）　亿 千 百 十 万 千 百 十 元 角 分
汇票到期日（大写）
交易合同号码
付款人开户行
本汇票已经承兑，到期无条件支付票款。
本汇票请予以承兑于到期日付款。
承兑人签章
承兑日期　年　月　日

图 5.5　商业承兑汇票

（2）银行承兑汇票（如图 5.6 所示）是指由收款人或承兑申请人签发，要由承兑申请人向开户银行提出申请，经银行审查同意后承兑的票据。这种汇票由收款人或承兑申请人签发后，承兑申请人应向开户银行申请承兑，银行按照规定审查，符合条件的，即与承兑申请人签订承兑协议，并在汇票上签章，且收取一定的手续费。

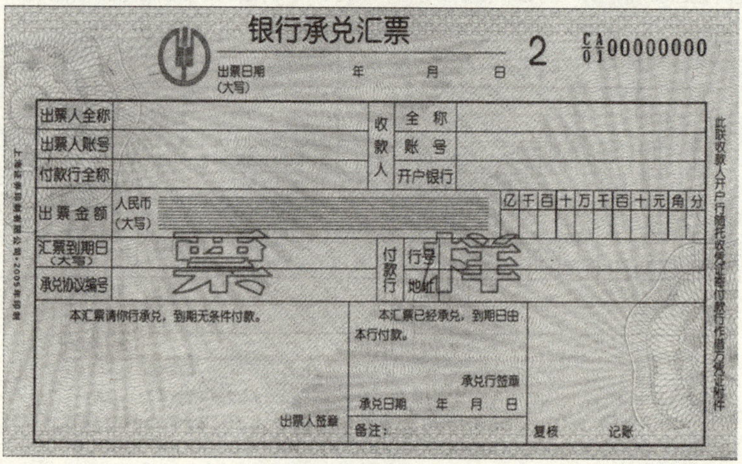

银行承兑汇票　2　CA 01 00000000

出票日期（大写）　年　月　日

出票人全称		收款人	全称	
出票人账号			账号	
付款行全称			开户银行	
出票金额	人民币（大写）			亿 千 百 十 万 千 百 十 元 角 分
汇票到期日（大写）		付款行	行号	
承兑协议编号			地址	
本汇票请你行承兑，到期无条件付款。 出票人签章		本汇票已经承兑，到期日由本行付款。 承兑行签章 承兑日期　年　月　日 备注：		复核　记账

此联收款人开户行随托收凭证寄付款行作借方凭证附件

图 5.6　银行承兑汇票

注：2018 年 5 月 9 日，银监会发布新规《中国银行保险监督管理委员会办公厅关于规范银行业金融机构跨省票据业务的通知》（银保监办发〔2018〕21 号），规范金融机构跨省票据业务，并且要求 6 个月后，停止开展跨省纸质票据交易，业务范围既包括票据承兑、贴现等授信业务，也包括了票据转贴现、买入返售（卖出回购）等交易类业务。

5.2.4　委托收款

委托收款是收款人向银行提供收款依据，委托银行向付款人收取款项的结算方式。委托收款结算款项的划回方式，分邮寄和电报两种，由收款人选用。委托收款结算没有金额起点限制，也没有最高限额。

委托收款的付款期随付款人的不同而不同。

- 以银行为付款人的，银行应在当日将款项主动支付给收款人。
- 以单位为付款人的，银行要及时通过电话等方式通知付款人，按照有关办法规定，如果有债务证明的还要将有关债务证明交给付款人，让其签收。

一般来说付款人应在接到通知的当日书面通知银行付款。

委托收款方便灵活，在同城、异地均可以使用，是一种通用性极强的结算方式。

凡在银行开立账户的单位和个人凭已承兑商业汇票、债券、存单等付款人的债务证明办理款项的结算，均可以使用委托收款结算方式。在同城范围内，公用事业单位向用户收取的水电费、燃气费、电话费等公用事业费，可以使用同城特约委托收款。托收单位委托收款授权书如图 5.7 所示。

托收单位委托收款授权书

______________________银行(信用社)：

经本单位同意，在与中国移动通信集团浙江有限公司温州分公司共同协商的基础上，现就有关委托付款的事宜授权如下。

一、授权你行对中国移动通信集团浙江有限公司温州分公司（或其上属公司中国移动通信集团浙江有限公司）提交的移动通信话费委托收款凭证(或电子支制信息)，在经贵行（或贵行的各个上级主管银行）审查后按委托收款金额直接在本存款人账户(户名：______________________账号：______________________)划付，不需本单位确认。若本单位银行账号变更，在贵行(社)变更后的银行账号仍受本授权书及协议书所有条款约束。

二、本存款人账户内同时发生多项费用支付时，授权你行按委托收款人送达委托收款凭证(或电子支制信息)的先后顺序予以支付。

三、本授权书必须经本存款人签章后有效。

委托付款授权人：(公章)

法定代表人：　　　　　　　　年　　月　　日

开户银行审查意见：我行同意接受该存款人委托制款之授权。

开户银行盖章：　　　　　　　　年　　月　　日

特别提醒：请您妥善保留各种移动业务办理的单式，并在查询业务办理记录时主动出示

图 5.7　托收单位委托收款授权书

5.2.5　托收承付

托收承付，又称为异地托收承付，是根据购销合同由收款人发货后委托银行向异地付款人收取款项，由付款人向银行承认付款的结算方式。这是一种较为严格的结算方式。能够使用托收承付结算方式的收款单位和付款单位，必须是国有企业、供销合作社以及经营管理较好，并经开户银行审查同意的城乡集体所有制工业企业；办理托收承付结算的款项，必须是商品交易，以及因商品交易而产生的劳务供应的款项；收付双方必须签有符合《中华人民共和国合同法》规定的购销合同，并在合同上注明使用托收承付结算方式。托收承付凭证如图 5.8 所示。

托收承付结算程序包括托收、承付两个阶段。托收承付结算每笔的金额起点为 1 万元。新华书店系统每笔的金额起点为 1 000 元。托收承付适用于异地各种符合条件的单位之间，以经济合同为依据的商品交易及劳务供应等款项的结算。托收承付结算一般按“先发货，后付款”的顺序办理，包括托收、承付、划款、收款四个阶段，这个过程与委托收款结算基本相同。托收承付结算方式的程序如图 5.9

所示。

附式二十六之1

第　　号

托收承付凭证　（回　　单）　1　托收号码：

电

委托日期　　　年　　月　　日

付款人	全　称		收款人	全　称	
	账号或地址			账　号	
	开户银行			开户银行	行号
托收金额	人民币（大写）				千百十万千百十元角分
附　件		商品发运情况		合同名称号码	
附寄单证张数或册数					
备注：电划		款项收妥日期　年　月　日		收款人开户银行盖章　月　日	

此联是收款人开户银行给收款人的回单

单位主管　　会计　　复核　　记账

10厘米×17.5厘米（白纸蓝油墨）

图 5.8　托收承付凭证

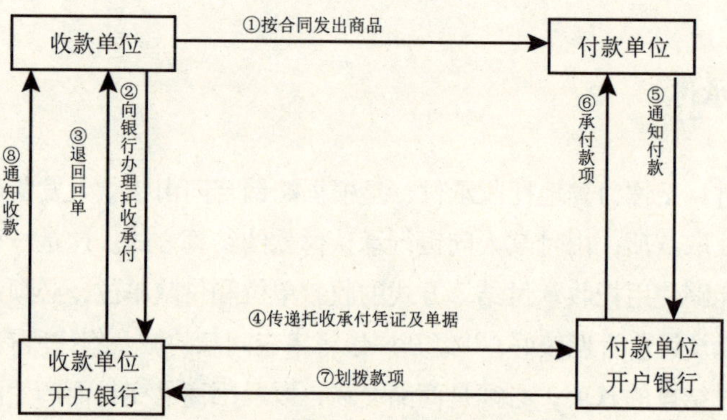

图 5.9　托收承付结算方式的程序

模拟演练

出纳银行凭证

【业务 1】2018 年 6 月 15 日，北京光明实业公司提取现金 34 560 元，用于职工报销。此业务涉及的银行凭证如图 5.10 和图 5.11 所示。

北京光明实业公司资料如下。

[开户行] 中国工商银行北京青年路分理处

[账号] 0200538827990088700

[出纳] 林梅

[法人代表] 张志国

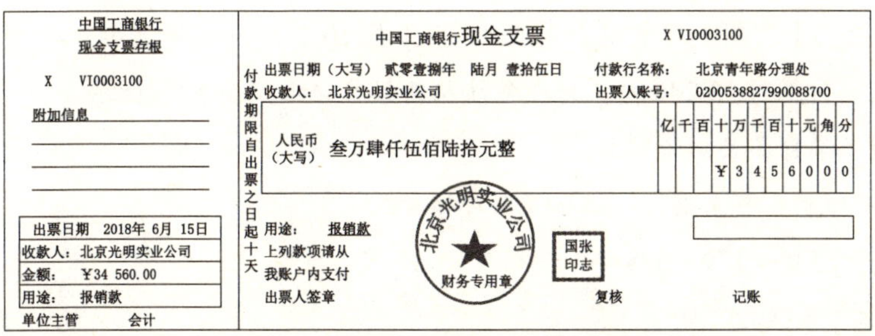

中国工商银行
现金支票存根
X VI0003100
附加信息
出票日期 2018年 6月 15日
收款人：北京光明实业公司
金额： ¥34 560.00
用途： 报销款
单位主管 会计

中国工商银行现金支票 X VI0003100
付款期限自出票之日起十天
出票日期（大写） 贰零壹捌年 陆月 壹拾伍日 付款行名称： 北京青年路分理处
收款人： 北京光明实业公司 出票人账号： 0200538827990088700
人民币（大写） 叁万肆仟伍佰陆拾元整

亿	千	百	十	万	千	百	十	元	角	分
			¥	3	4	5	6	0	0	0

用途： 报销款
上列款项请从
我账户内支付
出票人签章
北京光明实业公司 财务专用章
国张印志
复核 记账

图 5.10 【业务 1】涉及的银行凭证 1

附加信息：
北京光明实业公司 财务专用章
国张印志
收款人签章
2018年6月15日
身份证名称 发证机关：
号码
（贴粘单处）

图 5.11 【业务 1】涉及的银行凭证 2

【业务 2】2018 年 5 月 31 日，北京光明实业公司签发转账支票一张，从北京兴达文化用品公司购买产品包装袋一批，金额 13 248 元。此业务涉及的银行凭证如图 5.12 所示。

北京光明实业公司资料如下。

[开户银行] 中国工商银行北京青年路分理处

[账号] 0200538827990088700

[出纳]林梅

[法人代表]张志国

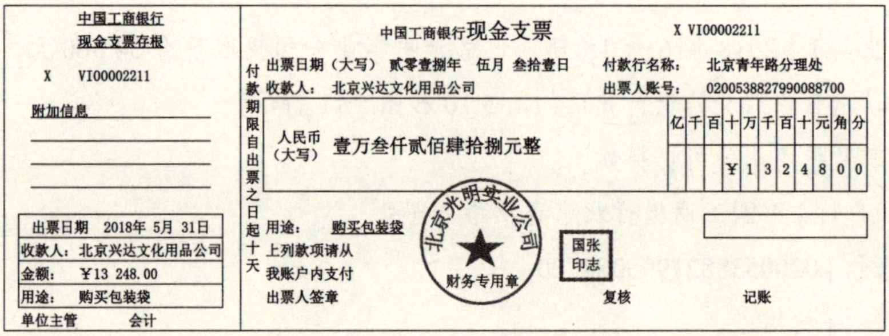

中国工商银行
现金支票存根
X VI00002211
附加信息
出票日期 2018年 5月 31日
收款人：北京兴达文化用品公司
金额：￥13 248.00
用途：购买包装袋
单位主管 会计

中国工商银行现金支票 X VI00002211
付款期限自出票之日起十天
出票日期（大写）贰零壹捌年 伍月 叁拾壹日 付款行名称：北京青年路分理处
收款人：北京兴达文化用品公司 出票人账号：0200538827990088700
人民币（大写）壹万叁仟贰佰肆拾捌元整

亿	千	百	十	万	千	百	十	元	角	分
			￥	1	3	2	4	8	0	0

用途：购买包装袋
上列款项请从
我账户内支付
出票人签章
北京光明实业公司 财务专用章
国张印志
复核 记账

图 5.12 【业务 2】涉及的银行凭证

【业务 3】广州光华食品公司 2018 年 1 月 10 日签发普通支票，支付广州彩艺包装厂包装盒费用 13 240 元。此业务涉及的银行凭证如图 5.13 所示。

广州光华食品公司资料如下。

[开户银行]中国银行广州东风路办事处

[账号]538—279—008

[出纳]张强之

[法人代表]徐志国

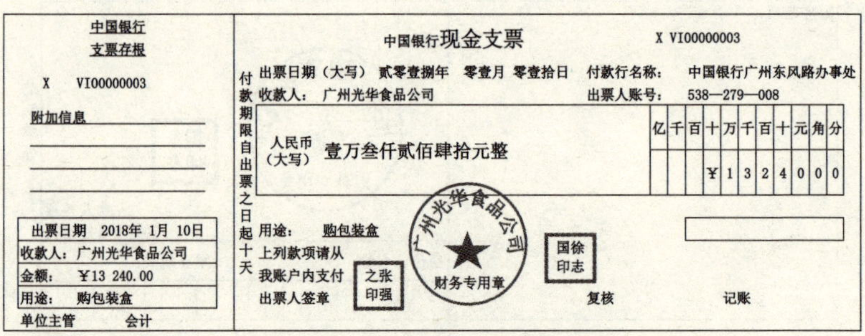

中国银行
支票存根
X VI00000003
附加信息
出票日期 2018年 1月 10日
收款人：广州光华食品公司
金额：￥13 240.00
用途：购包装盒
单位主管 会计

中国银行现金支票 X VI00000003
付款期限自出票之日起十天
出票日期（大写）贰零壹捌年 零壹月 零壹拾日 付款行名称：中国银行广州东风路办事处
收款人：广州光华食品公司 出票人账号：538—279—008
人民币（大写）壹万叁仟贰佰肆拾元整

亿	千	百	十	万	千	百	十	元	角	分
			￥	1	3	2	4	0	0	0

用途：购包装盒
上列款项请从
我账户内支付
出票人签章
之张印强
广州光华食品公司 财务专用章
国徐印志
复核 记账

图 5.13 【业务 3】涉及的银行凭证

【业务 4】广州光华食品公司 2018 年 5 月 31 日将转账支票和进账单送交银行，支付广州彩艺包装厂包装盒费用 13 240 元。此业务涉及的银行凭证如图 5.14 所示。

广州光华食品公司资料如下。

[开户银行]中国银行广州东风路办事处

[账号]538—279—008

广州彩艺包装厂：

[开户银行] 工商银行广州水荫路办事处

[账号] 624—531—234

中国银行进账单（回单）1

2018年 5月 31日

出票人	全称	广州光华食品公司			收款人	全称	广州彩艺包装厂											
	账号	538—279—008				账号	624—531—234											
	开户银行	中国银行广州东风路办事处				开户银行	工商银行广州水荫路办事处											
金额	人民币（大写）	壹万叁仟贰佰肆拾元整					亿	千	百	十	万	千	百	十	元	角	分	
										¥	1	3	2	4	0	0	0	
票据种类	转账支票	票据张数	壹张															
票据号码	XVI00000003																	
	复核：	记账：				开户银行签章												

此联是银行交给持（出）票人的回单

图 5.14 【业务 4】涉及的银行凭证

【业务 5】佛山东升食品公司 2018 年 7 月 25 日要将当日销售额现金 45 688.20 元送存银行，其中面额 100 元的人民币 456 张，面额 50 元的人民币 1 张，面额 20 元的人民币 1 张，面额 10 元的人民币 1 张，面额 1 元的人民币 8 张，面额 1 角的硬币 2 枚。此业务涉及的银行凭证如图 5.15 所示。

佛山东升食品公司资料如下。

[开户银行] 中国农业银行顺德乐从支行

[账号] 44480001040007777

中国农业银行　　现金缴款单

2018年7月25日

客户填写	收款人户名		佛山东升食品公司														
	收款人账号		44480001040007777		收款人开户行		中国农业银行顺德乐从支行										
	缴款人		佛山东升食品公司		款项来源		销售收入										
	币种（√）	人民币☑	肆万伍仟陆佰捌拾捌元贰角整				亿	千	百	十	万	千	百	十	元	角	分
		外币：								¥	4	5	6	8	8	2	0
	券别	100元	50元	20元	10元	5元	2元	1元			辅币（金额）						
		456	1	1	1			8			2						

（第一联 银行记账凭证 第二联 客户回单）第二联

图 5.15 【业务 5】涉及的银行凭证

第6章

会计常见业务

06

虽然工业企业和商业企业的会计处理准则已经一致，但在实务中，操作起来依然略有差别。工业企业的会计核算要求全面，其内容复杂但又不失趣味，而商业企业会计核算仅仅是工作量比较大而已。掌握了工业企业的会计核算流程和方法才能算是入了会计的大门。

6.1 资金筹集业务的会计核算

一个企业经济业务的发生，是因为这个企业存在生产经营活动。这个活动包括采购、生产、销售三个阶段。除此之外，企业还会发生某些营业外的收支活动。为了正常开展生产经营活动，企业首先必须要有资金的筹措。企业资金的原始来源主要有 2 个渠道：一是企业投资者作为资本投入的资金，二是债权人作为债权投入的资金。前者会形成企业的所有者权益（主要包括实收资本、资本公积），后者会形成企业的负债。另外，还有临时性占用其他单位或个人的资金或是其他来源的资金。

投资者投资和银行借贷的区别如下。

- 企业的投资者包括国家、法人单位、个人和外商，投资方式有货币资金、固定资产、材料物资及无形资产等。投资者投入的资本是企业在工商行政管理部门注册登记的资本金，是国家批准企业从事生产经营活动的首要条件。投资者投资是分红不付息。
- 企业从银行取得的借款按偿还期不同分为短期借款和长期借款，不论期限长短，都必须按期偿还，并按规定利率支付借款利息。银行借贷是付息不分红。

6.1.1 核算账户

企业资金的筹集业务需要设置的主要账户有如下几个。

- “实收资本”账户：属于所有者权益类账户，主要核算投资者投入资本的增减变动情况。贷方登记实际收到的投资额，借方登记减少的资本额，期末贷方余额表示投入资本的实有数额。该账户应按投资人设置明细分类账户，进行明细分类核算。
- “资本公积”账户：属于所有者权益类账户，用来核算企业因接受捐赠等而引起的投资者公共积累资本的增减变动情况。贷方登记接受捐赠等原因而增加的资本公积额，借方登记按规定转增资本金的数额，期末会有贷方余额，表示企业资本公积的结余数。
- “短期借款”账户：属于负债类账户，主要核算企业从银行的贷款。因为是短期借款，所以偿还期在一年以内。该账户的 T 型账如图 6.1 所示。

- “长期借款”账户：属于负债类账户，用来核算企业从银行借入的偿还期在一年以上的各种借款的增减变动情况。该账户的 T 型账如图 6.2 所示。

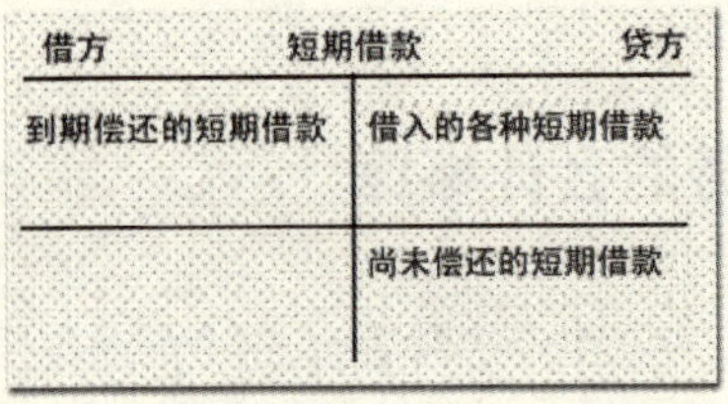

图 6.1 “短期借款”账户 T 型账

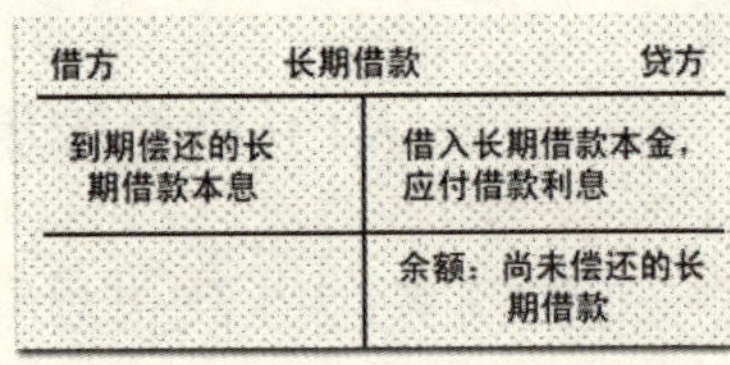

图 6.2 “长期借款”账户 T 型账

6.1.2 核算范例

筹资业务的核算。例如振风塔公司发生了以下业务。

【业务 1】收到董事长孙耳投入资本 800 000 元，已存入银行。

该项业务发生一方面使企业的资产增加了 800 000 元，另一方面使企业实收资本增加了 800 000 元。

会计分录如下。

借：银行存款　　　　800 000

　　贷：实收资本——孙耳　　　　800 000

【业务 2】企业收到新峰公司投入的新机器一台，价值 500 000 元。

该项业务发生一方面使企业的资产增加了 500 000 元，另一方面使企业实收资本增加了 500 000 元。

会计分录如下。

借：固定资产　　　　500 000

　　贷：实收资本　　　　500 000

再来看借入资金业务的核算。假设振风塔公司借入资金主要是为满足生产经营和其他方面的需要，从银行借入期限在一年以内的短期借款和期限在一年以上的长期借款。

【业务 3】企业于 2018 年 7 月 1 日向银行借入期限为 6 个月，年利率为 6% 的借款 100 000 元，已交存银行。

该项业务的发生，一方面使企业的资产增加了 100 000 元，另一方面使企业的负债增加了 100 000 元。

会计分录如下。

借：银行存款　　　　　　　　　　　　　　100 000

　　贷：短期借款　　　　　　　　　　　　　　100 000

【业务 4】企业于 2018 年 7 月 1 日向银行借入期限为 3 年，年利率为 10% 的借款 400 000 元，该借款到期一次还本付息。

该项业务的发生，一方面使企业的资产增加了 400 000 元，另一方面使企业的负债增加了 400 000 元。

会计分录如下。

借：银行存款　　　　　　　　　　　　　　400 000

　　贷：长期借款　　　　　　　　　　　　　　400 000

企业筹资业务的核算程序如图 6.3 所示。

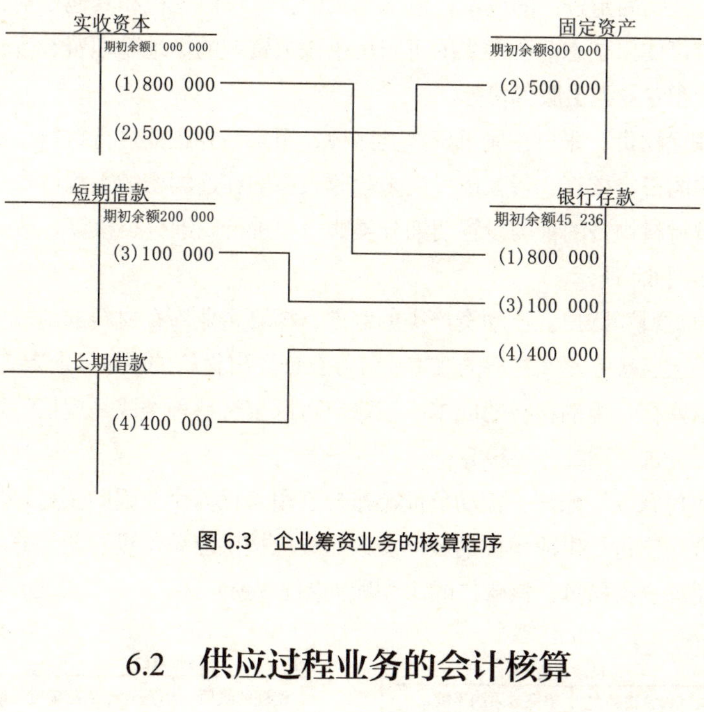

图 6.3　企业筹资业务的核算程序

6.2　供应过程业务的会计核算

企业要进行正常的产品生产，就必须购置机器设备和建筑物、建造厂房等，购买和储备一定品种与数量的材料等存货。因此，固定资产采购建造业务和材料的采购业务，构成了企业生产准备业务核算的主要部分。

企业向供货单位采购材料时，应根据供应单位开出的发票，支付货款、税款或承担付款的责任；在采购过程中，还会发生运输费、装卸费、包装费、仓储费等采购费用。材料的买价加上采购费用就是企业的材料采购成本，即外购材料的实际成本。对运达企业的材料，要办理验收入库手续，并将材料入库。

6.2.1 核算账户

供应过程要设置的主要账户有如下几个。

- “固定资产”账户：属资产类账户，借方登记企业增加的固定资产原价，贷方登记企业减少的固定资产原价，期末是借方余额，表示企业期末固定资产原价。可以按固定资产的类别或是项目进行明细核算。

固定资产，需要同时具有下列两个特征：（1）为生产商品、提供劳务、出租或经营管理而持有；（2）使用寿命超过一年。实务中，固定资产按照成本计量。

比如，外购固定资产的成本，包括购买价款、进口关税和其他税费，使固定资产达到预定可使用状态前所发生的可归属于该项资产的场地整理费、运输费、装卸费、安装费和专业人员服务费等。

- “在途物资”账户：属于资产类账户，用来核算企业进行材料、商品等物资采购的日常核算、货款已付尚未验收入库的在途物资的采购成本。该账户可以按材料物资的种类设置明细分类账户，进行明细分类核算。该账户的 T 型账如图 6.4 所示。
- “原材料”账户：流动资产类的账户，核算企业库存材料的增减变动。借方登记已经验收入库材料的成本，贷方登记发出材料的成本，期末有借方余额，表示库存未用的材料的成本。该账户可以按材料种类或是规格设置明细分类账户，进行明细分类核算。
- “应付账款”账户：流动负债类账户，用来核算企业因购买材料物资或接受劳务而应付给供应单位的款项。该账户应按供应单位设置明细分类账户，进行明细分类核算。该账户的 T 型账如图 6.5 所示。

借　　　　在途物资	贷
购入材料物资的买价和采购费用	已完成采购手续、验收入库材料物资的采购成本
余额：尚未验收入库的在途物资成本	

图 6.4 “在途物资”账户 T 型账

借　　　　应付账款	贷
偿还的款项	应付给供应单位的款项
	余额：尚未偿还的款项

图 6.5 “应付账款”账户 T 型账

- “应交税费”账户：属于流动负债类账户，核算企业应缴纳的各种税费。贷方登记应缴纳的税费，借方登记实际已经缴纳的税费，期末有贷方余额，表示还没有缴纳的税费。该账户可以按税种设置明细分类账户，进行明细分类核算。该账户的 T 型账如图 6.6 所示。

注意："应交税费——应交增值税"账户的借方登记企业采购材料物资时向供应单位支付的进项税额和实际缴纳的增值税，贷方登记企业销售产品时向购货单位收取的销项税额，期末借方余额表示尚未抵扣的增值税额。该账户的 T 型账如图 6.7 所示。

借　　　　　应交税费	贷
实际交纳的税费	经计算应交纳的税费
余额：多交的税费	余额：未交的税费

图 6.6 "应交税费"账户 T 型账

借方　应交税费——应交增值税	贷方
采购材料物资时向供应单位支付的进项税额和实际交纳的增值税	企业销售产品时向购货单位收取的销项税额
余额：尚未抵扣的增值税额	

图 6.7 "应交税费——应交增值税"账户 T 型账

- "材料采购"账户：反映企业单位采用计划成本进行材料日常核算而购入的材料采购成本。企业支付材料价款和运杂费等，按应计入材料采购成本的金额，借记本科目，按实际支付或应支付的金额，贷记"银行存款""库存现金""其他货币资金""应付账款""应付票据""预付账款"等科目。涉及增值税进项税额的，还应进行相应的处理。月末按计划成本，借记"原材料""周转材料"等科目，贷记本科目；将实际成本大于计划成本的差异，借记"材料成本差异"科目，贷记本科目；实际成本小于计划成本的差异做相反的会计分录。期末借方余额，反映企业在途材料的采购成本。该账户可以按照供应单位和物资品种进行明细分类核算。
- "预付账款"账户：核算企业按照合同规定预付给其他单位部分货款的账户。该账户为流动资产类账户，借方登记向供货单位预付的货款和补付的款项，贷方登记收到材料或是冲销的预付账款，余额一般在借方，表示已付款但是还没有结算的预付款。该账户可以按供货单位名称分设明细分类账进行核算。

6.2.2 核算范例

【业务 5】企业购入不需要安装的机器一台，设备金额 23 400 元，运输费 600 元，全部以银行存款支付。

该项业务的发生，一方面使企业的固定资产增加了 24 000 元，另一方面使企业的另一项资产减少了 24 000 元。

会计分录如下。

借：固定资产　　　　　　　　　　　　　　　　　24 000

　　贷：银行存款　　　　　　　　　　　　　　　　　24 000

【业务 6】企业从振兴工厂购入 A 材料，数量为 10 吨，单价 10 000 元，金额 100 000 元；税率 13%，增值税额 13 000 元；价税合计 113 000 元，款项已用银行存款支付，材料已验收入库。

该项经济业务的发生，一方面使企业的采购成本和支付的增值税进项税额分别增加了 100 000 元和 13 000 元，另一方面使银行存款减少了 113 000 元。

会计分录如下。

借：材料采购——A 材料　　　　　　　　　　　　100 000

　　应交税费——应交增值税（进项税额）　　　　　13 000

　　贷：银行存款　　　　　　　　　　　　　　　　　113 000

【业务 7】企业从明光工厂购入 B、C 两种材料，增值税专用发票上注明 B 材料，数量为 30 吨，单价 2 000 元，金额 60 000 元，税率 13%，税额 7 800 元；C 材料 15 吨，单价 1 200 元，金额 18 000 元，税率 13%，税额 2 340 元。B、C 材料的货款暂欠。B、C 材料均已验收入库。

该项经济业务的发生，一方面企业的材料采购成本增加了 78 000 元，应负担的增值税进项税额增加了 10 140 元，另一方面企业的负债增加了 88 140 元。

编制会计分录如下。

借：材料采购——B 材料　　　　　　　　　　　　60 000

　　　　　　——C 材料　　　　　　　　　　　　18 000

　　应交税费——应交增值税（进项税额）　　　　　10 140

　　贷：应付账款——明光工厂　　　　　　　　　　　88 140

【业务 8】用银行存款支付 A、B、C 三种材料的运输费 1 000 元。其中：A 材料运输费 190 元，B、C 两种材料的运输费 810 元（运输费按 B、C 材料重量比例分配）。

运输费的分配：因为购入材料而发生的采购费用，能分清是为哪一种材料采购所发生的，可以直接计入该材料的采购成本，如果分不清，就应当按适当的标准在该批各种材料之间进行分配，这样就可以正确确定各种材料的采购成本了。分配标准可选择重量、体积、价格等等，企业可以自主选择。

按 B、C 材料重量比例分配，那么应分摊的运输费如下。

运输费分配率 =810/（30+15）=18。

B 材料应分摊的运输费 =30 × 18=540（元）。

C 材料应分摊的运输费 =15 × 18=270（元）。

该项经济业务的发生，一方面使企业的材料采购成本增加了 1 000 元，另一方面使企业的银行存款减少了 1 000 元。

编制会计分录如下。

借：材料采购——A 材料　　190

　　　　　　——B 材料　　540

　　　　　　——C 材料　　270

　贷：银行存款　　1 000

【业务 9】以银行存款预付新民工厂购买 D 材料款 15 000 元。

该项经济业务的发生，一方面使企业的预付款增加了 15 000 元，另一方面使企业的银行存款减少了 15 000 元。

编制会计分录如下。

借：预付账款——新民工厂　　15 000

　贷：银行存款　　15 000

【业务 10】以银行存款 21 060 元支付前欠明光工厂的货款。

该项经济业务的发生，一方面使企业的应付账款减少了 21 060 元，另一方面使企业的银行存款减少了 21 060 元。

编制会计分录如下。

借：应付账款——明光工厂　　21 060

　贷：银行存款　　21 060

【业务 11】计算并结转 A、B、C 三种材料的实际采购成本。

在材料采购业务完成之后，应计算并确定材料的采购成本，然后将验收入库材料的实际成本从“材料采购”账户转入“原材料”账户。

材料采购的实际成本计算如下。

A 材料：100 000+ 190 = 100 190（元）。

B 材料：60 000 + 540 = 60 540（元）。

C 材料：18 000 + 270 = 18 270（元）。

合计：179 000 元。

该项经济业务的发生，一方面使企业的材料采购成本减少了 179 000 元，另一方面使企业的库存材料增加了 179 000 元。

编制会计分录如下。

借：原材料——A 材料　　100 190

——B 材料　　　　　　　　　　　　60 540

——C 材料　　　　　　　　　　　　18 270

贷：材料采购——A 材料　　　　　　　　　　100 190

——B 材料　　　　　　　　　　60 540

——C 材料　　　　　　　　　　18 270

材料一旦入库，采购过程就算结束了。材料采购业务的核算程序如图 6.8 所示。

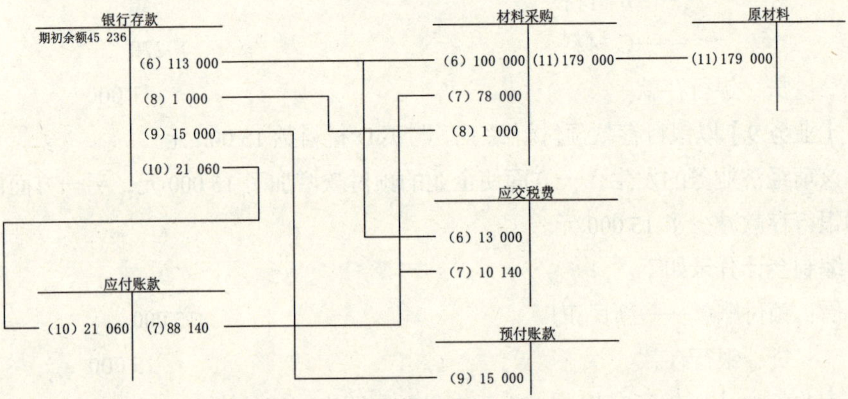

图 6.8　材料采购业务核算程序

要养成良好习惯。凭证做完就要及时登账，所以接下来就是根据有关凭证来登记材料采购明细分类账户和原材料明细分类账户了。

（1）材料采购的明细分类账，如图 6.9 所示。

原材料名称：A 材料　　　　　　　　　　单位：元

2018 年		凭证号数	摘　要	借　方			贷 方
月	日			买 价	运杂费	合 计	
6	4	6	购入 10 吨，10 000元/吨	100 000.00		100 000.00	
6	4	8	运杂费		190.00	190.00	
6	4	11	结转采购成本				100 190.00
6			本期发生额	100 000.00	190.00	100 190.00	100 190.00

原材料名称：B 材料　　　　　　　　　　单位：元

2018 年		凭证号数	摘　要	借　方			贷 方
月	日			买 价	运杂费	合 计	
6	4	7	购入 30 吨，2 000元/吨	60 000.00		60 000.00	
6	4	8	运杂费		540.00	540.00	
6	4	11	结转采购成本				60 540.00
6			本期发生额	60 000.00	540.00	60 540.00	60 540.00

图 6.9　材料采购的明细分类账

原材料名称：C 材料　　　　　　　　　　　　　　　　　　　　　　单位：元

2018 年		凭证号数	摘　要	借　方			贷 方
月	日			买 价	运杂费	合 计	
6	4	7	购入 15 吨，1200 元/吨	18 000.00		18 000.00	
6	4	8	运杂费		270.00	270.00	
6	4	11	结转采购成本				18 270.00
6			本期发生额	18 000.00	270.00	18 270.00	18 270.00

图 6.9　材料采购的明细分类账（续）

（2）原材料的明细分类账，如图 6.10 所示。

原材料名称：A 材料　　　　　　　　　　　　　　　　　　　　　　单位：吨、元

2018 年		凭证号数	摘要	收入			发出			结存		
月	日			数量	单价	金额	数量	单价	金额	数量	单价	金额
6			期初余额							1	9 810.00	9 810.00
6	4	11	购入	10	10 019.00	100 190.00				11	10 909.09	120 000.00

材料名称：B 材料　　　　　　　　　　　　　　　　　　　　　　单位：吨、元

2018 年		凭证号数	摘要	收入			发出			结存		
月	日			数量	单价	金额	数量	单价	金额	数量	单价	金额
6			期初余额							2	1 730.00	3 460.00
6	4	11	购入	30	2 018.00	60 540.00				32	2 000.00	64 000.00

材料名称：C 材料　　　　　　　　　　　　　　　　　　　　　　单位：吨、元

2018 年		凭证号数	摘要	收入			发出			结存		
月	日			数量	单价	金额	数量	单价	金额	数量	单价	金额
6			期初余额							5	1 146.00	5 730.00
6	4	11	购入	15	1 218.00	18 270.00				20	1 200.00	24 000.00

图 6.10　原材料的明细分类账

6.3　生产过程业务的会计核算

产品生产是制造企业的主要业务活动。企业在生产过程中一方面生产产品，另一方面要耗费各种资源。产品生产过程中发生的各种耗费，概括地被称为生产费用。其内容主要有：耗用各种材料的费用，支付职工工资，固定资产的折旧费和其他费用。生产费用是为生产各种产品而发生的，最终都要归集、分配到各种产品成本中去。生产费用以不同产品来归集计算，得出为生产某种产品而耗用的生产费用，就称为产品的制造成本。因此，生产费用的发生、归集和分配，产品成本的形成与计算，是产品生产业务核算的主要内容。成本的归集与计算程序如图 6.11 所示。

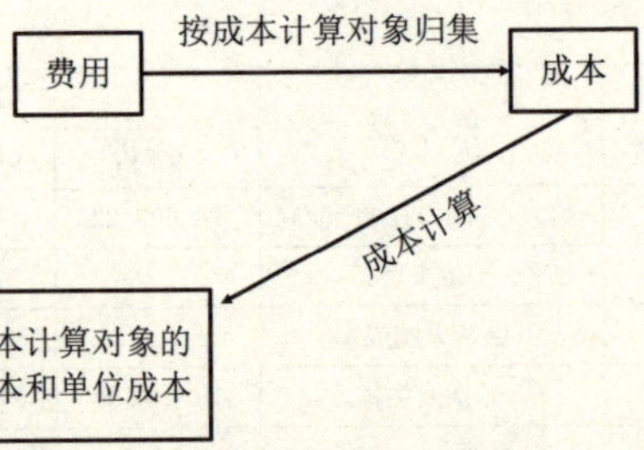

图 6.11　成本的归集与计算程序

费用和成本的区别：费用是指企业为销售商品、提供劳务等日常活动所发生的经济利益的总流出。费用就是资产的耗费，在核算时更关注的是它与会计期间的联系。成本是按一定对象所归集的费用，是对象化了的费用。也就是说，生产成本是相对于一定的产品而言所发生的费用，对成本的关注在于它是为哪个产品产生的，而不论它发生在哪一个会计期间，如图 6.12 所示。

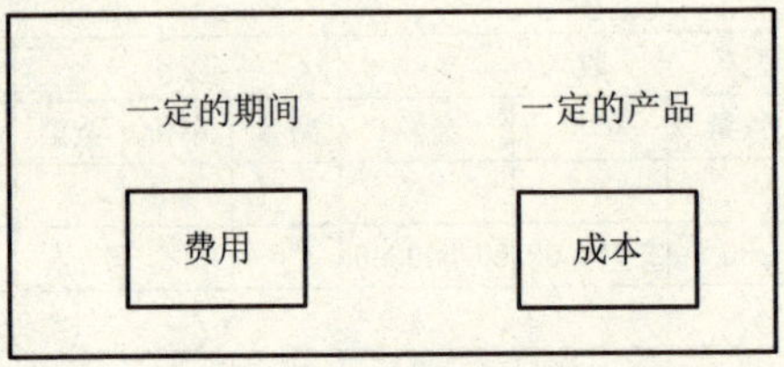

图 6.12　费用和成本的区别

6.3.1　核算账户

为了归集、分配生产费用，计算产品成本，需设置和运用的主要账户有生产成本、制造费用、应付职工薪酬、累计折旧和库存商品等。

- “生产成本”账户：属于成本类账户，用来核算产品生产过程中发生应计入产品成本的各项费用，计算产品的生产成本。借方登记生产产品直接耗用的材料费和人工费，以及月末转入的制造费用，贷方登记月末转出的完工入库产品的成本，期末借方余额表示尚未完工的在产品成本。该账户应按产品的种类设置明细分类账户，进行明细分类核算。该账户的 T 型账如图 6.13 所示。
- “制造费用”账户：属于成本类账户，用来核算生产车间为组织和管理车间生产而发生的各项间接费用。借方登记车间发生的各项间接费用，贷方登记月末分配转入“生产成本”账户的费用，该账户期末一般无余额。该账户的T 型账如图 6.14 所示。

借方　　生产成本	贷方
为生产产品直接耗用的材料费和人工费 月末转入的制造费用	月末转出的完工入库产品的成本
余额：尚未完工的在产品成本	

图 6.13　“生产成本”账户 T 型账

借方　　制造费用	贷方
车间发生的各种间接费用	月末分配转入“生产成本”账户的费用

图 6.14　“制造费用”账户 T 型账

- “应付职工薪酬”账户：属于负债类账户，是用以核算和监督企业应付给职工薪酬的提取、结算、使用等情况的账户。贷方登记实际发生的应分配的职工薪酬（应付数），借方登记实际支付的职工薪酬，账户贷方余额，反映应付未付的职工薪酬。该账户可按工资、职工福利、社会保险费、住房公积金、工会经费、职工教育经费、非货币性福利、辞退福利、股份支付等进行明细核算。
- “累计折旧”账户：是用以核算和监督企业固定资产累计折旧的账户，为资产类账户。贷方登记计提的固定资产折旧额，借方登记出售、报废、毁损等原因引起固定资产退出企业而相应注销的折旧额，余额在贷方，表示固定资产已提取的累计折旧数额。
- “库存商品”账户：属于资产类账户，用以核算和监督库存商品实际成本增减变动及结存情况的账户。借方登记已经完成全部生产过程并已验收入库，可以对外销售的产品的实际成本，贷方登记出库产品的实际成本，期末借方余额表示库存产品的实际成本。该账户可按产品的种类、品种和规格进行明细分类核算。

6.3.2　核算范例

【业务 12】甲产品生产耗用 A 材料 8 吨，单位成本 10 000 元，计 80 000 元；乙产品生产耗用 B 材料 25 吨，单位成本 2 000 元，计 50 000 元；车间一般耗用 C 材料 5 吨，单位成本 1 200 元，计 6 000 元。

该项经济业务的发生，一方面使企业的库存材料减少了 136 000 元，另一方面使成本费用增加了 136 000 元，直接用于产品生产的材料费用应直接计入甲、乙产品的成本，车间一般耗用的材料应先计入制造费用。该项经济业务应编制如下会计分录。

借：生产成本——甲产品　　　　　　　　　　　　80 000

　　　　　　——乙产品　　　　　　　　　　　　50 000

　　制造费用　　　　　　　　　　　　　　　　　6 000

　　贷：原材料——A 材料　　　　　　　　　　　　80 000

　　　　　　　——B 材料　　　　　　　　　　　　50 000

　　　　　　　——C 材料　　　　　　　　　　　　6 000

【业务 13】企业本月应付工资总额为 45 000 元，其中：甲产品生产工人工资 25 000 元，乙产品生产工人工资 15 000 元，车间管理人员工资 5 000 元。

该项经济业务的发生，一方面使企业的本月应付工资增加了 45 000 元，另一方面使企业的工资费用增加了 45 000 元。

编制会计分录如下。

借：生产成本——甲产品　　　　　　　　　　　　25 000

　　　　　　——乙产品　　　　　　　　　　　　15 000

　　制造费用　　　　　　　　　　　　　　　　　5 000

　　贷：应付职工薪酬——工资　　　　　　　　　　45 000

【业务 14】以现金支付本月工资 45 000 元。

该项经济业务的发生，一方面使企业的现金减少了 45 000 元，另一方面使应付工资减少了 45 000 元。该项经济业务应编制如下会计分录。

借：应付职工薪酬——工资　　　　　　　　　　　45 000

　　贷：库存现金　　　　　　　　　　　　　　　　45 000

【业务 15】按上述工资总额的 14% 提取职工福利费 6 300 元。

该项经济业务的发生，一方面使企业应付的福利费增加了 6 300 元，另一方面使企业的成本费用增加了 6 300 元。

该项经济业务应编制如下会计分录。

借：生产成本——甲产品　　　　　　　　　　　　3 500

　　　　　　——乙产品　　　　　　　　　　　　2 100

　　制造费用　　　　　　　　　　　　　　　　　700

　　贷：应付职工薪酬——职工福利　　　　　　　　6 300

注：新会计准则下，企业不能再按照工资总额的 14% 来计提福利费，改为据实列支，但是按照《企业会计准则第 9 号——职工薪酬》及其应用指南的规定，企业可以根据以前年度福利费的支出情况来确定提取比例，即先提后用。提取的职工福利费在会计年度终了经调整后应该没有余额，但在月度因计提可能存在余额。所以，福利费可以计提，但年底要将本年度发生额与实际开支调整一致。

【业务 16】计提本月生产车间用固定资产折旧费 6 000 元。

该项经济业务的发生，一方面使企业的折旧费用增加了 6 000 元，另一方面使固定资产的价值减少（即累计折旧增加了）6 000 元。

编制会计分录如下。

借：制造费用　　　　6 000

　　贷：累计折旧　　　　6 000

【业务 17】以银行存款 1 300 元支付车间固定资产修理费用。

该项经济业务的发生，一方面使制造费用增加了 1 300 元，另一方面使银行存款减少了 1 300 元。

编制会计分录如下。

借：制造费用　　　　1 300

　　贷：银行存款　　　　1 300

【业务 18】以现金支付应由本月负担的车间用固定资产租金 650 元。

该项经济业务的发生，一方面使制造费用增加了 650 元，另一方面使现金减少了 650 元。

编制会计分录如下。

借：制造费用　　　　650

　　贷：库存现金　　　　650

【业务 19】以现金支付车间购买办公用品费 350 元。

该项经济业务的发生，一方面使企业的现金减少了 350 元，另一方面使制造费用增加了 350 元。

编制会计分录如下。

借：制造费用　　　　350

　　贷：库存现金　　　　350

【业务 20】月末，将本月发生的制造费用 20 000 元分配转入生产成本。其中：甲产品 12 500 元，乙产品 7 500 元。

该项经济业务的发生，一方面使企业的生产成本增加了 20 000 元，另一方面使制造费用减少了 20 000 元。

编制会计分录如下。

借：生产成本——甲产品　　　　12 500

　　　　　　——乙产品　　　　7 500

　　贷：制造费用　　　　20 000

【业务 21】月末，结转本月完工验收入库产品成本 191 000 元。其中，甲产品成本 121 000 元，乙产品成本 70 000 元。

该项经济业务的发生，一方面使企业的库存商品增加了 191 000 元，另一方面使生产成本减少了 191 000 元。

编制会计分录如下。

借：库存商品——甲产品　　121 000
　　　　　　——乙产品　　70 000
　贷：生产成本——甲产品　　121 000
　　　　　　　——乙产品　　70 000

生产费用归集和分配核算程序如图 6.15 所示。

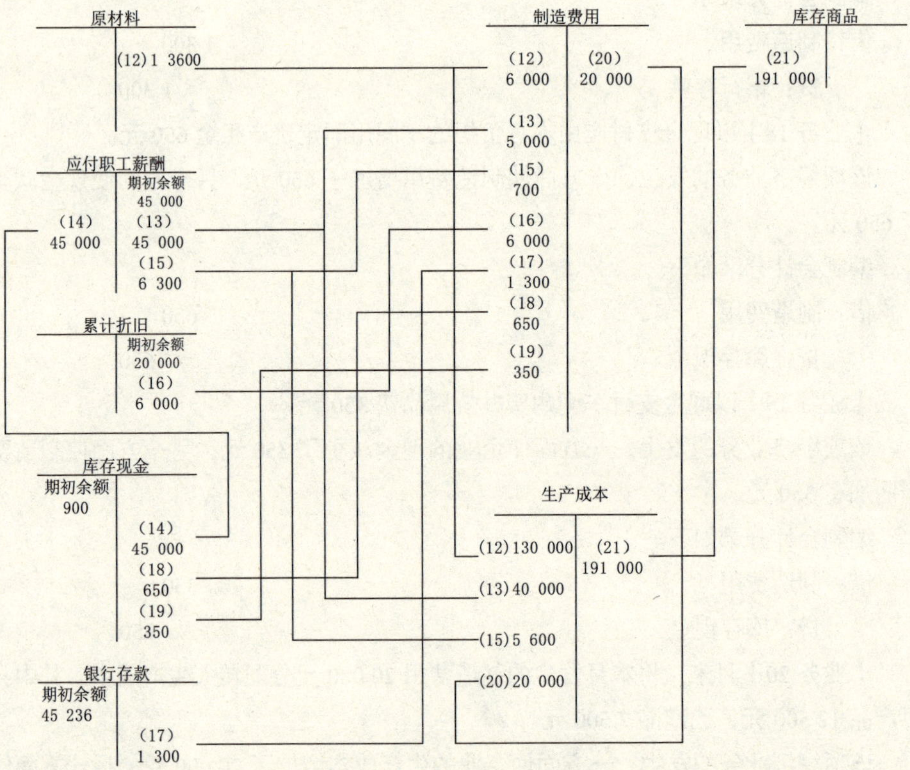

图 6.15　生产费用归集和分配核算程序图

6.3.3　材料发出成本的计算

材料入库以后，就面临着发出或耗用的问题。从会计计量的观点看，如何将材料成本在已发出或未发出两部分之间进行分配，不论对确定销货成本还是计量存货价值都至关重要。由于不同批次购进的同种材料的单位成本不尽相同，因此，在材料发出时，需要采用一定的方法确定其成本。从理论上讲，可采用月末一次加权平均法、移动平均法、先进先出法、个别计价法等方法。另外还有一种方法是新会计准则已经取消了的后进先出法。

1. 月末一次加权平均法

月末一次加权平均法是以材料的数量为权数，计算出材料的加权平均单价，从而确定材料的发出成本的方法。其计算公式如下。

加权平均单价 =（期初结存材料成本 + 本期收入材料成本）/（期初结存材料数量 + 本期收入材料数量）

发出材料成本 = 发出材料数量 × 加权平均单价。

振风塔公司有关原材料（H 锣）的资料如图 6.16 所示。

日期	摘要	数量（千克）	单位成本（元）	总成本（元）
10 月 1 日	期初余额	300	4.00	1 200.00
2018 年	购入	700	5.00	3 500.00
10 月 15 日	发出	800		
10 月 25 日	购入	1 000	6.00	6 000.00
10 月 30 日	发出	900		

图 6.16 振风塔公司原材料（H 锣）资料

根据给出的资料，很容易算出：

加权平均单价 =（1 200+3 500+6 000）/（300+700+1 000）=5.35（元 / 千克）。

从而得出：发出材料成本 =（800+900）×5.35=9 095（元）。

这个方法的优点是计算工作量不大，缺点是平时无法从账上反映发出材料及结存材料的单价及金额，不利于材料的日常管理。

2. 移动加权平均法

移动加权平均法是以某批材料收入数量和该批材料收入前的结存数量为权数，计算出平均单价，从而确定发出材料成本的方法。其计算公式如下。

材料平均单价 =（本批材料收入前结存成本 + 本批收入材料成本）/（本批材料收入前结存数量 + 本批收入材料数量）

沿用上例，计算如图 6.17 所示。

原材料名称：H锣　　　　单位：吨、元

2018年		凭证	摘　要	收　入			发　出			结　存		
月	日	号数		数量	单价	金额	数量	单价	金　额	数量	单价	金额
10	1		期初余额							300	4.00	1 200.00
10	8	24	购入	700	5.00	3 500.00				1 000	4.70	4 700.00
10	15	31	发出				800	4.70	3 760.00	200	4.70	940.00
10	25	41	购入	1 000	6.00	6 000.00				1 200	5.78	6 940.00
10	30	46	发出				900	5.78	5 202.00	300	5.78	1 738.00
10	31		本月发生额及月末余额	1 700		9 500.00	1 700		8 962.00	300	5.78	1 738.00

图 6.17　振风塔公司原材料明细账（移动加权平均法）

从图 6.17 中可以看出，移动平均法的优点是在平时可及时了解发出材料和结存材料的情况。但由于每入库一批材料，就要计算一次加权平均单价，因而计算工作量较大。该方法主要适用于材料收发次数较少的企业。

3. 先进先出法

先进先出法是以先购入的材料先发出这样一种实物流转假设为前提，对发出材料进行计价的一种方法。在这一方法下，先购入的材料成本在后购入的材料成本之前转出，以确定发出材料和期末材料的成本。

续用上例，采用先进先出法计算如图 6.18 所示。

原材料明细分类账

单位：吨、元

2018年		凭证号数	摘　要	收　入			发　出			结　存		
月	日			数量	单价	金额	数量	单价	金额	数量	单价	金额
10	1		期初余额							300	4.00	1 200.00
10	8	24	购入	700	5	3 500				300 700	4.00 5.00	1 200.00 3 500.00
10	15	31	发出				300 500	4.00 5.00	1 200.00 2 500.00	200	5.00	1 000.00
10	25	41	购入	1 000	6	6 000				200 1 000	5.00 6.00	1 000.00 6 000.00
10	30	46	发出				200	5	1 000	300	6.00	1 800.00
			本月发生额及月末余额	1 700		9 500.00	1 700		8 900.00	300	6.00	1 800.00

图 6.18　振风塔公司原材料明细账（先进先出法）

可以看出，用先进先出法算出的期末材料成本是按最近购料单价确定的，会导致库存材料成本与市价较为接近。它的计算工作较烦琐，尤其是对材料的进出量频繁的企业更是如此。此外，当物价上涨或下跌的幅度较大时，使用该法进行计价会对企业的当期利润产生较大的影响。比如当物价上涨时，由于发料成本是按先购入的材料单价计算的，因此会高估当期利润，反之则会低估当期利润。

4. 个别计价法

个别计价法也称分批实际法，它是以每批材料的实际购进成本为依据，计算该批材料的发出成本的方法，即发出材料属于哪一批购进的，成本就以哪一批的购进实际成本计算确定。

续上例，假定经过具体辨认，15 日发出的材料 800 千克中，有 200 千克是期初结存的材料，600 千克是 8 日购入的；30 日发出的材料 900 千克中，有 100 千克是期初结存的，有 50 千克是 8 日购入的，750 千克是 25 日购入的。则根据个别计价法，其计算如图 6.19 所示。

个别计价法的优点是材料按批进行收发保管，监督严密；材料的实物流动与其成本流转一致，计算比较准确。其缺点是工作较为烦琐。

原材料明细分类账

单位：吨、元

2018年		凭证号数	摘 要	收 入			发 出			结 存		
月	日			数量	单价	金额	数量	单价	金额	数量	单价	金额
10	1		期初余额							300	4.00	1 200.00
10	8	24	购入	700	5.00	3 500.00				300	4.00	1 200.00
										700	5.00	3 500.00
10	15	31	发出				200	4.00	800.00	100	4.00	400.00
							600	5.00	3 000.00	100	5.00	500.00
10	25	41	购入	1 000	6.00	6 000.00				100	4.00	400.00
										100	5.00	500.00
										1 000	6.00	6 000.00
10	30	46	发出				100	4.00	400.00			
							50	5.00	250.00	50	5.00	250.00
							750	6.00	4 500.00	250	6.00	1 500.00
10	31		本期发生额及期末余额	1 700		9 500.00	1 700		8 950.00	50	5.00	250.00
										250	6.00	1 500.00

图 6.19　振风塔公司原材料明细账（个别计价法）

在实务中各企业可以根据自身的实际情况选用材料发出成本的计算方法，国家没有硬性要求。

6.3.4　产品生产成本的计算

企业在生产经营过程中发生的各项费用，按照是否计入产品成本分为生产费用和期间费用。所谓生产费用是指一定时期内，企业为生产产品而发生、构成产品成本的各项费用；期间费用是指某一期间发生的，与产品生产没有直接的联系，也不计入产品成本，而直接计入当期损益的各项费用。

与生产有关的生产费用按照经济用途划分为如下成本项目。

（1）直接材料。直接材料一般直接用于产品生产。

（2）直接人工。直接人工指付给直接参加产品生产的人员的工资及福利费。

（3）制造费用。制造费用指企业的生产车间为组织管理生产所发生的各项间接费用。包括：管理人员的工资及福利费、固定资产折旧费、修理费、机物料消耗、水电费、办公费、差旅费、运输费等各项间接费用。

生产成本的计算过程就是按不同的成本计算对象归集分配费用的过程。因此，企业发生的生产费用，凡为生产某种产品而直接发生的，应当在费用发生时直接计入该种产品的成本；凡为生产多种产品共同发生的材料及人工费，应在费用发生时通过分配计入各种产品的成本。对于车间发生的制造费用，应当在费用发生时先通过“制造费用”账户归集，月末再按照适当的分配标准（如产品的生产工时、生产工人工资比例等）分配计入各种产品成本，从“制造费用”账户转入“生产成本”账户。分配制造费用时，应先计算制造费用分配率，再计算各种产品应负担的制造费用。分配计算公式如下。

制造费用分配率 = 制造费用总额 / 各种产品生产工时（或工人工资）总额

某种产品应负担的制造费用 = 该种产品生产工时（或工人工资）× 制造费用分配率

通过上述归集分配费用，已将应由各个成本计算对象负担的费用归集到了该种产品成本中，在此基础上，计算完工产品成本如下。

本月完工产品成本 = 月初在产品成本 + 本月发生费用 – 月末在产品成本

其中月末在产品成本可以按在产品的单位定额成本计算确定。

如果没有在产品或者不计算在产品成本的企业，则本月发生的费用就是本月完工产品成本。

产品单位成本 = 完工产品总成本 / 本月完工入库产品数量

如果某种产品已全部完工，则该生产成本明细账上归集的费用，即为完工产品的成本；如果某种产品只是部分完工，部分尚未完工，则要将生产费用在完工产品与月末在产品之间进行分配。

6.3.2 节的【业务 12】~【业务 21】中，假定甲产品、乙产品月初均无在产品，甲产品本月全部完工，乙产品只是部分完工，月末尚有在产品，在产品成本为 4 600 元。

根据前述有关会计分录，分别登记到甲、乙两种产品的生产成本明细账，如图 6.20 所示。

生产成本明细账

产品名称：甲产品　　单位：元

2018年		凭证号数	摘　要	借方（成本项目）			
月	日			直接材料	直接工资	制造费用	合　计
10	31	112	领用材料	80 000.00			80 000.00
10	31	113	生产工人工资		25 000.00		25 000.00
10	31	115	生产工人福利费		3 500.00		3 500.00
10	31	120	分配制造费用			12 500.00	12 500.00
			合　计	80 000.00	28 500.00	12 500.00	121 000.00
			结转完工产品成本	80 000.00	28 500.00	12 500.00	121 000.00

图 6.20　甲、乙两种产品的生产成本明细账

生产成本明细账

产品名称：乙产品 单位：元

2018年		凭证号数	摘　要	借方（成本项目）			
月	日			直接材料	直接工资	制造费用	合　计
10	31	112	领用材料	50 000.00			50 000.00
10	31	113	生产工人工资		15 000.00		15 000.00
10	31	115	生产工人福利费		2 100.00		2 100.00
10	31	120	分配制造费用			7 500.00	7 500.00
			合　计	50 000.00	17 100.00	7 500.00	74 600.00
			结转完工产品成本	47 000.00	16 000.00	7 000.00	70 000.00
			月末在产品成本	3 000.00	1 100.00	500.00	4 600.00

图 6.20　甲、乙两种产品的生产成本明细账（续）

根据甲、乙产品生产成本明细账，编制产品生产成本汇总表，如表 6-1 所示。

表 6-1　生产成本汇总表

单位：元

成本项目	甲产品（800 件）		乙产品（150 件）	
	总成本	单位成本	总成本	单位成本
直接材料	80 000.00	100.00	47 000.00	313.33
直接工资	28 500.00	35.63	16 000.00	106.67
制造费用	12 500.00	15.63	7 000	46.67
产品生产成本	121 000.00	151.25	70 000.00	466.67

6.4　销售过程业务的会计核算

生产一旦结束，企业就需要把产品尽快销售，换取资金。也就是说销售过程是企业生产经营过程的最后阶段。销售业务分为产品销售业务与其他销售业务两类，前者是企业在销售过程中的主要经济活动。企业售出产品，按照销售价格与购货单位办理结算，收取产品的价款，确认产品销售收入。产品销售收入减去产品销售成本、产品销售税金即为产品销售利润（或亏损）。因此，在销售过程中，企业要确认销售收入的实现，结转销售成本；计算应缴纳的销售税费；最终确定销售成果。

6.4.1　核算账户

这个阶段设置的主要账户有如下几个。

- “主营业务收入”账户：属于损益类账户，用来核算企业确认的销售商品、提供劳务等主营业务的收入。贷方登记销售商品或提供劳务所实现的销售收入，借方登记期末转入“本年利润”账户的收入，期末结转后无余额。该账户可以按商品种类设置明细分类账户，进行明细分类核算。该账户的 T 型账如图 6.21 所示。
- “其他业务收入”账户：属于损益类账户，用来核算企业确认的除主营业务活动以外的其他经营活动实现的收入，如材料销售、出租业务等实现的收入。贷方登记收到的其他业务收入，借方登记期末转入“本年利润”账户的收入，期末结转后无余额。该账户的 T 型账如图 6.22 所示。

借方	主营业务收入　贷方
期末转入“本年利润”账户的收入	销售商品、提供劳务、让渡资产使用权等日常活动实现的收入

图 6.21　“主营业务收入”账户 T 型账

借方	其他业务收入　贷方
期末转入“本年利润”账户的收入	实现的其他业务收入

图 6.22　“其他业务收入”账户 T 型账

- “主营业务成本”账户：属于损益类账户，用来核算确认销售商品、提供劳务等主营业务收入时应结转的成本。借方登记计算应结转的主营业务成本，贷方登记期末转入“本年利润”账户的主营业务成本，期末结转后无余额。该账户可以按商品或劳务的种类设置明细分类账户，进行明细分类核算。
- “其他业务成本”账户：属于损益类账户，用来核算企业确认的除主营业务活动以外的其他经营活动所发出的支出，包括销售材料的成本等。借方登记发生的其他业务支出，贷方登记期末转入“本年利润”账户的支出，期末结转后该账户无余额。该账户的 T 型账如图 6.23 所示。
- “税金及附加”账户：属于损益类账户，用来核算企业经营活动发生的营业税、城市维护建设税、教育费附加等相关税费。借方登记本月的税金及附加，贷方登记期末转入“本年利润”账户的税金及附加，期末结转后无余额。该账户的 T 型账如图 6.24 所示。

借方	其他业务成本　贷方
发生的其他业务的支出	期末转入“本年利润”账户的支出

图 6.23　“其他业务成本”账户 T 型账

借方	营业税金及附加　贷方
本月企业经营活动的税金及附加	期末转入“本年利润”账户的税金及附加

图 6.24　“税金及附加”账户 T 型账

- “销售费用”账户：属于损益类账户，用来核算企业在销售商品和材料、提供劳务的过程中发生的各种费用，包括运输费、装卸费、包装费、保险费、展览费和广告费，以及为销售本企业商品而专设的销售机构（含销售网点、售后服务网点等）的职工薪酬、业务费、折旧费等经营费用。如果是商品流通企业，在购买商品过程中所发生的进货费用不计入采购成本，而是包括在销售费用内。借方登记企业发生的各项销售费用，贷方登记期末转入“本年利润”账户的费用，期末结转后无余额。该账户的 T 型账如图 6.25 所示。
- “管理费用”账户：属于损益类账户，用来核算企业行政管理部门为组织和管理企业生产经营活动而发生的各项费用。借方登记企业发生的各项管理费用，贷方登记期末转入“本年利润”账户的费用，结转后该账户无余额。该账户的 T 型账如图 6.26 所示。

借方　　销售费用	贷方
企业销售商品过程中发生的各项费用	期末转入“本年利润”账户的费用

图 6.25　“销售费用”账户 T 型账

借方　　管理费用	贷方
发生的各项管理费用	期末转入“本年利润”账户的费用

图 6.26　“管理费用”账户 T 型账

- “财务费用”账户：属于损益类账户，用来核算企业为筹集生产经营所需资金而发生的各项费用。借方登记企业发生的各项财务费用，贷方登记期末转入“本年利润”账户的费用，结转后该账户无余额。该账户的 T 型账如图 6.27 所示。
- “应收账款”账户：属于资产类账户，用来核算企业因销售产品、提供劳务等经营活动应收取的款项。借方登记发生的销货款，贷方登记已收回的销货款，期末借方余额表示尚未收回的款项。该账户可以按债务人设置明细分类账户，进行明细分类核算。该账户的 T 型账如图 6.28 所示。

借方　　财务费用	贷方
发生的各项财务费用	期末转入“本年利润”账户的费用

图 6.27　“财务费用”账户 T 型账

借方　　应收账款	贷方
因销售产品提供劳务而发生的各种应收款	已经收回的应收款项
余额：期末尚未收回的应收款项	

图 6.28　“应收账款”账户 T 型账

- “预收账款”账户：属负债类账户，是用以核算企业按合同的规定预收购买单位货款的增减变动及结余情况的账户。贷方登记预收账款的增加，借方登记预收账款的减少，期末余额如在贷方，表示企业预收账款的结余额，如在借方，则表示购货单位应补付给本企业的款项。

6.4.2 核算范例

【业务 22】向天诚公司销售甲产品 200 件，单位售价 250 元，增值税税率 13%，增值税销项税额 6 500 元，款项已收并存入银行。

该项经济业务的发生，一方面使企业的银行存款增加了 56 500 元，另一方面销售收入增加了 50 000 元，应缴纳的增值税增加了 6 500 元。

编制会计分录如下。

借：银行存款　　　　　　　　　　　　　　　　56 500
　　贷：主营业务收入——甲产品　　　　　　　　　50 000
　　　　应交税费——应交增值税（销项税额）　　　　6 500

【业务 23】向海丰公司销售甲产品 250 件，单位售价 250 元；乙产品 80 件，单位售价 550 元，增值税税率 13%，增值税额 13 845 元，款项尚未收到。

该项经济业务的发生，一方面使企业的应收账款增加了 120 345 元，另一方面使产品销售收入和应缴增值税分别增加了 106 500 元和 13 845 元。

编制会计分录如下。

借：应收账款　　　　　　　　　　　　　　　　120 345
　　贷：主营业务收入——甲产品　　　　　　　　　62 500
　　　　　　　　　　——乙产品　　　　　　　　　44 000
　　　　应交税费——应交增值税（销项税额）　　　13 845

【业务 24】收到海丰公司所欠前账款 51 480 元。

该项经济业务的发生，一方面使企业的银行存款增加了 51 480 元，另一方面使应收账款减少了 51 480 元。

编制会计分录如下。

借：银行存款　　　　　　　　　　　　　　　　51 480
　　贷：应收账款　　　　　　　　　　　　　　　　51 480

【业务 25】大华公司向本企业订购甲产品 40 件，收到其预付款项 5 000 元，存入银行。

该项经济业务的发生，一方面使企业的银行存款增加了 5 000 元，另一方面使预收账款增加了 5 000 元。

编制会计分录如下。

借：银行存款　　5 000

　　贷：预收账款　　5 000

【业务 26】向大华公司发出甲产品 40 件，单位售价 250 元，增值税税率 13%，增值税额 1 300 元（已预收 5 000 元）。

该项经济业务的发生，一方面使企业的预收账款减少了 11 300 元，另一方面分别使产品销售收入和应缴增值税增加了 11 300 元和 1 300 元。

编制会计分录如下。

借：预收账款　　11 300

　　贷：主营业务收入——甲产品　　10 000

　　　　应交税费——应交增值税（销项税额）　　1 300

【业务 27】月末，结转已售产品的实际生产成本 116 000 元。其中：甲产品 490 件，生产成本 78 400 元，乙产品 80 件，生产成本 37 600 元。

该项经济业务的发生，一方面使库存产品减少了 116 000 元，另一方面使产品销售成本增加了 116 000 元。

编制会计分录如下。

借：主营业务成本——甲产品　　78 400

　　　　　　　　——乙产品　　37 600

　　贷：库存商品——甲产品　　78 400

　　　　　　　　——乙产品　　37 600

【业务 28】月末，按税法规定计算出应缴纳的产品附加税费 2 000 元。

该项经济业务的发生，一方面使企业的产品销售税金增加了 2 000 元，另一方面使企业的应交税费增加了 2 000 元。

编制会计分录如下。

借：税金及附加　　2 000

　　贷：应交税费　　2 000

产品销售业务核算如图 6.29 所示。

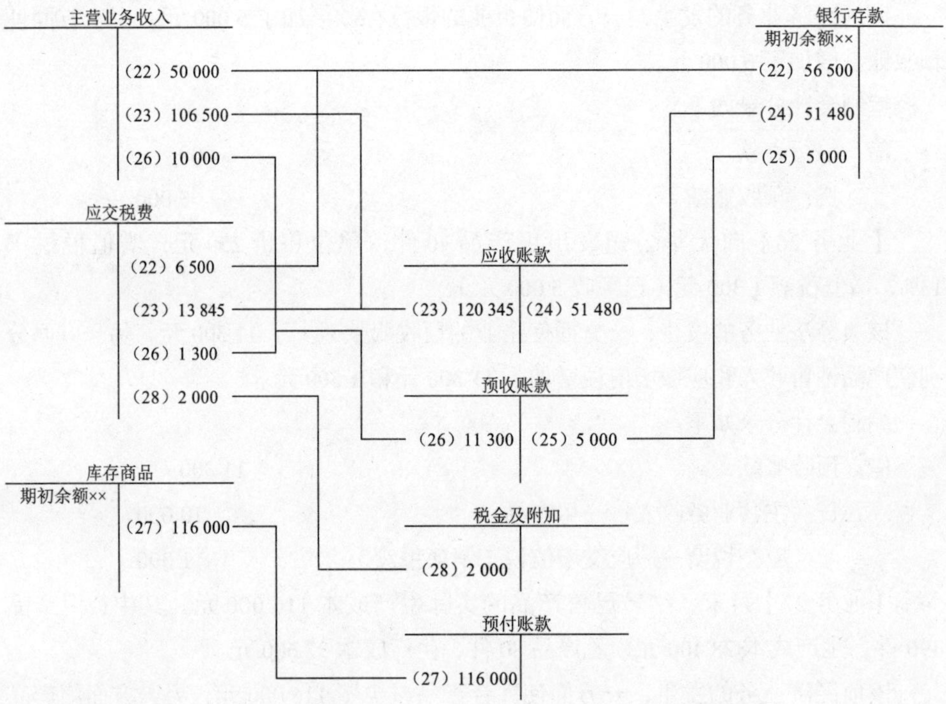

图 6.29　产品销售业务核算图

6.5　财务成果与利润分配的会计核算

产品卖出去了，老板关心到底赚了多少钱，员工关心的是薪水有没有涨。下面我们来聊一聊老板最关心的利润。利润是指企业在一定时期内生产经营活动的财务成果，表现为实现的利润或发生的亏损。利润有三种表现形式——营业利润、利润总额和净利润。

营业利润 = 营业收入 − 营业成本 − 税金及附加 − 销售费用 − 管理费用 − 研发费用 − 财务费用 − 资产减值损失 − 信用减值损失 + 其他收益 + 投资收益（− 投资损失）+ 净敞口套期收益（− 净敞口套期损失）+ 公允价值变动收益（− 公允价值变动损失）+ 资产处置收益（− 资产处置损失）

利润总额的组成如图 6.30 所示。

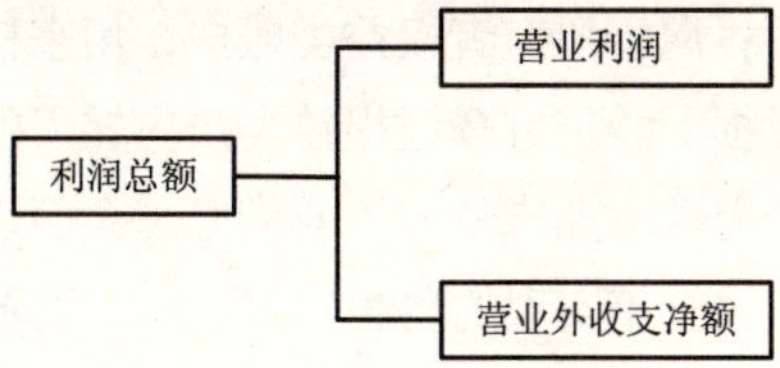

图 6.30 利润总额的组成

利润总额和净利润的计算公式如下。

利润总额 = 营业利润 + 营业外收入 – 营业外支出

净利润 = 利润总额 – 所得税费用

净利润是要分配的，否则就没人投资了。

分配的顺序是：弥补以前年度亏损→提取盈余公积金→向投资者分配利润。

6.5.1 核算账户

这个阶段设置的主要账户分为如下几种。

- “投资收益”账户：属于损益类账户，用来核算企业确认的投资收益或投资损失。贷方登记取得的收益，借方登记发生的投资损失以及期末转入“本年利润”账户的净收益，期末结转后无余额。该账户的 T 型账如图 6.31 所示。
- “营业外收入”账户：属于损益类账户，用来核算企业发生的各项和营业无关的收入，主要包括非流动资产处置利得、政府补助、盘盈利得、捐赠利得等。贷方登记取得的营业外收入，借方登记期末转入“本年利润”账户的收入，期末结转后无余额。该账户的 T 型账如图 6.32 所示。

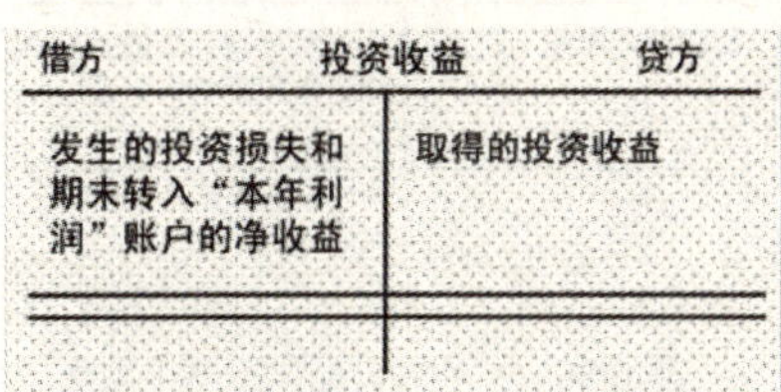

图 6.31 “主营业务收入”账户 T 型账

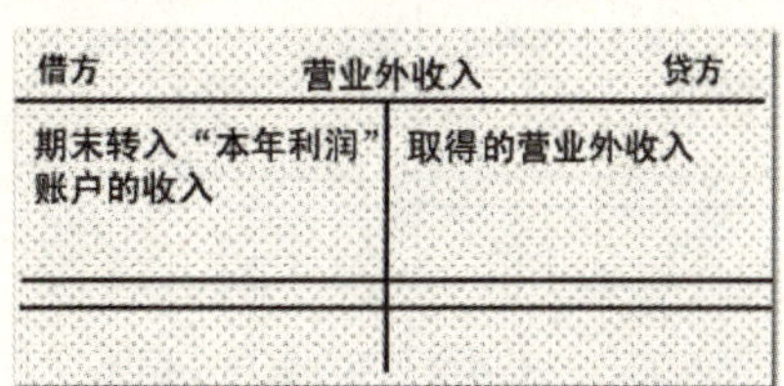

图 6.32 “营业外收入”账户 T 型账

- “营业外支出”账户：属于损益类账户，用来核算与企业生产经营无直接关系的各项支出。借方登记发生的营业外支出，贷方登记期末转入“本年利润”账户的支出，期末结转后无余额。该账户的 T 型账如图 6.33 所示。

- “本年利润”账户：属于所有者权益类账户，用来核算企业当期实现的净利润（或发生的净亏损）。贷方登记损益类账户转入的收入数，借方登记从损益类账户转入的费用数，期末贷方（或借方）余额表示实现的利润（或发生的亏损）。年末，应将全年实现的利润（或发生的亏损）转入“利润分配”账户，结转后年末无余额。该账户的 T 型账如图 6.34 所示。

借方　　营业外支出	贷方
发生的营业外支出	期末转入“本年利润”账户的支出

图 6.33　“营业外支出”账户 T 型账

借方　　本年利润	贷方
从损益类账户转入的费用数	从损益类账户转入的收入数
发生的亏损：将全年实现的亏损转入“利润分配”账户	实现的净利润：将全年实现的净利润转入“利润分配”账户

图 6.34　“本年利润”账户 T 型账

- “所得税费用”账户：属于损益类账户，用来核算企业确认的所得税费用。借方反映企业本期应负担的所得税费，贷方登记期末转入“本年利润”账户的所得税费用，期末结转后无余额。该账户的 T 型账如图 6.35 所示。
- “利润分配”账户：属于所有者权益账户，用来核算企业利润的分配（或亏损的弥补）和历年分配（或弥补）后的余额。借方登记利润的分配数，贷方登记从“本年利润”账户转入的全年实现的净利润，年末贷方余额表示历年累计未分配利润。该账户应设置“提取法定盈余公积”“应付现金股利”“未分配利润”等明细账户，进行明细分类核算。该账户的 T 型账如图 6.36 所示。

借方　　所得税费用	贷方
企业本期应负担的所得税费	期末转入“本年利润”账户的所得税

图 6.35　“所得税费用”账户 T 型账

借方　　利润分配	贷方
利润的分配数	从“本年利润”账户转入的全年实现的净利润
	余额：历年累计未分配利润

图 6.36　“利润分配”账户 T 型账

- “盈余公积”账户：属于所有者权益类账户，用来核算企业从净利润中提取的盈余公积。贷方登记盈余公积的提取数，借方登记用盈余公积弥补亏损和转增注册资本数，期末贷方余额表示盈余公积的结余数。该账户的 T 型账如图 6.37 所示。

借方	盈余公积 贷方
用盈余公积弥补亏损和转增注册资本数	盈余公积的提取数
	盈余公积的结余数

图 6.37 “盈余公积”账户 T 型账

- “应付股利”账户：为负债类账户，是用以核算企业确定或宣告支付但尚未实际支付的利润或现金股利的账户。贷方登记应支付给投资者的利润或现金股利，借方登记实际支付的利润或现金股利，期末贷方余额表示企业应付未付的利润或现金股利，该账户需要按投资者设置明细账进行明细核算。

6.5.2 核算范例

【业务 29】本月发生广告费 5 000 元，以银行存款支付。

编制会计分录如下。

借：销售费用　　5 000

　　贷：银行存款　　5 000

【业务 30】计算本月应付企业行政管理部门人员的工资 4 000 元，计提职工福利费 560 元。

编制会计分录如下。

借：管理费用　　4 560

　　贷：应付职工薪酬——工资　　4 000

　　　　应付职工薪酬——职工福利　　560

【业务 31】计提企业管理部门固定资产的折旧费 2 440 元。

编制会计分录如下。

借：管理费用　　2 440

　　贷：累计折旧　　2 440

【业务 32】用现金支付企业行政部门购买办公用品费 200 元。

编制会计分录如下。

借：管理费用　　200

　　贷：库存现金　　200

【业务 33】计提本月短期借款利息 500 元。

该项业务的发生，一方面使企业的利息费用增加了 500 元，另一方面使企业的应付利息增加了 500 元。

编制会计分录如下。

借：财务费用　　500

　　贷：应付利息　　500

【业务 34】经批准政府补助企业 3 000 元，确认营业外收入。

该项经济业务的发生，一方面使企业银行存款增加了 3 000 元，另一方面使营业外收入增加了 3 000 元。

编制会计分录如下。

借：银行存款　　3 000

　　贷：营业外收入　　3 000

【业务 35】以银行存款 3 500 元支付公益性捐赠支出。

该项经济业务的发生，一方面使企业的银行存款减少了 3 500 元，另一方面使营业外支出增加了 3 500 元。

编制会计分录如下。

借：营业外支出　　3 500

　　贷：银行存款　　3 500

所得税是根据企业一定期间的应税利润和所得税税率计算确定的。这里所说的应税利润是税法所确认的收入与费用进行配比计算的利润数，与税前会计利润（即根据会计准则确认的收入与费用配比计算的利润数）可能不同。在实际工作中，会计上的税前会计利润与税法上的应税利润之间产生差异时，应在缴纳所得税时，对税前会计利润按照税法规定加以调整。

有关计算公式如下。

应税利润 = 税前会计利润 − 纳税调整增加额 − 纳税调整减少额

当期应交所得税 = 应税利润 × 所得税税率

所得税费用包括当期所得税和递延所得税两个组成部分

所得税费用 = 当期所得税费用 + 递延所得税费用

【业务 36】企业本期实现的会计利润（利润总额）为 35 300 元，按 25% 的所得税税率计算当期应交所得税为 8 825 元。

该项经济业务的发生，一方面使企业的应交税金增加了 8 825 元，另一方面使所得税费用增加了 8 825 元。

编制会计分录如下。

借：所得税费用　　8 825

贷：应交税费——应交所得税　　　　　　　　　　8 825

企业的利润总额扣除所得税费用后，即为企业的净利润。在会计核算上，只需在期末将各损益类账户的本期发生额转入“本年利润”账户，即可求出净利润。

【业务 37】综合前面有关资料，企业的损益收入类账户与损益支出类账户的本期发生额如图 6.38 所示。

账户名称	借方发生额	贷方发生额
主营业务收入		166 500.00
主营业务成本	116 000.00	
销售费用	5 000.00	
税金及附加	2 000.00	
管理费用	7 200.00	
财务费用	500.00	
营业外收入		3 000.00
营业外支出	3 500.00	
所得税费用	8 825.00	

图 6.38　损益类账户本期发生额

（1）将各项收入从有关收入账户转入“本年利润”账户。

编制会计分录如下。

借：主营业务收入　　　　　　　　166 500

　　营业外收入　　　　　　　　　　3 000

　　贷：本年利润　　　　　　　　　　　169 500

（2）将各项费用支出从各有关支出类账户转入“本年利润”账户。该项转账业务，引起所有者权益与费用项目发生增减变化。涉及“本年利润”“主营业务成本”“税金及附加”“销售费用”“管理费用”“财务费用”“营业外支出”“所得税费用”账户。

编制会计分录如下。

借：本年利润　　　　　　　　　　143 025

　　贷：主营业务成本　　　　　　　　　116 000

　　　　税金及附加　　　　　　　　　　　2 000

　　　　销售费用　　　　　　　　　　　　5 000

　　　　管理费用　　　　　　　　　　　　7 200

　　　　财务费用　　　　　　　　　　　　　500

　　　　营业外支出　　　　　　　　　　　3 500

　　　　所得税费用　　　　　　　　　　　8 825

通过结转，即可确定本期实现的净利润为 26 475（169 500-143 025）元。

净利润形成的核算程序如图 6.39 所示。

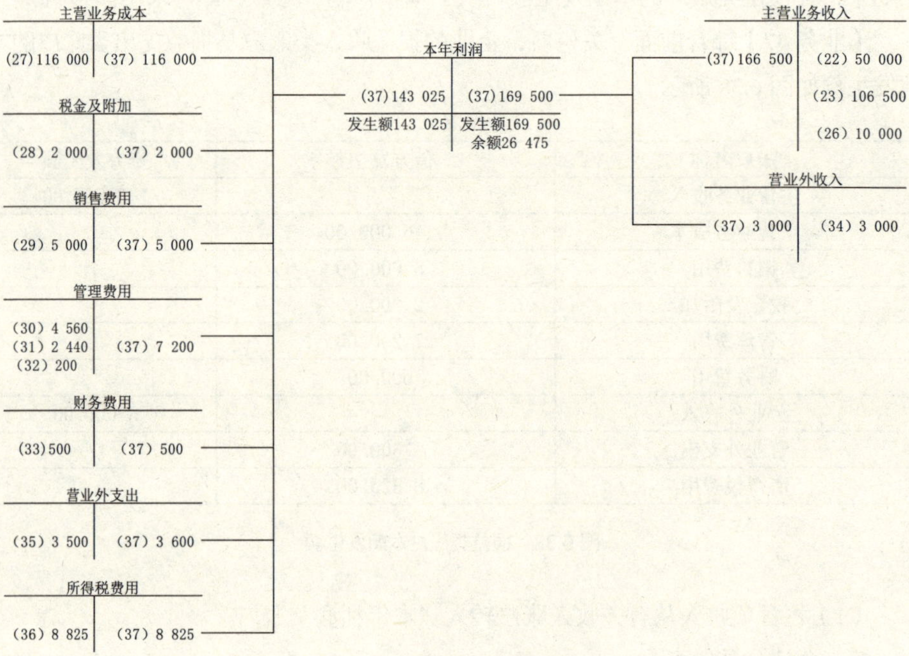

图 6.39　净利润形成的核算程序

前面已经说过，企业的利润总额扣除所得税费用后为净利润，利润应根据国家有关规定和股东会的决议进行分配。

【业务 38】按净利润的 10% 提取盈余公积金 2 647. 50 元。

该项经济业务的发生，一方面使利润减少（即利润分配增加）了 2 647. 50 元，另一方面使盈余公积增加了 2 647. 50 元。

编制会计分录如下。

借：利润分配——提取盈余公积　　　　2 647. 50

　　贷：盈余公积　　　　2 647. 50

【业务 39】企业决定，应分给投资者利润 11 285.90 元。

该项经济业务的发生，一方面使利润分配增加了 11 285.90 元，另一方面使应付股利增加了 11 285.90 元。

编制会计分录如下。

借：利润分配——应付股利　　　　11 285.90

　　贷：应付股利　　　　11 285.90

年末，企业需将“本年利润”账户及“利润分配”账户的有关明细账户的本年发生额分别转入“利润分配——未分配利润”账户，以求得未分配利润。结转后，“本年利润”账户及“利润分配”账户的有关明细账户（除未分配利润明细账户外）均无余额。

【业务 40】假设本年度实现的净利润为 290 000 元，提取的盈余公积为 29 000 元，应付股利为 140 000 元。

（1）年末，将本年净利润 290 000 元转入“利润分配——未分配利润”账户。这项转账业务，编制会计分录如下。

借：本年利润　　290 000

　　贷：利润分配——未分配利润　　290 000

（2）年末，将“利润分配”账户下其他明细账户的期末余额转入“利润分配——未分配利润”明细账户。这项转账业务，编制会计分录如下。

借：利润分配——未分配利润　　169 000

　　贷：利润分配——提取盈余公积　　29 000

　　　　　　　　——应付股利　　140 000

以上就是工业企业的会计核算全流程。到这里，全年的账务就结束了。

模拟演练

企业采购与生产的核算

仙人掌公司2018年5月发生下列经济业务，要求为下列经济业务编制会计分录（凡能明确明细科目的，应在分录中列出）。

（1）企业购入甲、乙两种材料。其中甲材料200千克，单价90元；乙材料300千克，单价40元；增值税进项税额3 900元。甲、乙两种材料已运达企业但尚未验收入库，款项已用银行存款支付。

（2）企业以银行存款支付上述甲、乙两种材料的运杂费500元。（运杂费按材料重量比例在甲、乙两种材料之间进行分配）

（3）上述购入的甲、乙两种材料验收入库。

（4）企业本月共发出甲材料51 200元，其中生产A产品耗料18 000元，生产B产品耗料30 000元。车间一般耗料1 200元，行政管理部门耗料2 000元。

（5）企业结算本月应付职工工资60 500元，其中生产A产品工人工资18 000元，生产B产品工人工资27 000元，车间管理人员工资11 500元，行政管理人员工资4 000元。

（6）企业计提当月食堂餐费补贴8 470元，其中生产A产品工人补贴2 520元，生产B产品工人补贴3 780元，车间管理人员补贴1 610元，行政管理人员补贴560元。

（7）企业用银行存款支付本季度应负担短期借款利息700元。

（8）企业计提本月固定资产折旧5 600元，其中车间用固定资产折旧4 000元，行政管理部门用固定资产折旧1 600元。

（9）月末，计算并结转本月发生的制造费用（制造费用按生产工时比例分配。A产品生产工时6 500小时，B产品生产工时3 500小时）。

（10）已知该企业月初在产品成本为3 400元，其中A产品为2 100元，B产品为1 300元，月末在产品成本为12 950元，全部为A产品的在产品成本，计算并结转完工入库产成品的实际生产成本。

答案如下。

（1）借：在途物资——甲材料　　18 000
　　　　　　　　——乙材料　　12 000
　　　应交税费——应交增值税（进项税额）　　3 900
　　　贷：银行存款　　33 900

（2）运费分配率 =500/（200+300）=1（元 / 千克）

甲材料分配运杂费 =200 × 1=200（元）

乙材料分配运杂费 =300 × 1=300（元）

借：在途物资——甲材料 200

——乙材料 300

贷：银行存款 500

（3）借：原材料——甲材料 18 200

——乙材料 12 300

贷：在途物资——甲材料 18 200

——乙材料 12 300

（4）借：生产成本——A 产品 18 000

——B 产品 30 000

制造费用 1 200

管理费用 2 000

贷：原材料——甲材料 51 200

（5）借：生产成本——A 产品 18 000

——B 产品 27 000

制造费用 11 500

管理费用 4 000

贷：应付职工薪酬——工资 60 500

（6）借：生产成本——A 产品 2 520

——B 产品 3 780

制造费用 1 610

管理费用 560

贷：应付职工薪酬——职工福利 8 470

（7）借：财务费用 700

贷：银行存款 700

（8）借：制造费用 4 000

管理费用 1 600

贷：累计折旧 5 600

（9）制造费用发生额 =1 200+11 500+1 610+4 000=18 310（元）

制造费用分配率 =18 310/（6 500+3 500）=1.831（元 / 小时）

A 产品负担制造费用 =6 500 × 1.831=11 901.5（元）

B 产品负担制造费用 =3 500 × 1.831=6 408.5（元）

借：生产成本——A 产品　　11 901.5

　　　　　　——B 产品　　6 408.5

　贷：制造费用　　18 310

（10）A 完工产成品实际成本 =2 100+18 000+18 000+2 520+11 901.5−12 950=39 571.5（元）

B 完工产成品实际成本 =1 300+30 000+27 000+3 780+6 408.5=68 488.5（元）

借：库存商品——A 产品　　39 571.5

　　　　　　——B 产品　　68 488.5

　贷：生产成本——A 产品　　39 571.5

　　　　　　　——B 产品　　68 488.5

第 7 章

来一场说做就做的模拟演练

聪明人听到一次，会思考十次；看到一次，会实践十次。本章将综合前几章的内容完成一个模拟演练，将知识点进行一个串联，以巩固学过的知识。

7.1　模拟演练——出纳业务

（1）2018 年 6 月 15 日，北京光明实业公司提取现金 34 650 元，用于职工报销。此业务涉及的银行凭证如图 7.1 和图 7.2 所示。

北京光明实业公司资料如下。

[开户行] 中国工商银行北京青年路分理处　[账号] 0200538827990088700

[出纳] 林梅　[法人代表] 张志国

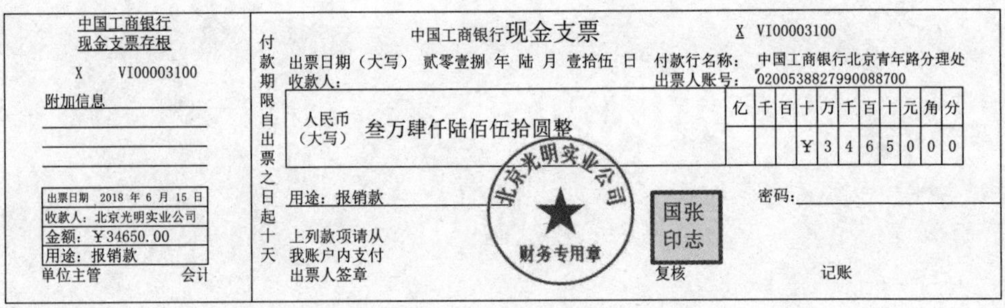
中国工商银行
现金支票存根
X　VI00003100
附加信息
出票日期　2018 年 6 月 15 日
收款人：北京光明实业公司
金额：￥34650.00
用途：报销款
单位主管　会计

中国工商银行现金支票　X　VI00003100
付款期限自出票之日起十天
出票日期（大写）　贰零壹捌 年 陆 月 壹拾伍 日　付款行名称：中国工商银行北京青年路分理处
收款人：　出票人账号：0200538827990088700

人民币（大写）	亿	千	百	十	万	千	百	十	元	角	分
叁万肆仟陆佰伍拾圆整				￥	3	4	6	5	0	0	0

用途：报销款　密码：
上列款项请从
我账户内支付
出票人签章
北京光明实业公司 财务专用章
国张印志
复核　记账

图 7.1　演练（1）涉及的银行凭证 1

附加信息：
北京光明实业公司 财务专用章
国张印志
收款人签章
年　月　日
身份证名称　发证机关：
号码

图 7.2　演练（1）涉及的银行凭证 2

（2）2018 年 5 月 31 日，北京光明实业公司签发转账支票一张，从北京兴达文化用品公司购买产品包装袋一批，金额 13 248 元。此业务涉及的银行凭证如图 7.3 所示。

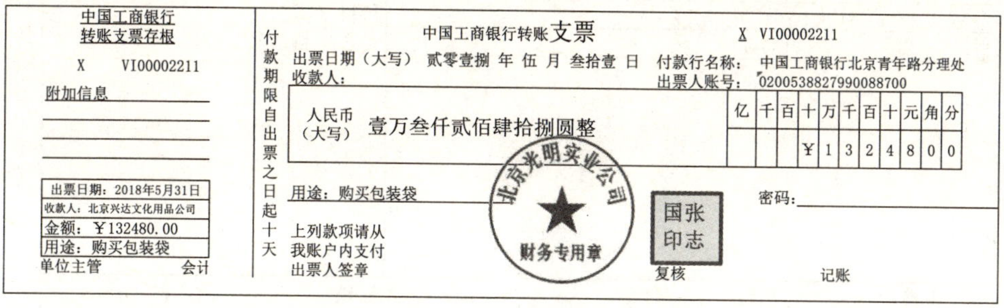

图 7.3 演练（2）涉及的银行凭证

（3）广州光华食品公司 2018 年 11 月 10 日签发普通支票，支付广州彩艺包装厂包装盒费用 13 240 元。此业务涉及的银行凭证如图 7.4 所示。

广州光华食品公司资料如下。

[开户银行] 中国银行广州东风路办事处　　[账号] 538—279—008

[出纳] 张强　　[法人代表] 徐志国

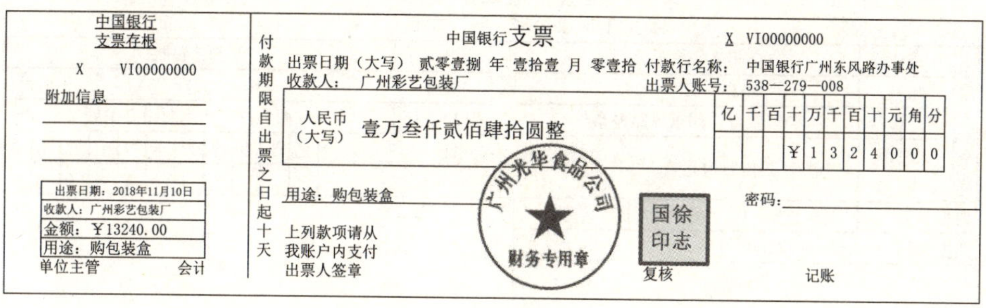

图 7.4 演练（3）涉及的银行凭证

（4）2018 年 6 月 15 日，广州光华食品公司到银行办理委托收款业务，支付手续费 60 元。广州光华食品公司账号：538—279—008。此业务涉及的银行凭证如图 7.5 所示。

（5）广州光华食品公司 2018 年 5 月 31 日将转账支票和进账单送交银行，支付广州彩艺包装厂包装盒费用 13 240 元。此业务涉及的银行凭证如图 7.6 所示。

<table>
<tr><td colspan="6">中国银行收费凭证　　1</td></tr>
<tr><td colspan="2">币别：人民币</td><td colspan="2">2018年6月15日</td><td colspan="2">流水号：</td></tr>
<tr><td>付款人</td><td>广州光华食品公司</td><td></td><td>账号</td><td colspan="2">538—279—008</td></tr>
<tr><td>工本费金额</td><td>手续费金额</td><td>电子汇划费金额</td><td></td><td></td><td>金额合计</td></tr>
<tr><td></td><td>60.00</td><td></td><td></td><td></td><td>¥　60.00</td></tr>
<tr><td colspan="3">金额（大写）：人民币陆拾元整</td><td colspan="3" rowspan="2">科目（借）
对方科目（贷）</td></tr>
<tr><td>付款方式</td><td colspan="2">转账</td></tr>
<tr><td colspan="3">备注：</td><td colspan="3"></td></tr>
<tr><td>会计主管：</td><td colspan="2">授权：</td><td>复核：</td><td colspan="2">录入：</td></tr>
</table>

银行作贷方记账凭证

图 7.5　演练（4）涉及的银行凭证

广州光华食品公司资料如下。

[开户银行] 中国银行广州东风路办事处　　[账号] 538—279—008

广州彩艺包装厂资料如下。

[开户银行] 工商银行广州水荫路办事处　　[账号] 624—531—234

中国银行进账单（回单）

委托日期　2018年　5月　31日

<table>
<tr><td rowspan="3">出票人</td><td>全称</td><td colspan="3">广州光华食品公司</td><td rowspan="3">收款人</td><td>全称</td><td colspan="11">广州彩艺包装厂</td></tr>
<tr><td>账号</td><td colspan="3">538—279—008</td><td>账号</td><td colspan="11">624—531—234</td></tr>
<tr><td>开户银行</td><td colspan="3">中国银行广州东风路办事处</td><td>开户银行</td><td colspan="11">工商银行广州水荫路办事处</td></tr>
<tr><td rowspan="2">金额</td><td rowspan="2">人民币
（大写）</td><td colspan="5" rowspan="2">壹万叁仟贰佰肆拾元整</td><td>亿</td><td>千</td><td>百</td><td>十</td><td>万</td><td>千</td><td>百</td><td>十</td><td>元</td><td>角</td><td>分</td></tr>
<tr><td></td><td></td><td></td><td>¥</td><td>1</td><td>3</td><td>2</td><td>4</td><td>0</td><td>0</td><td>0</td></tr>
<tr><td colspan="2">票据种类</td><td>转账支票</td><td>票据张数</td><td>壹张</td><td colspan="13" rowspan="3">开户银行签章</td></tr>
<tr><td colspan="2">票据号码</td><td colspan="3">X VI00000001</td></tr>
<tr><td colspan="5">汇出行签章</td></tr>
</table>

图 7.6　演练（5）涉及的银行凭证

（6）广州光华食品公司 2018 年 4 月 25 日要将当日销售额现金 45 688.20 元送存银行，其中面额 100 元的人民币 456 张，面额 50 元的人民币 1 张，面额 20 元的人民币 1 张，面额 10 元的人民币 1 张，面额 1 元的人民币 8 张，面额 1 角的人民币 2 张。此业务涉及的银行凭证如图 7.7 所示。

广州光华食品公司资料如下。

[开户银行] 中国银行广州东风路办事处　　　[账号] 538—279—008

中1305

中国银行　　现金送款单

2018年4月25日

收款单位	全称	广州光华食品公司			款项来源	销售收入
	账号	538—279—008	开户银行	中国银行广州东风路办事处	交款单位	广州光华食品公司

人民币大写	百	十	万	千	百	十	元	角	分
肆万伍仟陆佰捌拾捌元贰角整		¥	4	5	6	8	8	2	0

券别	一百元	五十元	二十元	十元	五元	二元	一元	五角	二角	一角	五分	二分	一分	
把百张数	400													
叠十张数	50													出纳员：
零张数	6	1	1	1			8			2				记账员：
合计	456	1	1	1			8			2				复核员：

图 7.7　演练（6）涉及的银行凭证

（7）2018 年 7 月 1 日，北京光明实业公司业务员常洪出差上海参加商品展销会，借支差旅费 5 000 元。此业务涉及的借款单如图 7.8 所示。

[核准] 陈达

借　款　单

2018 年 7 月 1 日

借款部门：市场部		
借款理由：参加上海商品展销会差旅费		
借款金额：人民币（大写）　伍仟元整　　¥5 000.00		
本部门负责人意见：陈达　　　　借款人：（签章）常洪		
公司负责人批示：	会计主管核批：	付款记录： 年　月　日以第　　号 支票或现金支出凭单付给

图 7.8　演练（7）涉及的借款单

（8）2018 年 4 月 18 日，业务科张明报销茶话会向个体户购买水果的费用 300 元。此业务涉及的费用支出凭单如图 7.9 所示。

[主管] 陈达　　[会计] 李信　　[出纳] 何雨　　[核准] 黄维

费用支出凭单

2018 年 4 月 18 日　　　　第　号

摘要及用途	报销购买茶话会水果费用					
金额	人民币（大写）：叁佰元整					￥：300.00
不能取得单据原因	向个体户购买					
核准	会计	出纳	主管	验收	经手	
黄维	李信	何雨	陈达			

图 7.9　演练（8）涉及的费用支出凭单

（9）2018 年 4 月 11 日，广州光华食品公司业务科张明出差上海参加购销会议归来，报销差旅费 2 200 元，余款 300 元交回现金。出差时间为 2018 年 4 月 2 日—4 月 10 日，报销的有关票证：火车票 2 张，600 元 / 张，市内车票 10 张，12 元 / 张，伙食补助每天 20 元，住宿 7 天，100 元 / 天。此业务涉及的差旅费报销单如图 7.10 所示。

[会计] 李信　　　　[会计主管] 陈达

差旅费报销单

报销日期：2018 年 4 月 11 日

部门	业务科		出差人		张明		事由	参加购销会议			
交通票价								其他费用			
月	日	起程	月	日	到达	类别	金额	项目	人	天	金额
4	2	广州	4	3	上海	火车票	600.00	普卧补助			
4	9	上海	4	10	广州	火车票	600.00	在途补贴			
								伙食补贴	1	9	180.00
								住宿费	1	7	700.00
								市内交通费			120.00
								其他			
合计							￥1 200.00				￥1 000.00
报销金额（大写）：人民币贰仟贰佰元整											
借款金额：￥2 500.00　报销金额：￥2 200.00　退补金额：￥300.00											

审批：　陈达　　　报销人：张明　　　会计：李信　　　附单据：12 张

图 7.10　演练（9）涉及的差旅费报销单

（10）2018 年 7 月 20 日，北京光明实业公司向北京益民商场销售 100 箱复印纸，单价 100 元。该公司为增值税一般纳税人。

北京光明实业公司信息如下。

[开户行] 中国工商银行北京青年路分理处　　[账号] 0200538827990088700

[出纳] 林梅

[纳税人登记号] 4860027267006883

[地址] 北京市朝阳区团结湖路 80 号　[电话]85940650

北京益民商场信息如下。

[开户银行] 中国工商银行北京海淀支行　　[账号] 1100927835860000846

[纳税人登记号] 3710027267006471

[地址] 北京市海淀区四季青路 20 号 [电话] 83229831

此业务涉及的单据包括：产品出库单（如图 7.11 所示）、进账单（图 7.12 所示）、增值税专用发票（如图 7.13 所示）。

产品出库单　　第 011 号

2018 年 7 月 20 日

名称	单位	数量	单价	金额 百	十	万	千	百	十	元	角	分	用途或原因
复印纸	箱	100	100			1	0	0	0	0	0	0	销售
合计		100	100		¥	1	0	0	0	0	0	0	

第三联 记账联

主管：陈冬　会计：方圆圆　质检员：孙莉　保管员：梁爽　经手人：毛永明

图 7.11　演练（10）涉及的产品出库单

中国工商银行进账单（收账通知）3

委托日期　2018年　7月　20日

出票人	全称	北京益民商场	收款人	全称	北京光明实业公司
	账号	1100927835860000846		账号	0200538827990088700
	开户银行	中国工商银行北京海淀支行		开户银行	中国工商银行北京青年路分理处
金额	人民币（大写）	壹万壹仟叁佰元整			

亿	千	百	十	万	千	百	十	元	角	分
			¥	1	1	3	0	0	0	0

票据种类	转账支票	票据张数	壹张
票据号码	3421		

汇出行签章　　中国工商银行北京青年路分理处 2018.07.20 转讫　　收款人开户银行签章

图 7.12　演练（10）涉及的进账单

2116140340　　**北京增值税专用发票**　　NO. 062164　　2116140340 062164

开票日期　2018年7月20日

购货单位	名称： 纳税人识别号： 地址、电话： 开户行及账号：	北京益民商场 371002726700647O 北京市海淀区四季青路20号、83229831 中国工商银行北京海淀支行 1100927835860000846		密码区	略		
货物或应税劳务名称	规格型号	单位	数量	单价	金额	税率	税额
*纸质品*复印纸		箱	100	100.00	10,000.00	13%	1,300.00
合　计					￥10,000.00		￥1,300.00
价税合计（大写）	⊗壹万壹仟叁佰元整				（小写）　￥11,300.00		
销货单位	名称： 纳税人识别号： 地址、电话： 开户行及账号：	北京光明实业公司 4860027267006880 北京市朝阳区团结湖路80号、85940650 中国工商银行北京青年路分理处 0200538827990088700		备注	北京光明实业公司 4860027267006883 发票专用章		

收款人：林梅　　复核：　　开票人：林梅　　销货单位（章）：

第二联：发票联　购货方记账凭证

图 7.13　演练（10）涉及的增值税专用发票

（11）资料同第（10）题，填制收款凭证（如图 7.14 所示）。

收　款　凭　证

借方科目：银行存款　　2018 年 7 月 20 日　　银收字第　　号

摘　要	贷方科目：总账科目	贷方科目：明细科目	金额	记账√
向益民商场销售复印纸	主营业务收入	复印纸	10000.00	
	应交税费	应交增值税（销项税额）	1300.00	
合　计	壹万壹仟叁佰元整		￥11300.00	

附单据 3 张

财务主管：　记账：　出纳：　审核：　制单：林梅

图 7.14　演练（11）涉及的收款凭证

（12）2018 年 7 月 20 日，北京光明实业公司采用转账支票结算方式支付季风广告公司广告费 20 000 元。

此业务涉及的单据包括：增值税专用发票（如图 7.15 所示）、费用支出凭单（如图 7.16 所示）、转账支票存根（如图 7.17 所示）、填制付款凭证（如图 7.18 所示）。

北京增值税专用发票　　NO.00123456

1100162160　　发票联　　1100162160 00123456

开票日期　2018年7月20日

购货单位	名称： 纳税人识别号： 地址、电话： 开户行及账号：	北京光明实业公司 4860027267006883 北京市朝阳区团结湖路80号、85940650 中国工商银行北京青年路分理处 020053882799008	密码区	略			
货物或应税劳务名称	规格型号	单位	数量	单价	金额	税率	税额
*广告服务*广告费					18,867.92	6%	1,132.08
合　计					¥18,867.92		¥1,132.08
价税合计（大写）	⊗贰万元整				（小写）	¥20,000.00	
销货单位	名称： 纳税人识别号： 地址、电话： 开户行及账号：	季风广告公司 4860027267001234 北京青年路876号 010-84099999 中国工商银行北京青年路分理处 020053882799008	备注				

收款人：张小燕　　复核：柏荷　　开票人：柏荷　　销货单位（章）：季风广告公司 4860027267001234 发票专用章

第二联：发票联　购货方记账凭证

图 7.15　演练（12）涉及的增值税专用发票

费用支出凭单

2018 年 7 月 20 日　　第 014 号

摘要及用途	支付广告费					
金额	人民币（大写）：贰万元整					¥ ：20 000.00
不能取得单据原因						
核准	会计	出纳	主管	验收	经手	
黄维	李信	何雨	陈达			

图 7.16　演练（12）涉及的费用支出凭单

中国工商银行
转账支票存根
X VI10002234

附加信息

出票日期 2018 年 7 月 20 日

收款人：季风广告公司

金　额：20000

用　途：广告费

单位主管　　会计

图 7.17　演练（12）涉及的支票存根

付 款 凭 证

贷方科目：银行存款　　2018 年 7 月 20 日　　银付字第　　号

摘要	借方科目		金额	记账√
	总账科目	明细科目		
支付季风广告公司广告费	销售费用	广告费	20 000.00	
合计	贰万元整		￥20 000.00	

附单据 3 张

财务主管：　记账：　出纳：　审核：　制单：林梅

图 7.18　演练（12）涉及的付款凭证

（13）2018 年 7 月 15 日，北京光明实业公司技术一部生产 GPS 导航仪领用主板 1 000 块，单价 500 元。仓库：第一仓库；领料单编号：领 007。

此业务涉及的单据包括：领料单（如图 7.19 所示）、转账凭证（如图 7.20 所示）。

领 料 单

仓库：第一仓库　　2018 年 7 月 15 日　　领料单编号：领007

编号	类别	材料名称	规格	单位	数量		实际成本	
					请领	实发	单价	金额
C01		主板		块	1000	1000	500	500000
用途	技术一部生产GPS导航仪				领料部门		发料部门	
					负责人	领料人	核准人	发料人
					李冰	赵丽	严谨	李龙

第二联　记账联

图 7.19　演练（13）涉及的领料单

转 账 凭 证

2018 年 7 月 15 日　　　　转字第　　号

摘　　要	会计科目		借方金额	贷方金额	记账√
	总账科目	明细科目			
技术一部领用主板	研发支出		500 000.00		
	原材料	主板		500 000.00	
合　　计	伍拾万元整		¥500 000.00	¥500 000.00	

附单据 1 张

财务主管：　记账：　出纳：　审核：　制单：

图 7.20　演练（13）涉及的转账凭证

（14）2018 年 5 月 24 日，北京光明实业公司采用转账支票结算方式向 ×× 基金会捐款 100 000 元。

此业务涉及的单据包括：行政收据（如图 7.21 所示）、支票存根（如图 7.22 所示）、记账凭证（如图 7.23 所示）。

××基金会接受捐赠统一收据

2018年5月24日　　　　NO.0041654

捐赠者	北京光明实业公司
捐赠项目	捐赠款
捐赠金额（实物价值）大写：	壹拾万元整
小写：	¥100 000.00
货币（实物）种类：	人民币
备注：	

（印章：××基金会 财务专用章）

接收单位（签章）：　审核：　经手人：王月　支票号：

图 7.21　演练（14）涉及的行政收据

中国工商银行
转账支票存根
X VI10002212
附加信息
出票日期　2018 年 5 月 24 日
收款人：××基金会
金额：100000.00
用途：捐款
单位主管　　　会计

图 7.22　演练（14）涉及的支票存根

记　账　凭　证

2018 年 5 月 24 日　　　　第　　号

摘要	会计科目		借方金额	贷方金额	记账√
	总账科目	明细科目			
向××基金会捐款	营业外支出	捐赠	100 000.00		
	银行存款			100 000.00	
合计	壹拾万元整		¥100 000.00	¥100 000.00	

附单据 2 张

财务主管：　　记账：　　出纳：　　审核：　　制单：

图 7.23　演练（14）涉及的记账凭证

以上就是出纳的常见业务，但这些都是凭证的填制，不包括日记账的登记。

7.2 模拟演练——会计业务

7.2.1 会计要素、账户

（15）目的：掌握会计要素的确认。

要求：表 7-1 中所列内容各属于资产、负债、所有者权益中的哪一个项目，并在相应的项目上写上其账户名称，加总后检查其平衡关系。

表 7-1 演练（15）涉及的资料

内 容	资产（万元）	负债（万元）	所有者权益（万元）
1. 厂房一栋，价值 3 000 万元	3 000		
2. 机器设备 10 台，价值 1 400 万元	1 400		
3. 办公用房一栋，价值 2 200 万元	2 200		
4. 企业资产中有 7 200 万元是投资者投入的			7 200
5. 各种材料价值 650 万元	650		
6. 在产品价值 315 万元	315		
7. 库存产成品价值 960 万元	960		
8. 企业保险柜中有现金 12 万元	12		
9. 银行存款 960 万元	960		
10. 企业资产中有 1 200 万元是从银行借入的		1 200	
11. 因销售商品而产生 457 万元的债权未收回	457		
12. 因购买商品而产生 486 万元的债务未支付		486	
13. 以前年度未分配利润 1 042 万元			1 042
14. 向银行借款（期限 9 个月）而形成的债务 100 万元		100	
15. 购入准备短期持有的股票 27 万元	27		
16. 欠职工工资 10 万元		10	
17. 向用户收取包装物押金 3 万元		3	
18. 购入 5 年期的国库券 50 万元	50		
19. 企业的商标权 10 万元	10		
20. 向销货单位支付预购订金 10 万元	10		
合计	10 051	1 799	8 242

（16）目的：掌握账户的基本结构。

要求：根据账户结构和期末余额的计算公式，计算表 7-2 中空格中的数字，并将计算结果填入空格。

表 7-2　演练（16）涉及的资料　　单位：元

账户名称	期初余额	本期增加额	本期减少额	期末余额
库存商品	246 000.00	(394 000.00)	460 000.00	180 000.00
应收账款	900 000.00	530 000.00	400 000.00	(1 030 000.00)
应付账款	500 000.00	240 000.00	(670 000.00)	70 000.00
固定资产	780 000.00	(780 000.00)	30 000.00	1 530 000.00
短期借款	400 000.00	700 000.00	210 000.00	(890 000.00)
实收资本	1 800 000.00	0	(210 000.00)	1 590 000.00

7.2.2　会计等式

（17）目的：掌握经济业务的发生对会计等式的影响。

要求：分析下列各项经济业务引起会计要素发生增减变动的项目及其金额，证明各项经济业务发生后，不会破坏会计等式。

资料：望江晶晶公司 2018 年 8 月发生了下列经济业务。

将现金 4 500 元存入银行。（资产内部一增一减，等式平衡）

收到傻子瓜果公司投资款 200 000 元存入银行。（资产、所有者权益在等式两边同时增加，等式平衡）

购入 A 材料 15 000 元。（资产内部一增一减，等式平衡）

用银行存款偿还短期借款 2 500 元。（资产、负债在等式两边同时减少，等式平衡）

向银行借款 600 000 元，偿还前欠华余公司购料款。（负债内部一增一减，等式平衡）

用银行存款还短期借款 200 000 元。（资产、负债在等式两边同时减少，等式平衡）

张三峰出差向公司借差旅费 6 000 元。（资产内部一增一减，等式平衡）

销售产品取得收入 5 000 000 元，货款存入银行（假设不考虑增值税）。（资产、收入在等式两边同时增加，等式平衡）

业务指导：会计等式。

资产 = 负债 + 所有者权益

资产 + 成本（费用）= 负债 + 所有者权益 + 收入

7.2.3 筹资与投资业务

（18）[核算单位] 广州市荣昌电器厂

[凭证类型] 记账凭证

[账簿体系] 应收账款明细账、银行存款日记账、实收资本明细分类账

注：凭证类型即核算对经济业务所填写的凭证；账簿体系即凭证类型对应要填写的会计账簿，下同。

广州市荣昌电器厂 2018 年 6 月 5 日收到联营企业广州市鸿威公司以转账支票 120 万元支付的投资款。此业务涉及的进账单如图 7.24 所示。

中国工商银行进账单（回单或收账通知） 1

交款日期 2018 年 6 月 5 日　　　　第 005 号

付款人	全　称	广州市鸿威公司	收款人	全　称	广州市荣昌电器厂
	账　号	206-1522-4675166		账　号	056-2517-8005212
	开户银行	工行兴和路支行		开户银行	工行越华路支行
人民币(大写)：壹佰贰拾万元整				亿 千 百 十 万 千 百 十 元 角 分	¥ 1 2 0 0 0 0 0 0 0
票据种类	转账支票		中国工商银行广州市越华路支行 2018.06.05 转讫		
票据张数	1				
单位主管　会计　复核　记账			收款人开户银行盖章		此联是收款人开户行交给收款人的回单或收账通知

图 7.24 演练（18）涉及的进账单

（19）[核算单位] 美格有限责任公司

[凭证类型] 记账凭证

[账簿体系] 固定资产明细分类账、实收资本明细分类账

美格有限责任公司 2018 年 4 月 1 日收到周谨谨投入 T998 机床设备一台，经江城东华资产评估有限公司评估确认价值为 80 万元，占注册资本 160 万元的 50%。此业务涉及的资产评估报告书如图 7.25 所示。

（20）[核算单位] 广州市宏达电子公司。

[凭证类型] 记账凭证

[账簿体系] 固定资产明细分类账、实收资本明细分类账

经与银行协商，广州市宏达电子公司从银行借入一笔可使用 3 个月的借款，借款期限从 2018 年 4 月 3 日到 2018 年 7 月 3 日，借款金额 500 000 元，年利率 6%。此业务涉及的借款凭证如图 7.26 所示。

美格有限责任公司部分机器设备资产评估报告书

沪东评报字（2018）第 12004 号

江城东华资产评估有限公司接受美格有限责任公司（以下简称美格公司）的委托，根据国家有关资产评估的规定，本着客观、独立、公正、科学的原则，按照公认的资产评估方法，对美格公司接受投资的资产进行了评估工作。

…………

三、评估范围和对象

本次评估范围为美格公司接受周谨谨投资机器设备。具体评估对象为机器设备。

…………

六、评估结论

资产占有单位名称：美格公司　　金额单位：人民币元

项目	预计使用年限	原始价值	评估价值
固定资产-T998 机床	10 年	800 000.00	800 000.00

……

图 7.25　演练（19）涉及的资产评估报告书

中国建设银行（流动资金贷款）借款凭证（回单）

编号：　　日期：2018 年 4 月 5 日　　银行编号 3813

此联系核定放款回单代借款单位往来户收款通知

收款单位			借款单位		
名称	广州市宏达电子公司		名称	广州市宏达电子公司	
往来账户号	35263086353		往来账户号	610323001	
开户银行	建行中山大道支行		开户银行	建行中山大道支行	
借款期限（最后还款日）	2018.07.03	利率	6%	起息日期	2018.04.03

借款申请额	人民币（大写）伍拾万元整	千	百	十	万	千	百	十	元	角	分
			¥	5	0	0	0	0	0	0	0
借款原因及用途	购材料	千	百	十	万	千	百	十	元	角	分
	银行核定金额：		¥	5	0	0	0	0	0	0	0

备注：	期限	计划还款日期	计划还款金额
	3 个月	2018.07.05	¥500000.00

上述借款业已同意贷给并转入你单位往来账户，借款到期应按期归还。

此致

借款单位：

（银行盖章）2018 年 4 月 3 日

图 7.26　演练（20）涉及的借款凭证

（21）[核算单位] 广州市宏达电子公司。

[凭证类型] 记账凭证

[账簿体系] 长期借款明细分类账

广州市宏达电子公司 2018 年 2 月 1 日从银行借入三年期限的借款 450 000 元，年利率 8%。此业务涉及的借款凭证如图 7.27 所示。

中国农业银行　借款凭证

银收第 1 号

借款人	广州市宏达电子公司					
借款种类	长期项目贷款	借款用途	生产周转		利率（%）	8
贷款户账号	本币	09710143000521	存款户账号	本币	09710143001232	
	外币			外币		
金额（大写）	人民币肆拾伍万元整				千百十万千百十元角分 ￥ 4 5 0 0 0 0 0 0	
借款合同编号	粤穗农银借字 2018 第 031 号		担保合同编号	粤穗农银抵字 2018 第 031 号		
借款日期	2018 年 2 月 1 日		到期日期	2021 年 2 月 1 日		
上述款项已入借款人账户						

制票：黄燕玲　　复核：燕军

第一联　借款人债务凭证

图 7.27　演练（21）涉及的借款凭证

（22）[核算单位] 广州市荣昌电器厂

[凭证类型] 记账凭证

[账簿体系] 固定资产明细分类账

广州市荣昌电器厂 (本公司)2018 年 1 月 31 日以一条生产线对广西美联电器企业（美联电器）作为长期投资，该条生产线原价 553 000 元，已提折旧 52 535 元，双方确认以净值作为投资额。该设备不需要清理；该项投资后，本公司对被投资单位美联电器具有控制权。此业务涉及的固定资产调拨单如图 7.28 所示。

固定资产调拨单

调出单位：广州市荣昌电器厂

调入单位：广西美联电器企业　　2018 年 1 月 31 日　　NO.0374

调拨原因或依据	对外投资					调拨方式	协商作价	
固定资产名称	规格及型号	单位	数量	预计使用年限	已使用年限	原值	已提折旧	净值
生产线	AW351	条	1	10	1	553 000	52 535	500 465
备注：广州市荣昌电器厂和广西美联电器企业双方确认以生产线的净值作为投资额。								
调出单位		广州市荣昌电器厂公章		调入单位		广西美联电器企业公章		
财务：李强 经办：张明				财务：王友朋 经办：何三				

会计主管：李强　　稽核：张宏　　制单：张明

图 7.28　演练（22）涉及的固定资产调拨单

7.2.4 销售和应收款项业务

（23）[核算单位] 美格有限责任公司

[凭证类型] 记账凭证

[账簿体系] 银行存款日记账、主营业务收入明细账、应交税费——应交增值税明细账

美格有限责任公司 2018 年 8 月 20 日销售给正方有限责任公司 A 产品 200 千克，每千克售价 75 元，计 15 000 元，增值税额为 1 950 元，收到转账支票一张送存银行。此业务涉及的专用发票、进账单如图 7.29 所示。

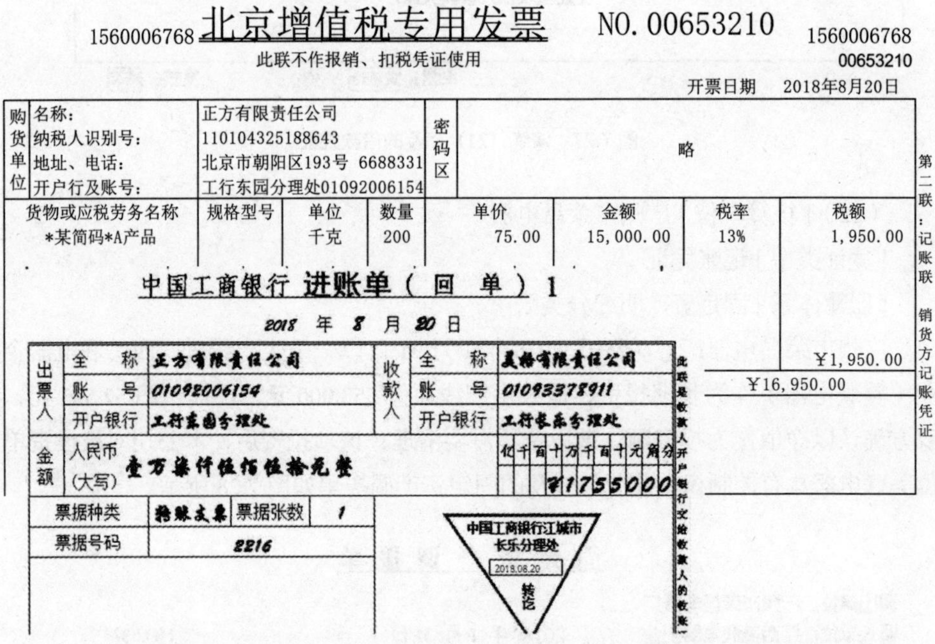

1560006768 北京增值税专用发票 NO. 00653210 1560006768 00653210

此联不作报销、扣税凭证使用

开票日期 2018年8月20日

购货单位		密码区	
名称：	正方有限责任公司		略
纳税人识别号：	110104325188643		
地址、电话：	北京市朝阳区193号 6688331		
开户行及账号：	工行东园分理处01092006154		

货物或应税劳务名称	规格型号	单位	数量	单价	金额	税率	税额
*某简码*A产品		千克	200	75.00	15,000.00	13%	1,950.00
							¥1,950.00
					¥16,950.00		

第二联：记账联 销货方记账凭证

中国工商银行 进账单（回 单）1

2018 年 8 月 20 日

出票人	全 称	正方有限责任公司	收款人	全 称	美格有限责任公司
	账 号	01092006154		账 号	01093378911
	开户银行	工行东园分理处		开户银行	工行长乐分理处
金额	人民币（大写）	壹万柒仟伍佰伍拾元整		亿千百十万千百十元角分	¥1755000
票据种类	转账支票	票据张数	1		
票据号码	2216				

中国工商银行江城市长乐分理处 2018.08.20 转讫

此联是收款人开户银行交给收款人的收账

图 7.29 演练（23）涉及的专用发票、进账单（部分）

业务指导：企业销售产品，收到支票、银行本票、银行汇票，将其送存银行，应借记“银行存款”账户，贷记“主营业务收入”账户和 “应交税费——应交增值税（销项税额）”账户。若在销售时发生商业折扣，只需按扣除商业折扣后的净额确认销售收入，不需另做账务处理。

（24）[核算单位] 美格有限责任公司

[凭证类型] 记账凭证

[账簿体系] 应收账款明细账、主营业务收入明细账、应交税费——应交增值

税明细账

美格有限责任公司是一般纳税人，税率 16%，于 2018 年 8 月 20 日，以赊销方式向奇峰有限责任公司销售 A 产品 1 000 千克，每千克售价 80 元，价款共计 80 000 元，应收取增值税销项税额为 10 400 元，付款条件为 2/10，1/20，*n*/30（不含税计算）。此业务涉及的专用发票如图 7.30 所示。

1560006768 **北京增值税专用发票** NO. 00653210 1560006768 00653210

此联不作报销、扣税凭证使用

开票日期 2018年8月20日

购货单位	名称： 纳税人识别号： 地址、电话： 开户行及账号：	奇峰有限责任公司 110105605690960 北京市开发区582号 63783681 工行开发区分理处 01000619288	密码区	略			
货物或应税劳务名称	规格型号	单位	数量	单价	金额	税率	税额
*某简码*A产品		千克	1000	80.00	80,000.00	13%	10,400.00
合　计					¥80,000.00		¥10,400.00
价税合计（大写）	⊗玖万零肆佰元整				（小写）	¥90,400.00	
销货单位	名称： 纳税人识别号： 地址、电话： 开户行及账号：	美格有限责任公司 110106005566099 江城市开发区恒山路666号 62500188 工行长乐分理处 01093378911	备注	美格有限责任公司 110106005566099 发票专用章			

收款人：李辉　复核：郑华　开票人：钱玉　销货单位（章）：

第三联：记账联 销货方记账凭证

图 7.30 演练（24）涉及的专用发票

业务指导：企业采用赊销方式销售商品如果不符合收入确认条件，则不能确认收入，对已经发出的商品，企业应借记“发出商品”账户，贷记“库存商品”账户。采用现金折扣赊销商品，收到货款时按实际收到的货款金额借记“银行存款”账户，按发生的现金折扣金额借记“财务费用”账户，贷记“应收账款”账户。已确认销售收入的商品发生销售退回，企业在收到退回的商品时，冲减应收账款，并冲减主营业务收入和增值税，借记“主营业务收入”“应交税费——应交增值税（销项税额）”账户，贷记“应收账款”账户。

（25）[核算单位] 蓝梦有限责任公司

[凭证类型] 记账凭证

[账簿体系] 预收账款明细账、主营业务收入明细账、应交税费——应交增值税明细账、银行存款日记账

蓝梦有限责任公司 2018 年 12 月 14 日根据预收货款销售合同，在收到预收货款 3 天后（款项已经存入银行），发出 B 产品 1 000 件给永创伟业有限责任公司，每台售价 520 元，计 520 000 元，增值税额为 67 600 元。此业务涉及的专用发票如图 7.31 所示。

1220022111

北京增值税专用发票

NO. 00011922

此联不作报销、扣税凭证使用

1220022111
00011922

开票日期 2018年12月14日

购货单位	名称： 纳税人识别号： 地址、电话： 开户行及账号：	永创伟业有限责任公司 110142755342066 北京市西华区太平路2号 62522560 工行太平分理处0101062850810360			密码区	略		
货物或应税劳务名称	规格型号	单位	数量	单价	金额	税率	税额	
*某简码*B产品		件	1000	520.00	520,000.00	13%	67,600.00	
合计					¥520,000.00		¥67,600.00	
价税合计（大写）	⊗伍拾捌万柒仟陆佰元整				（小写）	¥587,600.00		
销货单位	名称： 纳税人识别号： 地址、电话： 开户行及账号：	蓝梦有限责任公司 11040262823368 北京市林草区和平路12号 62201512 工行和平分理处 0100108808103625			备注	蓝梦有限责任公司 11040262823368 发票专用章		

收款人： 复核： 开票人：陈月红 销货单位（章）：

第三联：记账联 销货方记账凭证

图 7.31 演练（25）涉及的专用发票

业务指导：预收账款，是企业按照合同规定向购货单位预收的款项。在向购货单位预收款项时，借记“银行存款”账户，贷记“预收账款”账户。

销售实现时，按实现的收入和应交增值税销项税额，借记“预收账款”账户，贷记“主营业务收入”账户，按专用发票上注明的增值税额，贷记“应交税费——应交增值税（销项税额）”等账户。

购货单位补付的款项，借记“银行存款”账户，贷记“预收账款”账户；退回多付的款项，做相反分录。

（26）[核算单位] 广州市荣昌电器厂

[凭证类型] 记账凭证

[账簿体系] 应收账款明细账、银行存款日记账、财务费用明细账

广州市荣昌电器厂 2018 年 3 月 16 日，收到广州市佳美商场金额为 30 567 元的转账支票一张，是支付商场在该月 8 日购进电器的货款 26 580 元和增值税额 4 518.60 元，当时电器厂给予支付货款的现金折扣条件为“2/10，1/20，*n*/30”，支票已送存银行。此业务涉及的进账单如图 7.32 所示。

业务指导：企业赊销产品，当收回款项时，按实际收到的金额借记“银行存款”账户，贷记“应收账款”账户。

对于信用销售并同时附有现金折扣条件的，客户因在折扣期内付款发生的现金折扣，销售企业应将其确认为当期的财务费用，按实际收到的金额借记“银行存款”账户，按确认的折扣额借记“财务费用”账户，按应向购货方收取的账款贷记“应收账款”账户。

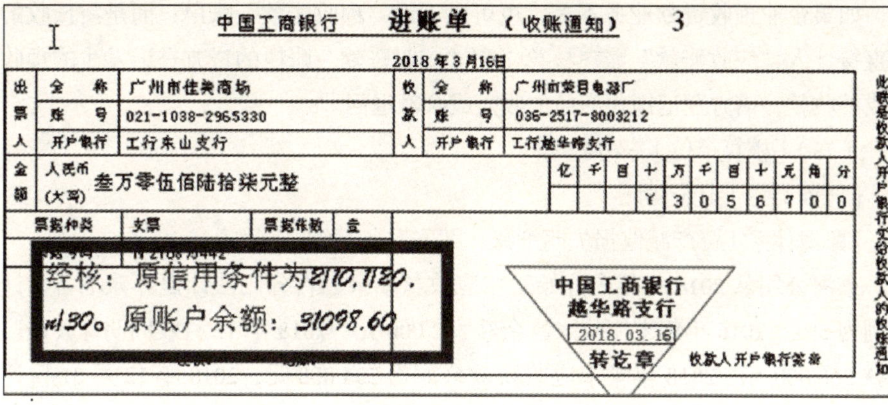

中国工商银行 进账单（收账通知） 3

2018 年 3 月16日

出票人	全称	广州市佳美商场	收款人	全称	广州市荣目电器厂
	账号	021-1038-2965330		账号	036-2517-8003212
	开户银行	工行东山支行		开户银行	工行越华路支行
金额	人民币（大写）	叁万零伍佰陆拾柒元整		亿千百十万千百十元角分	￥3056700
票据种类	支票	票据张数	壹		

经核：原信用条件为2110.1180，n130。原账户余额：31098.60

中国工商银行 越华路支行 2018.03.16 转讫章 收款人开户银行签章

此联是收款人开户银行交给收款人的收账通知

图 7.32 演练（26）涉及的进账单

（27）[核算单位] 东海公司

[凭证类型] 记账凭证

[账簿体系] 预收账款明细账、银行存款日记账

2018 年 3 月 6 日东海公司与远东有限公司达成销售合同，并根据销售合同预收货款 400 000 元。此业务涉及的进账单如图 7.33 所示。

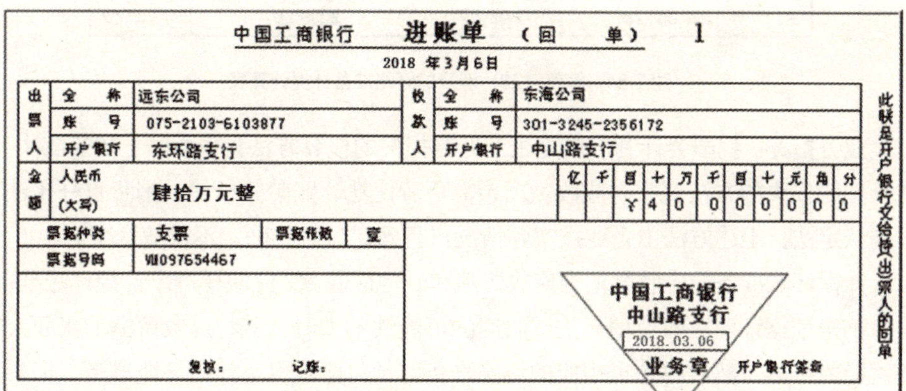

中国工商银行 进账单（回 单） 1

2018 年 3 月 6 日

出票人	全称	远东公司	收款人	全称	东海公司
	账号	075-2103-6103877		账号	301-3245-2356172
	开户银行	东环路支行		开户银行	中山路支行
金额	人民币（大写）	肆拾万元整		亿千百十万千百十元角分	￥40000000
票据种类	支票	票据张数	壹		
票据号码	Ⅷ097654467				

复核： 记账：

中国工商银行 中山路支行 2018.03.06 业务章 开户银行签章

此联是开户银行交给持(出)票人的回单

图 7.33 演练（27）涉及的进账单

业务指导：预收账款虽然表现为货币资金的增加，但并不是企业的收入，其实质是一项负债，要求企业在短期内以某种商品、提供劳务或服务来补偿。

采用预收账款销售时，产品销售实现时借记“预收账款”账户，贷记“主营业务收入”账户，按专用发票上注明的增值税贷记“应交税费——应交增值税（销项税额）账户”。

如果企业预收货款业务不多，也可以不设“预收账款”账户，而是将预收的货款直接计入“应收账款”账户核算，在“应收账款”账户的贷方登记发生的预收货款或补收款，借方登记销售商品的收入或余额退回。

（28）[核算单位] 东海公司

[凭证类型] 记账凭证

[账簿体系] 资产减值损失明细账、坏账准备明细账

东海公司从 2018 年年末开始采用应收款项余额百分比法计提坏账准备，计提比例为 5‰，2016 年年末应收账款余额 502 000 元。2018 年 12 月收回明珠公司应收账款 268 000 元，2018 年年末应收账款余额为 234 000 元，2018 年 12 月 31 日计提当期坏账准备。此业务涉及的坏账准备计提计算表如图 7.34 所示。

坏账准备计提计算表

2018 年 12 月 31 日　　单位：元

应收款项	应收款项年末借方余额	计提比例	按应收款项计算应提坏账准备金额	调整前“坏账准备”账户期末贷方(+)或借方(-)余额	应提取的坏账准备金
	1	2	3=1×2	4	5=3±4
应收账款	234 000.00	5‰	1170.00	2 510.00	-1 340.00
合　计	234 000.00		1170.00	2 510.00	-1 340.00

图 7.34　演练（28）涉及的坏账准备计提计算表

业务指导：我国会计制度规定企业坏账损失的核算方法为备抵法，在备抵法下，估计坏账损失的方法通常有应收款项余额百分比法、账龄分析法、销货百分比法和个别认定法，上述方法由企业按实际情况自行确定，一经确定不得随意变更。

计提坏账准备的应收款项为应收账款和其他应收款。应收票据不计提坏账准备，但有确凿证据证明应收票据无法或收回的可能性不大时，应将应收票据的账面余额转入应收账款，然后再计提相应的坏账准备。预付账款也不计提坏账准备，但有确凿证据证明预付账款无法收回所购货物时，应将预付账款的账面余额转入其他应收款，然后再计提相应的坏账准备。

（29）[核算单位] 东海公司

[凭证类型] 记账凭证

[账簿体系] 分期收款发出商品明细账、库存商品明细账

东海公司与北方公司签订分期收款销售合同，2018 年 5 月 5 日，按合同要求发出 B 产品 500 件，销售价格为 1 000 000 元产品，增值税 130 000 元，该产品单位成

本 1 400 元，款项按合同规定分 4 次等额收取。此业务涉及的出库单如图 7.35 所示。

出　库　单　分期收款发出商品

领用单位：销售科　　2018 年 5 月 5 日　　编号

名　称	单位	数　量	单价	总　价	备注
B产品	件	500	1 400	700 000	

第三联交财务科

负责人：张怡　　经手人：刘晓君

图 7.35　演练（29）涉及的出库单

业务指导：企业采用分期收款方式销售产品，发出产品时，风险并未完全转移，不确认收入的实现。企业在合同规定的收款日期，才确认收入的实现，根据规定收取的价款，借记“银行存款”或“应收账款”账户，贷记“主营业务收入”“应交税费——应交增值税（销项税额）”等账户，同时按收款比例计算结转成本，借记“主营业务成本”账户，贷记“分期收款发出商品”账户。

7.2.5　采购与应付款项业务

（30）[核算单位] 广州市荣昌电器厂

[凭证类型] 记账凭证

[账簿体系] 在途物资明细账、原材料明细账

2018 年 11 月 6 日，广州市荣昌电器厂该月 1 日向广州市钢铁公司购进的一批钢材今天到货，经验收后如数入库。此业务涉及的收料单如图 7.36 所示。

收　料　单（记账联）

发票号码：00653210

供应单位：广州市钢铁公司　　收料单编号：11059

材料类别：原料及主要材料　　2018 年 11 月 6 日　　收料仓库：材料库

编号	名称	规格	单位	数量		实际成本					验收意见
				应收	实收	买价		运杂费	其他	合计	
						单价	金额				
	钢材E34		千克	1000	1000						合格
合　计											

采购员：李丹　　检验员：杨浩　　记账员：吴天　　保管员：常澍

图 7.36　演练（30）涉及的收料单

（31）[核算单位] 美格有限责任公司

[凭证类型] 记账凭证

[账簿体系] 应付账款明细账、原材料明细账、应交税费——应交增值税明细账

美格有限责任公司 2018 年 11 月 20 日从北京镁鑫公司购进 B 材料 100 件，每件售价 100 元，货款合计价 10 000 元，增值税额为 1 300 元，款项尚未支付。该批 B 材料已验收入库。此业务涉及的发票、收料单如图 7.37、图 7.38 所示。

北京增值税专用发票

1560006768　　发票联　　NO. 00653228　　1560006768 00653228

开票日期　2018年11月20日

购货单位	名称： 纳税人识别号： 地址、电话： 开户行及账号：	美格有限责任公司 110106005566099 江城市开发区恒山路666号 62500188 工行长乐分理处 01093378911		密码区	略		
货物或应税劳务名称	规格型号	单位	数量	单价	金额	税率	税额
*某简码*B材料		件	100	100.00	10,000.00	13%	1,300.00
合　计					¥10,000.00		¥1,300.00
价税合计（大写）	⊗壹万壹仟叁佰元整				¥11,300.00		
销货单位	名称： 纳税人识别号： 地址、电话： 开户行及账号：	北京镁鑫公司 110104325188643 北京市宣武区319号 63173688 工行河西办事处 6759325638		备注	北京镁鑫公司 110104325188643 发票专用章		

收款人：　　复核：　　开票人：　　销货单位（章）：

第二联：发票联　购货方记账凭证

图 7.37　演练（31）涉及的增值税专用发票

收　料　单（记账联）

发票号码：00653228

供应单位：北京镁鑫公司　　收料单编号：11060

材料类别：原料及主要材料　　2018 年 11 月 22 日　　收料仓库：材料库

编号	名称	规格	单位	数量		实际成本					验收意见
				应收	实收	买价		运杂费	其他	合计	
						单价	金额				
K151	B材料		件	100	100	100	10 000			10 000	合　格
合　计						100	10 000			10 000	

采购员：张轻工　　检验员：刘正红　　记账员：吴　天　　保管员：常　澍

图 7.38　演练（31）涉及的收料单

（32）[核算单位] 广州市荣昌电器厂

[凭证类型] 记账凭证

[账簿体系] 应付账款明细账、银行存款日记账

广州市荣昌电器厂 2018 年 3 月 1 日通过银行向江西西华公司汇出 24 400 元，

偿还前欠的货款。此业务涉及的信汇凭证如图 7.39 所示。

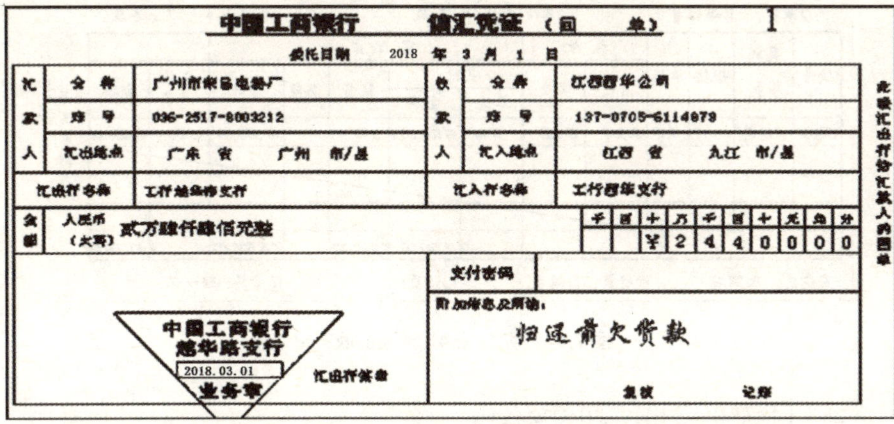

中国工商银行　信汇凭证（回　单）　1

委托日期　2018 年 3 月 1 日

汇款人			收款人		
汇款人	全称	广州市南岳电器厂	收款人	全称	江西恒华公司
	账号	036-2517-8003212		账号	137-0705-6114679
	汇出地点	广东 省　广州 市/县		汇入地点	江西 省　九江 市/县
汇出行名称		工行越秀路支行	汇入行名称		工行恒华支行

金额	人民币（大写）贰万肆仟肆佰元整	千	百	十	万	千	百	十	元	角	分
				¥	2	4	4	0	0	0	0

支付密码

附加信息及用途：归还前欠货款

中国工商银行 越华路支行 2018.03.01 业务章

汇出行签章　复核　记账

此联汇出行给汇款人的回单

图 7.39　演练（32）涉及的信汇凭证

（33）[核算单位] 蓝梦有限责任公司

[凭证类型] 记账凭证

[账簿体系] 预付账款明细账、银行存款日记账

蓝梦有限责任公司 2018 年 12 月 11 日根据预付货款采购合同，签发金额为 100 000 元的转账支票存根一张（如图 7.40 所示），向佳明有限责任公司预付货款。

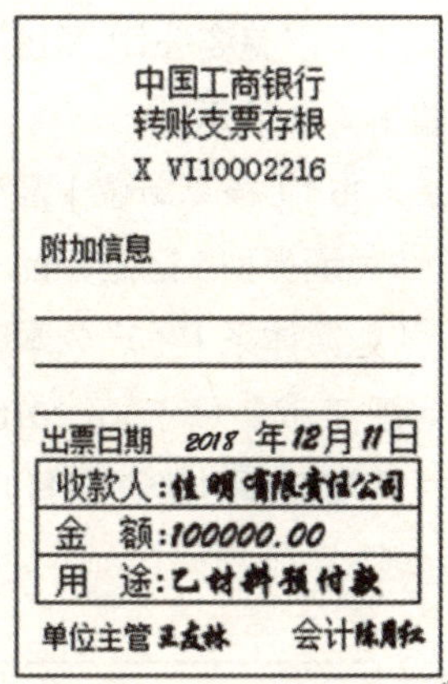

中国工商银行
转账支票存根
X VI10002216

附加信息

出票日期　2018 年 12 月 11 日

收款人：佳明有限责任公司
金　额：100000.00
用　途：乙材料预付款

单位主管 王友林　会计 陈月红

图 7.40　演练（33）涉及的支票存根

7.2.6　存货收发业务

（34）[核算单位] 晋江市美姿公司

[凭证类型] 记账凭证

[账簿体系] 材料明细分类账、物质采购明细分类账

晋江市美姿公司 2018 年 1 月 3 日已购 A 材料验收入库。此业务涉及的收料单如图 7.41 所示。

收料单

发票号码：0017045　　收料单编号：305001

供应单位：石狮锦星　　2018年1月3日　　收料仓库：第二仓库

编号	类别名称	规格	单位	数量		实际成本						
				请收	实收	买价		运费	其他	合计	单位成本	金额
						单价	金额					
DM01	A材料		KG	8 000	8 000	5.14	41 120.00	380.00		41 500.00	5.00	40 000.00
合计							￥41 120.00	￥380.00		￥41 500.00		￥40 000.00

第三联 财务

采购员：张明煌　　检验员：刘鸿宇　　记账员：　　保管员：张一朋

图 7.41　演练（34）涉及的收料单

（35）[核算单位] 晋江市美姿公司

[凭证类型] 记账凭证

[账簿体系] 材料明细分类账、物质采购明细分类账

晋江市美姿公司 2018 年 1 月 4 日，第二仓库发出 A 材料。此业务涉及的领料单如图 7.42 所示。

（36）[核算单位] 晋江市美姿公司

[凭证类型] 记账凭证

[账簿体系] 生产成本明细分类账、材料明细分类账

晋江市美姿公司 2018 年 12 月 23 日生产车间领用一批封装物用于产品生产。美姿公司生产领用包装物采用一次摊销法。此业务涉及的领料单如图 7.43 所示。

领料单

领料单位：　　2018年1月4日　　领料编号：006001

材料类别	材料编号	材料名称	规格	计量单位	数量		实际价格	
					请领	实领	单价	金额
		A材料		KG	18 000	18 000	5.00	90 000.00
合计								￥90 000.00
用途	生产某产品用17 800KG				领料部门		发料部门	
	车间一般使用 150KG				负责人	领料人	负责人	发料人
	管理部门用 50KG				许明辉	杨志达	张一朋	林阿嬉

第三联 财务

图 7.42　演练（35）涉及的领料单

领　料　单

仓库：包装物仓库　　　　2018 年 12 月 23 日　　　　领料单编号：L－69

编号	类别	材料名称	规格	单位	数量		计价	
					请领	实发	单价	金额
		产品封装物		套	25	25	23	575
用途	生产部领用，包装产品用				领料部门		发料部门	
					负责人	领料人	核准人	发料人
					周方成	齐方	严实	刘长风

图 7.43　演练（36）涉及的领料单

（37）[核算单位] 晋江市美姿公司

[凭证类型] 记账凭证

[账簿体系] 库存商品分类账

生产成本明细分类账晋江美姿公司 2018 年 1 月 18 日夹克完工入库 5 000 件、1 月 30 日又有 3 000 件夹克完工入库，月末汇总计算本月完工入库夹克的生产成本。此业务涉及的入库单、产品成本计算单如图 7.44 至图 7.46 所示。

产品入库单

№ 006451

2018 年 01 月 18 日

名称	编号	单位	数量	单价	金额									备注
					百	十	万	千	百	十	元	角	分	
夹克	A060118	件	5 000											
合计			5 000											

第三联记账联

仓库主管：张一鹏　会计：　质检员：刘鸿宇　保管员：张一鹏　经手人：杨远达

图 7.44　演练（37）涉及的入库单 1

产品入库单

2018 年 01 月 30 日　　　　No 036452

名称	编号	单位	数量	单价	金额									备注
					百	十	万	千	百	十	元	角	分	
夹克	A060130	件	3 000											
合计			3 000											

仓库主管：张一鹏　会计：　质检员：刘鸿宇　保管员：张一鹏　经手人：杨志远

第三联记账联

图 7.45　演练（37）涉及的入库单 2

产品成本计算单

产品：夹克　　2018年1月　　单位：元

成本项目	直接材料	直接人工	制造费用	合计
月初在产品成本	1 191 40. 00	32 640. 8.	100 017. 00	251 797. 80
本月生产费用	297 850. 00	81 601. 20	250 051. 00	629 502. 20
合计	416 990. 00	114 242. 00	350 068. 00	881 300. 00
完工产品数量	8 000	8 000	8 000	8 000
在产品约当产量	2 000	2 000	2 000	2 000
约当产量合计	10 000	10 000	10 000	10 000
费用分配率	41. 70	11. 42	35. 01	88. 13
完工产品成本	333 592. 00	91 393. 60	280 054. 40	705 040. 00
月末在产品成本	83 398. 00	22 848. 40	70 013. 60	176 260. 00

图 7.46　演练（37）涉及的产品成本计算单

（38）[核算单位] 晋江市美姿公司

[凭证类型] 记账凭证

[账簿体系] 库存商品分类账

生产成本明细分类账晋江美姿公司 2018 年 1 月 20 日出售夹克 6 800 件，1 月 30 日出售夹克 2 000 件，月末汇总计算本月发出（出售）夹克的生产成本，采用全月一次加权平均法计价。此业务涉及的产品出库单如图 7.47、图 7.48 所示。

产品出库单

№ 0A6451

2018 年 01 月 20 日

名称	编号	单位	数量	单价	金额									用途或原因
					百	十	万	千	百	十	元	角	分	
夹克	A060130	件	6 800											出售
合计			6 800											

第三联 记账联

仓库主管：张一鹏 会计： 质检员：刘鸿宇 保管员：张一鹏 经手人：林志旭

图 7.47 演练（38）涉及的出库单 1

产品出库单

№ 0A6455

2018 年 01 月 30 日

名称	编号	单位	数量	单价	金额									用途或原因
					百	十	万	千	百	十	元	角	分	
夹克	A060130	件	2 000											出售
合计			2 000											

第三联 记账联

仓库主管：张一鹏 会计： 质检员：刘鸿宇 保管员：张一鹏 经手人：林志旭

图 7.48 演练（38）涉及的出库单 2

7.2.7 财产清查业务

（39）[核算单位] 美格有限责任公司

[凭证类型] 记账凭证

[账簿体系] 待处理流动资产损溢明细账、现金日记账

2018 年 12 月 17 日 17 点整，美格公司对库存现金进行了突击盘点，盘点时账存现金余额为 1 520 元，现金实地盘点数为 1 500 元。未发现违反现金管理制度和有关规定事项。此业务涉及的库存现金盘点报告单如图 7.49 所示。

库存现金盘点报告单

单位名称：美格有限责任公司　　2018 年 12 月 17 日　　单位：元

溢余或短缺报告：

现金账面余额	现金实存数额	溢余金额	短缺金额	备注
1520.00	1500.00		20.00	

违反现金管理规定事项及现场处理结果：

1.超限额留存现金：

2.超范围使用现金：

3.违反现金收支规定。

主管：钟小敏　　盘点人：金刚　　出纳员：余芳敏

图 7.49　演练（39）涉及的库存现金盘点报告单

（40）[核算单位] 美格有限责任公司

[凭证类型] 记账凭证

[账簿体系] 待处理流动资产损溢明细账、现金日记账

美格有限责任公司清查现金发现短缺 20 元，经查明，短缺的库存现金属于出纳员工作失误所致，建议给该员工处以警告处分一次，并由其赔偿损失。此业务涉及的资产清查损溢申报单如图 7.50 所示。

资产清查损溢申报单

兹于 2018 年 12 月 17 日，进行了库存现金清查，发现现金溢余（ ）/短缺（✓）20.00 元整，经认真核查，属于出纳员工作失误原因。特申请作为出纳员赔偿损失处理。

财务部

2018 年 12 月 17 日

图 7.50　演练（40）涉及的资产清查损溢申报单

（41）[核算单位] 广州市荣昌电器厂

[凭证类型] 记账凭证

[账簿体系] 待处理流动资产损溢明细账、原材料等存货明细账

广州市荣昌电器厂企业在财产清查中发现甲材料盘盈，实际成本为 1 200 元，乙材料盘亏，实际成本为 1 000 元。此业务涉及的账存实存对比单如图 7.51 所示。

（42）[核算单位] 广州市荣昌电器厂

[凭证类型] 记账凭证

[账簿体系] 待处理流动资产损溢明细账、管理费用明细账

账存实存对比单

单位名称：广州市荣昌电器厂　　　　日期：2018 年 12 月 31 日

类别名称	单价	实存		账存		实存与账存对比				备注
						盘盈		盘亏		
		数量	金额	数量	金额	数量	金额	数量	金额	
甲材料	100.00	23 456	2 345 600.00	23444	2 344 400.00	12	1 200.00			
乙材料	1 000.00	1 234	1 234 000.00	1235	1 235 000.00			1	1 000.00	

主管人员：李小力　　　　会计：王姜劲　　　　制表：高大山

图 7.51　演练（41）涉及的账存实存对比单

广州市荣昌电器厂甲材料盘盈经批准冲减管理费用；乙材料盘亏列作管理费用处理。此业务涉及的账存实存对比单如图 7.52 所示。

账存实存对比单

单位名称：荣昌电器厂　　　　日期：2018 年 12 月 31 日

类别名称	单价	实存		账存		实存与账存对比				备注
						盘盈		盘亏		
		数量	金额	数量	金额	数量	金额	数量	金额	
甲材料	100.00	23 456	2 345 600.00	23444	2 344 400.00	12	1 200.00			冲减管理费用
乙材料	1 000.00	1 234	1 234 000.00	1235	1 235 000.00			1	1 000.00	列作管理费用

主管人员：李小力　　　　会计：王姜劲　　　　制表：高大山

图 7.52　演练（42）涉及的账存实存对比单

（43）[核算单位] 美格有限责任公司

[凭证类型] 记账凭证

[账簿体系] 待处理固定资产损溢明细账、固定资产明细账、累计折旧明细账

美格有限责任公司在财产清查中，盘亏投影仪一台，原价是 8 000 元，提了 1 900 元的折旧。此业务涉及的财产清查报告单如图 7.53 所示。

财产清查报告单

2018 年 12 月 25 日　　　　号码 256

类别	名称规格	单位	价值			盘盈或盘亏	原因及处理意见
			原价	折旧	减值准备		
使用中	投影仪	台	8000	1900	0	盘亏	
合计			8000	1900			

财务部主管：孙正峰　　资产管理部主管：刘新　　保管员：钟达海　　制单：李乔

图 7.53　演练（43）涉及的账产清查报告单

7.2.8 成本和费用业务

（44）[核算单位] 蓝梦有限责任公司

[凭证类型] 记账凭证

[账簿体系] 销售费用明细账、银行存款日记账

蓝梦有限责任公司 2018 年 12 月 6 日以转账支票方式支付阳光创意广告公司广告费 20 000 元。此业务涉及的专用发票、支票存根如图 7.54、图 7.55 所示。

1100162160　　**北京增值税专用发票**　　NO. 00654321　　1100162160

发票联　　00654321

开票日期 2018年12月6日

购货单位	名称： 纳税人识别号： 地址、电话： 开户行及账号：	蓝梦有限责任公司 4860027267005678 北京市朝阳区团结湖路100号 010-84023456 中国工商银行北京青年路分理处 0200538827990123456		密码区			
货物或应税劳务名称	规格型号	单位	数量	单价	金额	税率	税额
广告费					18,867.92	6%	1,132.08
合　计					￥18,867.92		￥1,132.08
价税合计（大写）	⊗贰万元整				（小写）￥20,000.00		
销货单位	名称： 纳税人识别号： 地址、电话： 开户行及账号：	阳光创意广告公司 4860027267007890 北京青年路234号 010-84098765 中国工商银行北京青年路分理处 0200538827990987654		备注	阳光创意广告公司 4860027267007890 发票专用章		

收款人：陈瑜　　复核：王钰　　开票人：王钰　　销货单位（章）：

第二联：发票联　购货方记账凭证

图 7.54　演练（44）涉及的增值税专用发票

中国工商银行

现金支票存根

X　VI10002214

附加信息

出票日期	2018 年 12 月 6 日
收款人：	阳光创意广告公司
金额：	￥20000.00
用途：	支付广告费

单位主管　　会计

图 7.55　演练（44）涉及的现金支票存根

（45）[核算单位] 蓝梦有限责任公司

[凭证类型] 记账凭证

[账簿体系] 管理费用明细账、现金日记账

蓝梦有限责任公司 2018 年 12 月 9 日购买办公用品，以现金 400 元付讫。此业务涉及的增值税专用发票如图 7.56 所示。

北京增值税专用发票 NO. 00987654

1100162160 发票联 1100162160 00987654

开票日期 2018年12月9日

购货单位	名称： 纳税人识别号： 地址、电话： 开户行及账号：	蓝梦有限责任公司 4860027267005678 北京市朝阳区团结湖路100号 010-84023456 中国工商银行北京青年路分理处 02005388279901234		密码区	略		
货物或应税劳务名称	规格型号	单位	数量	单价	金额	税率	税额
*办公用品*记录本		本	20	9.71	194.17	3%	5.83
*办公用品*档案盒		个	40	4.85	194.17	3%	5.83
合 计					¥388.3		¥11.65
价税合计（大写）	⊗贰万元整				（小写） ¥400.00		
销货单位	名称： 纳税人识别号： 地址、电话： 开户行及账号：	天意百货商场 3710027267006666 北京市海淀区四季青路200号 010-83229831 中国工商银行北京海淀支行 1100927835860000999		备注	天意百货商场 3710027267006666 发票专用章		

收款人：陈瑜 复核：王钰 开票人：王钰 销货单位（章）：

第二联：发票联 购货方记账凭证

图 7.56 演练（45）涉及的增值税专用发票

（46）[核算单位] 北京宇仁机械有限公司

[凭证类型] 记账凭证

[账簿体系] 财务费用明细账、银行存款日记账

北京宇仁机械有限公司 2018 年 12 月 20 日，收到银行利息清单，支付本月短期借款利息 1 200 元。此业务涉及的利息清单如图 7.57 所示。

中国工商银行计算利息清单

2018 年 12 月 20 日

账 号	20008200905822703379																					
户 名	北京宇仁机械有限公司																					
开户银行	工商银行和平分理处																					
起息日期	结息日期	天数	积数										利率	利息								
			千	百	十	万	千	百	十	元	角	分		百	十	万	千	百	十	元	角	分
2018.11.20	2018.12.20	30		¥	2	0	0	0	0	0	0	0	7.2%			¥	1	2	0	0	0	0
上列贷款利息，已从你单位20008200905822270379存款户中支付。 中国工商银行 和平分理处 2018.12.20 转讫 （银行盖章）			科目 对方科目 复核员： 记账员：																			

图 7.57 演练（46）涉及的利息清单

7.2.9 利润形成及利润分配业务

（47）[核算单位] 美格有限责任公司

[凭证类型] 记账凭证

[账簿体系] 营业外收入明细账、现金日记账

2018 年 8 月 20 日，美格公司职工李成因违反企业安全管理制度，在仓库内吸烟，被处罚款 200 元，出纳收到罚款后开出收据。此业务涉及的收据如图 7.58 所示。

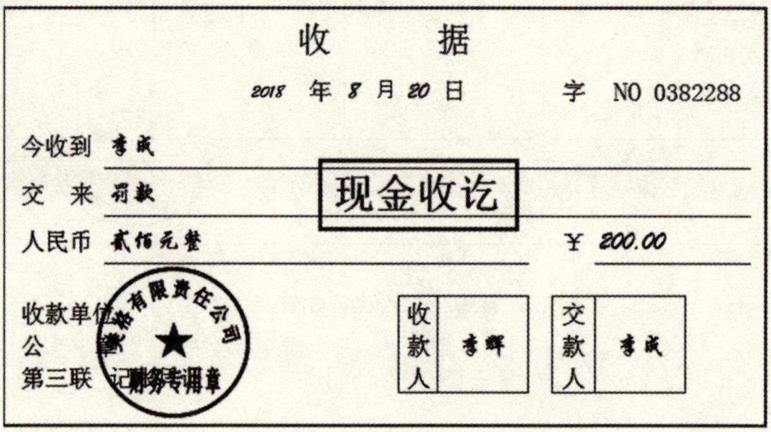

收　　据

2018 年 8 月 20 日　　字 NO 0382288

今收到 李成

交　来 罚款

人民币 贰佰元整　　¥ 200.00

现金收讫

收款单位 公 第三联 记账

美格有限责任公司 财务专用章

收款人 李辉　　交款人 李成

图 7.58　演练（47）涉及的收据

（48）[核算单位] 蓝梦有限责任公司

[凭证类型] 记账凭证

[账簿体系] 营业外支出明细账、银行存款日记账

2018 年 12 月 4 日，蓝梦有限责任公司以转账支票向四川灾区贫困学校捐款 20 000 元。此业务涉及的支票存根如图 7.59 所示。

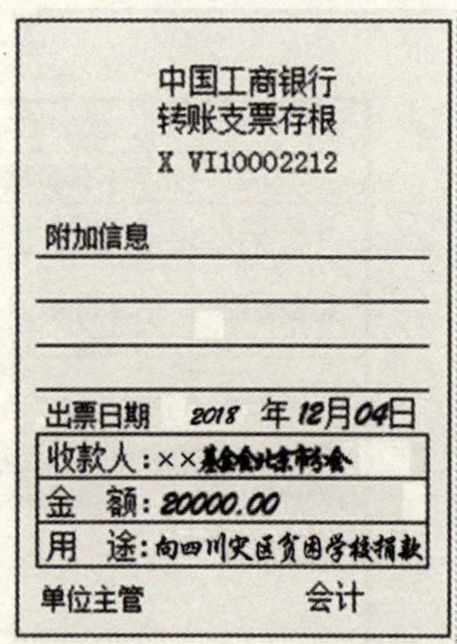

中国工商银行
转账支票存根
X VI10002212

附加信息

出票日期 2018 年 12 月 04 日

收款人：××基金会北京市分会

金　额：20000.00

用　途：向四川灾区贫困学校捐款

单位主管　　会计

图 7.59　演练（48）涉及的支票存根

（49）[核算单位] 美格有限责任公司

[账簿体系] 各损益类账户明细账、本年利润账

2018 年 12 月 31 日，美格公司采用账结法结转损益类账户余额。此业务涉及的损益类账户余额表如表 7-3 所示。

表 7-3 演练（49）涉及的损益类账户余额表

2018 年 12 月 31 日

账户名称	结账前余额	方向	账户名称	结账前余额	方向
主营业务收入	10 000 000.00	贷方	税金及附加	800 000.00	借方
其他业务收入	3 000 000.00	贷方	销售费用	900 000.00	借方
投资收益	400 000.00	贷方	管理费用	1 500 000.00	借方
营业外收入	200 000.00	贷方	财务费用	500 000.00	借方
主营业务成本	5 500 000.00	借方	营业外支出	400 000.00	借方
其他业务成本	2 000 000.00	借方			

（50）[核算单位] 美格有限责任公司

[记账凭证] 记账凭证

[账簿体系] 利润分配明细账、盈余公积明细账

2018 年 12 月 31 日，美格有限责任公司进行利润分配。此业务涉及的分配方案如图 7.60 所示。

2018 年美格有限责任公司利润分配方案

…………

2018 年度公司共实现净利润1 500 000 元。年初未分配利润1 200 000 元，2018 年可供分配利润为 2 700 000 元，根据公司章程的有关规定，按当年净利润的 10%提取法定盈余公积金，共计 150 000 元；同时，根据公司实际情况，同意以下利润分配预案：向全体股东派发股利 660 000 元，剩余可供分配利润留待以后年度分配。

…………

图 7.60 演练（50）涉及的分配方案

（51）[核算单位] 美格有限责任公司

[记账凭证] 记账凭证

[账簿体系] 利润分配明细账、本年利润明细账

2018 年 12 月 31 日，美格有限责任公司结转本年利润和利润分配。

第8章

此“报表”非彼“爆表”

08

收视爆表、颜值爆表……而财务上的"报表"如果做"爆表"了，就真的"爆表"了。

8.1 林林总总的会计报表

会计报表，也称财务报表，是对企业财务状况、经营成果和现金流量的结构性表述。一套完整的财务报表包括资产负债表、利润表、现金流量表、所有者权益（或股东权益）变动表以及附注。其中资产负债表、利润表和现金流量表分别从不同角度反映了企业的财务状况、经营成果和现金流量。对初学者来说，能掌握资产负债表、利润表就可以了。会计报表的分类如表 8-1 所示。

表 8-1 会计报表的分类

划分标准	分类	说明
按反映的经济内容分	财务状况报表	资产负债表、现金流量表
	经营成果报表	利润表
按编报期间分	年度财务报表（检查年报，通称决算报表）	是指企业每年末编报的财务报表，包括资产负债表、利润表、现金流量表和所有者权益变动表，年度财务报表应于年度终了后 4 个月内对外提供
	期中财务报表	是指企业于年度中期末、季末和月末编报的财务报表，包括资产负债表、利润表和现金流量表。半年度报表应于年度中期结束后 60 天内对外提供；季度报表应于季度终了 15 天内对外提供；月度报表应于月度终了 6 天内对外提供
按报送对象分	外部财务报表	是指为满足企业外部投资者、债权人和政府部门了解企业经营状况和经营成果的需要而定期对外提供和发布的财务报表
	内部财务报表	是指为满足企业内部经营管理的需要而定期报送企业内部管理者的财务报表
按编制单位分	单位财务报表	是指由企业在会计核算的基础上，对账簿记录进行汇总编制的财务报表
	汇总财务报表	是指主管部门对所有下属单位的报表数据，按规定的格式把各项目数据相加而形成的财务报表
按包括的会计主体范围分	单独财务报表	是指由母公司、联合企业的投资者或共同控制主体中的合营者单独列报的财务报表
	合并财务报表	是指反映母公司和其全部子公司形成的企业集团整体财务状况、经营成果和现金流量的财务报表

从记账到报表的全流程如图 8.1 所示。

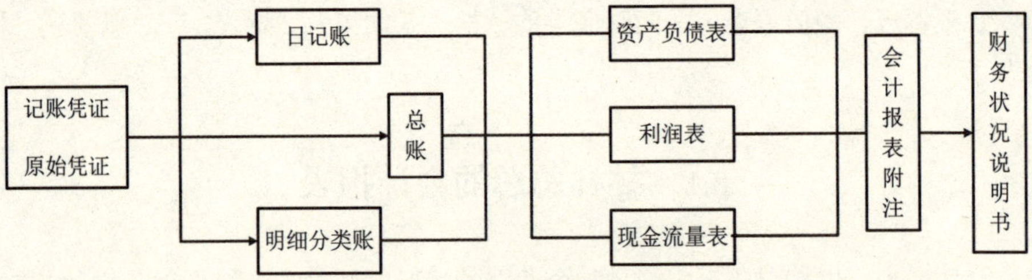

图 8.1　从记账到报表的全流程

8.2　资产负债表

8.2.1　认识资产负债表

资产负债表是反映企业在某一特定日期的财务状况的报表，其采用账户式结构，主要反映资产、负债和所有者权益三方面的内容，满足“资产 = 负债 + 所有者权益”平衡等式。所谓特定日期就是表上的日期。资产、负债都是按照流动性的大小排列的。所有者权益则按照实收资本（或股东，下同）、资本公积、盈余公积和未分配利润依次排列。尚未执行新金融准则和新收入准则的企业的资产负债表的样式如表 8-2 所示。

表 8-2　资产负债表样式

企会 01 表

编制单位:　　　　年　月　日　　　　单位：元

资产	期末余额	年初余额	负债和所有者权益（或股东权益）	期末余额	年初余额
流动资产			流动负债:		
货币资金			短期借款		
以公允价值计量且其变动计入当期损益的金融资产			以公允价值计量且其变动计入当期损益的金融负债		
衍生金融资产			衍生金融负债		
应收票据及应收账款			应付票据及应付账款		
预付款项			预收款项		
其他应收款			应付职工薪酬		
存货			应交税费		

续表

资产	期末余额	年初余额	负债和所有者权益（或股东权益）	期末余额	年初余额
持有待售资产			其他应付款		
一年内到期的非流动资产			持有待售负债		
其他流动资产			一年内到期的非流动负债		
流动资产合计			其他流动负债		
非流动资产：			流动负债合计		
可供出售金融资产			非流动负债：		
持有至到期投资			长期借款		
长期应收款			应付债券		
长期股权投资			其中：优先股		
投资性房地产			永续债		
固定资产			长期应付款		
在建工程			预计负债		
生产性生物资产			递延收益		
油气资产			递延所得税负债		
无形资产			其他非流动负债		
开发支出			非流动负债合计		
商誉			负债合计		
长期待摊费用			所有者权益（或股东权益）：		
递延所得税资产			实收资本（或股本）		
其他非流动资产			其他权益工具		
非流动资产合计			其中：优先股		
			永续债		
			资本公积		
			减：库存股		
			其他综合公积		
			盈余公积		
			未分配利润		
			所有者权益（或股东权益）合计		
资产总计			负债和所有者权益（或股东权益）合计		

特定日期一般都是月末最后一天，也有极个别的例外，它和填制日期没有必然的联系。比如表 8-2 中的资产负债表，填制日期很可能在 2018 年 12 月，但在资产负债表上必须写 12 月 31 日，表明这张表反映的是截至 2018 年 12 月 31 日这一天

24 点公司的资产、负债和所有者权益三方面的情况。这时 2018 年 12 月 31 日也叫资产负债表日。

账户式结构资产负债表就是报表分成左右两方，左方为资产项目，右方为负债和所有者权益项目。

8.2.2 编制资产负债表

对应上表可以看到资产负债表的各项目都有“年初余额”和“期末余额”两栏。“年初余额”栏内各项数字，比较简单，是根据上年末资产负债表的“期末余额”栏的数字照抄而来。至于“期末余额”，填列方法分为以下几种。

（1）根据总账的余额直接填列。比如“短期借款”“应付票据”“应付职工薪酬”等; 也有些项目，需要根据几个总账科目的期末余额计算来填，如“货币资金”项目，它本身不是科目，在总账上没这一号，需要根据“库存现金”“银行存款”“其他货币资金”三个总账科目的期末余额求和填列。

（2）根据有关明细账的余额计算填列。比如“应付票据及应付账款”等项目，需要分别根据“应付票据及应付账款”和“预付账款”两科目所属明细科目的期末贷方余额计算填列。在会计界，有 6 个账户是相互连通的，在计算科目余额的时候各自计算，在填报表的时候往往需要进行整合。新准则废除了“预提费用”和“待摊费用”，剩下的 4 个连通的账户就是“应付账款”“预付账款”“应收账款”“预收账款”。

“应付票据及应付账款”项目 ｛应付账款所属明细账贷方余额合计；预付账款所属明细账贷方余额合计｝

“预付款项”项目 ｛应付账款所属明细账借方余额合计；预付账款所属明细账借方余额合计｝

“应收票据及应收账款”项目 ｛应收账款所属明细账借方余额合计；预收账款所属明细账借方余额合计；减：与应收账款有关的坏账准备余额｝

“预收款项”项目 ｛应收账款所属明细账贷方余额合计；预收账款所属明细账贷方余额合计｝

例如蒲江公司“应付账款”科目月末贷方余额 40 000 元，其中：“春华公司账款”明细科目贷方余额 35 000 元，“秋实公司账款”明细科目贷方余额 5 000 元，“预付账款”科目月末贷方余额 30 000 元，其中：“鹏程工厂账款”明细科目贷方余额 50 000 元，“万里工厂账款”明细科目借方余额 20 000 元。

根据上述资料，企业在月末资产负债表中数据如下。

“应付票据及应付账款”项目金额 =“春华公司账款”明细科目贷方余额 35 000 元 +“秋实公司账款”明细科目贷方余额 5 000 元 +“鹏程工厂账款”明细科目贷方余额 50 000 元 =90 000（元）。

“预付款项”项目金额 =“万里工厂账款”明细科目借方余额 20 000 元。

（3）根据总账和明细账的余额分析计算填列。有些项目，如“长期借款”项目，应根据“长期借款”总账余额减去将在资产负债表日起一年内到期的“长期借款”部分后的金额填列。

例如东风造船厂 2016 年 4 月 1 日从银行借入期限为 3 年的长期借款 800 万元，在编制 2018 年 12 月 31 日的资产负债表时，因为 2016 年 4 月 1 日从银行借入期限为 3 年的长期借款，借款到 2018 年 12 月 31 日还有 3 个月的时间就要到期，已经不再是“长期借款”，此内容要填入“一年内到期的非流动负债”项目中。

（4）根据有关科目余额减去其备抵科目余额后的净额填列。比如资产负债表中的“应收票据及应收账款”“长期股权投资”等项目，要根据“应收账款”“长期股权投资”等科目的期末余额减去“坏账准备”“长期股权投资减值准备”等科目余额后的净额填列；“固定资产”项目，要根据“固定资产”科目期末余额减去“累计折旧”“固定资产减值准备”科目余额后的净额填列；“无形资产”项目，要根据“无形资产”科目期末余额减去“累计摊销”“无形资产减值准备”科目余额后的净额填列。这里的一些减值准备科目，了解一下就可以了。计提减值是会计谨慎性原则的应用。

例如，黄记公司年末“应收账款”科目的借方余额为 600 万元，其中，“应收账款”明细账的借方余额为 800 万元，贷方余额为 200 万元，年末计提坏账准备后与应收账款有关的“坏账准备”科目的贷方余额为 50 万元。

企业年末资产负债表中“应收票据及应收账款”项目金额 =“应收账款”明细账的借方余额 800 万元－年末计提坏账准备后与应收账款有关的“坏账准备”科目的贷方余额 50 万元 =750（万元）。

（5）综合运用上述填列方法分析填列。比如资产负债表中的“存货”项目，需根据“原材料”“库存商品”“委托加工物资”“周转材料”“材料采购”“在途物资”“发出商品”“材料成本差异”等总账科目期末余额的分析汇总数，再减去“存货跌价准备”备抵科目余额后的净额填列。

例如，佳佳公司 2018 年 12 月 31 日结账后有关科目余额如表 8-3 所示。

表 8-3　佳佳公司 2018 年 12 月 31 日科目余额表（部分）　　（单位：万元）

科目名称	借方余额	贷方余额
原材料	500	
存货跌价准备		50
库存商品	100	
发出商品	60	

根据上述资料，企业在月末资产负债表中“存货”项目金额 = 原材料 500+ 库存商品 100+ 发出商品 60- 存货跌价准备 50=610（万元）。

8.3　利润表

8.3.1　认识利润表

利润表是反映企业在一定会计期间内的经营成果的报表，尚未执行新金融准则和新收入准则的企业的利润表的样式如表 8-4 所示。

表 8-4　利润表

单位名称:　　　　年　月　　　　金额单位：人民币元

项　目	注释	本年数	上年数
一、营业收入			
减：营业成本			
税金及附加			
销售费用			
管理费用			
研发费用			
财务费用			
其中：利息费用			
利息收入			

续表

项　目	注释	本年数	上年数
资产减值损失			
加：其他收益			
投资收益（损失以"—"号填列）			
其中：对联营企业和合营企业的投资收益			
公允价值变动收益（损失以"—"号填列）			
资产处置收益（损失以"—"号填列）			
二、营业利润（亏损以"—"号填列）			
加：营业外收入			
减：营业外支出			
三、利润总额（亏损总额以"—"号填例）			
减：所得税费用			
四、净利润（净亏损以"—"号填列）			
（一）持续经营净利润（净亏损以"—"号填列）			
（二）终止经营净利润（净亏损以"—"号填列）			
五、其他综合收益的税后净额			
(一)不能重分类进损益的其他综合收益			
1. 重新计量设定受益计划变动额			
2. 权益法下不能重分类转损益的其他综合收益			
(二)将重分类进损益的其他综合收益			
1. 权益法下可转损益的其他综合收益			
2. 可供出售金融资产公允价值变动损益			
3. 持有至到期投资重分类为可供出售金融资产损益			
4. 现金流量套期损益的有效部分			
5. 外币财务报表折算差额			
6. 其他			
六、综合收益总额			
七、每股收益：			
（一）基本每股收益			
（二）稀释每股收益			

我国企业的利润表采用的格式是多步式。

多步式就是前一步是后一步的计算基础，要想得到最后一个数字就得一步一步计算才可以。

第一步，以营业收入为基础，减去营业成本、税金及附加、销售费用、管理费用、研发费用、财务费用、资产减值损失，加上其他收益、投资收入（减去投资损失）、公允价值变动收益（减去公允价值变动损失）和资产处置收益（减去资产处置损失），计算出营业利润。

第二步，以营业利润为基础，加上营业外收入，减去营业外支出，计算出利润总额。

第三步也是最后一步，以利润总额为基础，减去所得税费用，计算出净利润（或亏损）。如果是上市公司，还得在利润表中列示出每股收益信息。

8.3.2 编制利润表

利润表的各项目都要填列“本期金额”和“上期金额”。其中“上期金额”栏内各项数字，应根据上年该期利润表的“本期金额”栏内所列数字填列。“本期金额”栏内各期数字，除最底下的“基本每股收益”和“稀释每股收益”项目外，都要按照相关科目的发生额分析填列。如“营业收入”项目，根据“主营业务收入”“其他业务收入”科目的发生额分析计算填列；“营业成本”项目，根据“主营业务成本”“其他业务成本”科目的发生额分析计算填列。其他项目按照相应科目的发生额分析填列。

利润表的公式如下。

营业利润 = 营业收入 − 营业成本 − 税金及附加 − 销售费用 − 管理费用 − 研发费用 − 财务费用 − 资产减值损失 − 信用减值损失 + 其他收益 + 投资收益（− 投资损失）+ 净敞口套期收益（− 净敞口套期损失）+ 公允价值变动收益（− 公允价值变动损失）+ 资产处置收益（− 资产处置损失）

其中，营业收入 = 主营业务收入 + 其他业务收入，营业成本 = 主营业务成本 + 其他业务成本。

利润总额 = 营业利润 + 营业外收入 − 营业外支出

净利润 = 利润总额 − 所得税费用

例如，截止到 2018 年 12 月 31 日，华润科技公司“主营业务收入”科目发生额为 1 990 000 元，“主营业务成本”科目发生额为 630 000 元，“其他业务收入”科目发生额为 500 000 元，“其他业务成本”科目发生额为 150 000 元，“税金及附加”科目发生额为 780 000 元，“销售费用”科目发生额为 60 000 元，“管理费用”

科目发生额为 50 000 元，“财务费用”科目发生额为 170 000 元，“资产减值损失”科目借方发生额为 50 000 元（无贷方发生额），“公允价值变动损益”科目为借方发生额 450 000 元（无贷方发生额），“投资收益”科目贷方发生额为 850 000 元（无借方发生额），“营业外收入”科目发生额为 100 000 元，“营业外支出”科目发生额为 40 000 元，“所得税费用”科目发生额为 171 600 元。

华润科技公司 2018 年度利润表中营业利润、利润总额和净利润的计算过程如下。

营业利润 =1 990 000+500 000−630 000−150 000−780 000−60 000−50 000−170 000−50 000−450 000+850 000=1 000 000（元）

利润总额 =1 000 000+100 000−40 000=1 060 000（元）

净利润 =1 060 000−171 600=888 400（元）

利润表与资产负债表有一个勾稽关系：资产负债表上的未分配利润期初数 + 利润表中的净利润本年累计数 = 资产负债表未分配利润期末数。编制好这两个表要核对一下勾稽关系是否对应得上，如果对应上就不会错了。

8.4 现金流量表

8.4.1 认识现金流量表

现金流量表是反映企业在一定会计期间现金和现金等价物流入和流出的报表，样式如表 8-5 所示。

表 8-5 现金流量表样式

会企 03 表

编制单位： 年 月 日 单位：元

项目	本期金额	上期金额	补充资料	本期金额	上期金额
一、经营活动产生的现金流量:			1. 将净利润调节为经营活动现金流量:		
销售商品、提供劳务收到的现金			净利润		
收到的税费返还			加：资产减值准备		
收到其他与经营活动有关的现金			固定资产折旧、油气资产折耗、生产性生物资产折旧		
经营活动现金流入小计			无形资产摊销		

续表

项目	本期金额	上期金额	补充资料	本期金额	上期金额
购买商品、接受劳务支付的现金			长期待摊费用摊销		
支付给职工以及为职工支付的现金			处置固定资产、无形资产和其他长期资产的损失（收益以“－”号填列）		
支付的各项税费			固定资产报废损失（收益以“－”号填列）		
支付其他与经营活动有关的现金			公允价值变动损失（收益以“－”号填列）		
经营活动现金流出小计			财务费用（收益以“－”号填列）		
经营活动产生的现金流量净额			投资损失（收益以“－”号填列）		
二、投资活动产生的现金流量：			递延所得税资产减少（增加以“－”号填列）		
收回投资收到的现金			递延所得税负债增加（减少以“－”号填列）		
取得投资收益收到的现金			存货的减少（增加以“－”号填列）		
处置固定资产、无形资产和其他长期资产收回的现金净额			经营性应收项目的减少（增加以“－”号填列）		
处置子公司及其他营业单位收到的现金净额			经营性应付项目的增加（减少以“－”号填列）		
收到其他与投资活动有关的现金			其他		
投资活动现金流入小计			经营活动产生的现金流量净额		
购建固定资产、无形资产和其他长期资产支付的现金					
投资支付的现金					
取得子公司及其他营业单位支付的现金净额					
支付其他与投资活动有关的现金					

续表

项目	本期金额	上期金额	补充资料	本期金额	上期金额
投资活动现金流出小计					
投资活动产生的现金流量净额			2. 不涉及现金收支的重大投资和筹资活动:		
三、筹资活动产生的现金流量:			债务转为资本		
吸收投资收到的现金			一年内到期的可转换公司债券		
取得借款收到的现金			融资租入固定资产		
收到其他与筹资活动有关的现金					
筹资活动现金流入小计					
偿还债务支付的现金					
分配股利、利润或偿付利息支付的现金					
支付其他与筹资活动有关的现金					
筹资活动现金流出小计			3. 现金及现金等价物净变动情况:		
筹资活动产生的现金流量净额			现金的期末余额		
四、汇率变动对现金及现金等价物的影响			减：现金的期初余额		
五、现金及现金等价物净增加额			加：现金等价物的期末余额		
加：期初现金及现金等价物余额			减：现金等价物的期初余额		
六、期末现金及现金等价物余额			现金及现金等价物净增加额		

这里有 2 个概念要明确。一个是现金，是指企业库存现金以及可以随时用于支付的存款，包括库存现金、银行存款和其他货币资金（如外埠存款、银行汇票存款、银行本票存款等）等。不能随时用于支付的存款不属于现金。另一个是现金等价物，是指等同于现金的资产。通常包括三个月内到期的债券投资等。企业一旦确定现金等价物的范围，就不得随意更改。

从表 8-5 中可以看出，企业的现金流量分为以下三大部分。

（1）经营活动产生的现金流量包括销售商品、提供劳务收到的现金、收到的税费返还、收到其他与经营活动有关的现金、购买商品、接受劳务支付的现金、支付给职工以及为职工支付的现金、支付的各项税费、支付其他与经营活动有关的现金。

（2）投资活动产生的现金流量包括收回投资收到的现金、取得投资收益收到的现金、处置固定资产、无形资产和其他长期资产收回的现金净额、处置子公司及其他营业单位收到的现金净额、收到其他与投资活动有关的现金、购建固定资产、无形资产和其他长期资产支付的现金、投资支付的现金、取得子公司及其他营业单位支付的现金净额、支付其他与投资活动有关的现金。

（3）筹资活动产生的现金流量包括吸收投资收到的现金、取得借款收到的现金、收到其他与筹资活动有关的现金、偿还债务支付的现金、分配股利、利润或偿付利息支付的现金、支付其他与筹资活动有关的现金。

8.4.2 编制现金流量表

编制现金流量表时，列报经营活动现金流量的方法有两种，一种是直接法，另一种是间接法。

1. 直接法

在直接法下，一般是以利润表中的营业收入为起算点，调节与经营活动有关的项目的增减变动，然后计算出经营活动产生的现金流量。

采用直接法编报的现金流量表，便于分析企业经营活动产生的现金流量的来源和用途，预测企业现金流量的未来前景；采用间接法编报现金流量表，便于将净利润与经营活动产生的现金流量净额进行比较，了解净利润与经营活动产生的现金流量差异的原因，从现金流量的角度分析净利润的质量。所以，我国企业会计准则规定企业应当采用直接法编报现金流量表，同时要求在附注中提供以净利润为基础调节到经营活动现金流量的信息。

2. 间接法

在间接法下，将净利润调节为经营活动现金流量，实际上就是将按权责发生制原则确定的净利润调整为现金净流入，并剔除投资活动和筹资活动对现金流量的影响。

（1）工作底稿法

采用工作底稿法编制现金流量表，是以工作底稿为手段，以资产负债表和利润表数据为基础，对每一项目进行分析并编制调整分录，从而编制现金流量表。工作底稿法的程序如下。

第一步，将资产负债表的期初数和期末数过入工作底稿的期初数栏和期末数栏。

第二步，对当其业务进行分析并编制调整分录。编制调整分录时，要以利润表项目为基础，从“营业收入”开始，结合资产负债表项目逐一进行分析。在调整分录中，有关现金和现金等价物的事项，并不直接借记或贷记现金，而是分别计入“经营活动产生的现金流量”“投资活动产生的现金流量”“筹资活动产生的现金流量”有关项目，借记表示现金流入，贷记表示现金流出。

第三步，将调整分录过入工作底稿中的相应部分。

第四步，核对调整分录，借方、贷方合计数均已经相等，资产负债表项目期初数加减调整分录中的借贷金额以后，也等于期末数。

第五步，根据工作底稿中的现金流量表项目部分编制正式的现金流量表。

（2）T 型账户法

采用 T 型账户法编制现金流量表，是以 T 型账户为手段，以资产负债表和利润表数据为基础，对每一项目进行分析并编制调整分录，从而编制现金流量表。T 型账户法的程序如下。

第一步，为所有的非现金项目（包括资产负债表项目和利润表项目）分别开设 T 型账户，并将各自的期末期初变动数过入各该账户。如果项目的期末数大于期初数，则将差额过入和项目余额相同的方向；反之，过入相反的方向。

第二步，开设一个大的“现金及现金等价物”T 型账户，每边分为经营活动、投资活动和筹资活动三个部分，左边记现金流入，右边记现金流出。与其他账户一样，过入期末期初变动数。

第三步，以利润表项目为基础，结合资产负债表分析每一个非现金项目的增减变动，并据此编制调整分录。

第四步，将调整分录过入各 T 型账户，并进行核对，该账户借贷相抵后的余额与原先过入的期末期初变动数应当一致。

第五步，根据大的“现金及现金等价物”T 型账户编制正式的现金流量表。

分析填列法是直接根据资产负债表、利润表和有关会计科目明细账的记录，分析计算出现金流量表各项目的金额，并据以编制现金流量表的一种方法。

8.5 所有者权益变动表

所有者权益变动表是指反映构成所有者权益各组成部分当期增减变动情况的报表，样式如表 8-6 所示。所有者权益变动表应当全面反映一定时期所有者权益变动的情况，不仅包括所有者权益总量的增减变动，还包括所有者权益增减变动的重要结构信息，特别是要反映直接计入所有者权益的利得和损失，让报表使用者准确理解所有者权益变动表的根源。

所有者权益变动表有关项目的内容及填列说明如下。

（一）所有者权益变动表项目的填列方法

所有者权益变动表各项目均需填列“本年金额”和“上年金额”两栏。

所有者权益变动表“上年金额”栏内各项数字,应根据上年度所有者权益变动表“本年金额”内所列数字填列。上年度所有者权益变动表规定的各个项目的名称和内容同本年度不一致的，应对上年度所有者权益变动表各项目的名称和数字按照本年度的规定进行调整，填入所有者权益变动表的“上年金额”栏内。

所有者权益变动表“本年金额”栏内各项数字一般应根据“实收资本（或股本）”“资本公积”“盈余公积”“利润分配”“库存股”“以前年度损益调整”科目的发生额分析填列。

（二）所有者权益变动表各项目的列报说明

1. “上年年末余额”项目

反映企业上年资产负债表中实收资本（或股本）、资本公积、其他综合收益、盈余公积、未分配利润等的年末余额。

2. “会计政策变更”和“前期差错更正”项目

应根据盈余公积、利润分配、以前年度损益调整等的发生额分析填列，并在“上年年末余额”的基础上调整得出“本年年初余额”项目。

3. “本年增减变动额”项目

（1）“综合收益总额”项目，反映企业当年的综合收益总额，应根据当年利润表中“其他综合收益的税后净额”和“净利润”项目填列，并对应列在“其他综合收益”和“未分配利润”栏。

表 8-6 所有者权益变动表样式

会企 04 表

编制单位： 年 单位：元

项目	本年金额										上年金额									
	实收资本（或股本）	其他权益工具			资本公积	减：库存股	其他综合收益	盈余公积	未分配利润	所有者权益合计	实收资本（或股本）	其他权益工具			资本公积	减：库存股	其他综合收益	盈余公积	未分配利润	所有者权益合计
		优先股	永续债	其他								优先股	永续债	其他						
一、上年年末余额	–	–	–	–	–	–	–	–	–	–	–	–	–	–	–	–	–	–	–	–
加：会计政策变更										–										–
前期差错更正										–										–
其他																				–
二、本年年初余额	–	–	–	–	–	–	–	–	–	–	–	–	–	–	–	–	–	–	–	–
三、本年增减变动金额（减少以"–"填列）	–	–	–	–	–	–	–	–	–	–	–	–	–	–	–	–	–	–	–	–
（一）综合收益总额										–										–
（二）所有者投入和减少资本	–	–	–	–	–	–	–	–	–	–	–	–	–	–	–	–	–	–	–	–
1. 所有者投入的普通股										–										–
2. 其他权益工具持有者投入资本										–										–
3. 股份支付计入所有者权益的金额										–										–
4. 其他										–										–
（三）利润分配	–	–	–	–	–	–	–	–	–	–	–	–	–	–	–	–	–	–	–	–
1. 提取盈余公积										–										–
2. 对所有者（或股东）的分配										–										–
3. 其他										–										–
（四）所有者权益内部结转	–	–	–	–	–	–	–	–	–	–	–	–	–	–	–	–	–	–	–	–
1. 资本公积转增资本（或股本）										–										–
2. 盈余公积转增资本（或股本）										–										–
3. 盈余公积弥补亏损										–										–
4. 其他										–										–
四、本年年末余额	–	–	–	–	–	–	–	–	–	–	–	–	–	–	–	–	–	–	–	–

（2）“所有者投入和减少资本”项目，反映企业当年所有者投入的资本和减少的资本。其中：“所有者投入资本”项目，反映企业接受投资者投入形成的实收资本（或股本）和资本公积，并对应列在“实收资本”（或股本）和“资本公积”栏。

（3）“利润分配”下各项目，反映当年对所有者（或股东）分配的利润（或股利）金额和按照规定提取的盈余公积金额，并对应列在“未分配利润”和“盈余公积”栏。

其中：

①“提取盈余公积”项目，反映企业按照规定提取的盈余公积。

②“对所有者（或股东）的分配”项目，反映对所有者（或股东）分配的利润（或股利）金额。

（4）“所有者权益内部结转”下各项目，反映不影响当年所有者权益总额的所有者权益各组成部分之间当年的增减变动，包括资本公积转增资本（或股本）、盈余公积转增资本（或股本）、盈余公积弥补亏损等。

其中：

①“资本公积转增资本（或股本）”项目，反映企业以资本公积转增资本或股本的金额。

②“盈余公积转增资本（或股本）”项目，反映企业以盈余公积转增资本或股本的金额。

③“盈余公积弥补亏损”项目，反映企业以盈余公积弥补亏损的金额。

8.6 财务报表附注揭示的秘密

财务报表中的数字是经过分类与汇总后的结果，是反映企业发生的经济业务的高度简化和浓缩的数字，如果没有形成这些数字，财务报表就不可能充分发挥效用。因此，附注与资产负债表、利润表、现金流量表、所有者权益变动表等报表具有同等的重要性，是财务报表的重要组成部分。报表使用者了解企业的财务状况、经营成果和现金流量，应当全面阅读附注。

附注应满足以下基本要求。

（1）附注披露的信息应是定量、定性信息的结合，从而能从量和质两个角度对企业经济事项完整地进行反映，满足信息使用者的决策需求。

（2）附注应当按照一定的结构进行系统合理的排列和分类，有顺序地披露信息。

（3）附注相关信息应当与合并资产负债表、合并利润表、合并现金流量表和合并所有者权益变动表等报表中列示的项目相互参照，以从整体上更好地反映财务报表。

附注作为财务报表的组成部分，应按下列顺序反映有关内容。

（1）企业的基本情况。

① 企业注册地、组织形式和总部地址。

② 企业的业务性质和主要经营活动，如企业所处的行业、所提供的主要产品或服务、客户的性质、销售策略、监管环境的性质等。

③ 母公司以及集团最终母公司的名称。

④ 财务报告的批准报出者和财务报告批准报出日。

（2）财务报表的编制基础。

财务报表的编制基础是指财务报表是在持续经营基础上还是非持续经营基础上编制的。企业一般是在持续经营基础上编制财务报表，清算、破产属于非持续经营基础。

（3）遵循企业会计准则的声明。

企业应当声明编制的财务报表符合企业会计准则的要求，真实、完整地反映了企业的财务状况、经营成果和现金流量等有关信息，以此明确企业编制财务报表所依据的制度基础。

（4）重要会计政策和会计估计。

（5）会计政策和会计估计变更以及差错更正的说明。

（6）报表重要项目的说明。

（7）或有和承诺事项的说明、资产负债表日后非调整事项的说明、关联方关系及其交易的说明。

（8）有助于财务报表使用者评价企业管理资本的目标、政策及程序的信息。

模拟演练

报表编制

资料 1：泰安公司 2018 年 10 月 31 日科目余额如表 8-7 所示。

表 8-7　泰安公司 2018 年 10 月 31 日科目余额表

2018 年 10 月 31 日　　账户余额 单位：元

总分类账户	余额		明细分类账户	余额	
	借方	贷方		借方	贷方
库存现金	7 000.00				
银行存款	160 000.00				
应收账款	106 000.00		甲公司	86 000.00	
			乙公司	20 000.00	
材料采购	20 000.00				
原材料	60 000.00				
库存商品	40 000.00				
生产成本	30 000.00				
固定资产	440 000.00				
累计折旧		40 000.00			
短期借款		80 000.00			
应付账款		85 000.00	A 公司		60 000.00
			B 公司		25 000.00
应交税费		17 000.00	应交增值税		17 000.00
实收资本		600 000.00			
盈余公积		6 000.00			
本年利润		30 000.00			
利润分配		5 000.00			
合计	863 000.00	863 000.00			

要求：根据上述资料编制资产负债表。

答案：泰安公司 2018 年 10 月 31 日资产负债表如表 8-8 所示。

表 8-8 泰安公司 2018 年 10 月 31 日资产负债表

会企 01 表

编制单位： 2018 年 10 月 31 日 单位：元

资　　产	期末余额	年初余额	负债和所有者权益	期末余额	年初余额
流动资产：			流动负债：		
货币资金	167 000.00		短期借款	80 000.00	
以公允价值计量且其变动计入当期损益的金融资产			以公允价值计量且其变动计入当期损益的金融负债		
衍生金融资产			衍生金融负债		
应收票据			应付票据		
应收账款	106 000.00		应付账款	85 000.00	
预付款项			预收款项		
应收利息			应付职工薪酬		
应收股利			应交税费	17 000.00	
其他应收款			应付利息		
存货	150 000.00		应付股利		
持有待售资产			其他应付款		
一年内到期的非流动资产			持有待售负债		
其他流动资产			一年内到期的非流动负债		
流动资产合计	423 000.00	—	其他流动负债		
非流动资产：			流动负债合计	182 000.00	—
可供出售金融资产			非流动负债：		
持有至到期投资			长期借款		
长期应收款			应付债券		
长期股权投资			其中：优先股		
投资性房地产			永续债		
固定资产	400 000.00		长期应付款		
在建工程			专项应付款		
工程物资			预计负债		
固定资产清理			递延收益		
生产性生物资产			递延所得税负债		
油气资产			其他非流动负债		
无形资产			非流动负债合计	—	—

续表

资　产	期末余额	年初余额	负债和所有者权益	期末余额	年初余额
开发支出			负债合计	182 000.00	—
商誉			所有者权益：		
长期待摊费用			实收资本（或股本）	600 000.00	
递延所得税资产			其他权益工具		
其他非流动资产			其中：优先股		
非流动资产合计	400 000.00	—	永续债		
			资本公积		
			减：库存股		
			其他综合收益		
			盈余公积	6 000.00	
			未分配利润	35 000.00	
			所有者权益合计	641 000.00	—
资产总计	823 000.00	—	负债和所有者权益总计	823 000.00	—

资料 2：普惠公司 2018 年 9 月损益类账户发生额资料如表 8-9 所示（所得税税率 25%）。

表 8-9　普惠公司 2018 年 9 月损益类账户发生额资料

2018 年 9 月　　单位：元

账户名称	本期发生额	
	借方	贷方
主营业务收入		1 200 000.00
主营业务成本	700 000.00	
税金及附加	25 000.00	
销售费用	20 000.00	
管理费用	95 000.00	
财务费用	10 000.00	
投资收益		15 000.00
其他业务收入		30 000.00
其他业务成本	15 000.00	
营业外收入		35 000.00
营业外支出	18 000.00	

要求：根据上述资料编制利润表。

答案：普惠公司 2018 年 9 月利润表如表 8-10 所示。

表 8-10 普惠公司 2018 年 9 月利润表

会企 02 表

编制单位： 年 月 单位：元

项目	本期金额	上期金额
一、营业收入	1 230 000.00	
减：营业成本	715 000.00	
税金及附加	25 000.00	
销售费用	20 000.00	
管理费用	95 000.00	
财务费用	10 000.00	
资产减值损失		
加：公允价值变动收益（损失以“—”号填列）		
投资收益（损失以“—”号填列）	15 000.00	
其中：对联营企业和合营企业的投资收益		
资产处置收益（损失以“—”号填列）		
其他收益		
二、营业利润（亏损以“—”号填列）	380 000.00	
加：营业外收入	35 000.00	
减：营业外支出	18 000.00	
三、利润总额（亏损总额以“—”号填列）	397 000.00	
减：所得税费用	99 250.00	
四、净利润（净亏损以“—”号填列）	297 750.00	
（一）持续经营净利润（净亏损以“—”号填列）		
（二）终止经营净利润（净亏损以“—”号填列）		
五、其他综合收益的税后净额		
（一）以后不能重分类进损益的其他综合收益		
1. 重新计量设定受益计划净负债或净资产的变动		
2. 权益法下在被投资单位不能重分类进损益的其他综合收益中享有的份额		
……		
（二）以后将重分类进损益的其他综合收益		
1. 权益法下在被投资单位以后将重分类进损益的其他综合收益中享有的份额		

续表

项目	本期金额	上期金额
2. 可供出售金融资产公允价值变动损益		
3. 持有至到期投资重分类为可供出售金融资产损益		
4. 现金流量套期损益的有效部分		
5. 外币财务报表折算差额		
……		
六、综合收益总额		
七、每股收益：		
（一）基本每股收益		
（二）稀释每股收益		

第9章

无处不在的“税”

本杰明·富兰克林曾经说过一句名言："世界上只有两件事是不可避免的，那就是税收和死亡。"税收是一个国家赖以生存的经济基础，在经济社会里，税收变得越来越重要。会计和税收的关系也从来没有如此的紧密，很多单位专门设立了涉税会计的岗位，很多的大专院校也都在会计学院的基础上开设税务筹划课程。可以不夸张地说，如果一个财务人员不懂得报税，不懂得和税务局打交道，那他一定不适合继续留在财务岗位上。

9.1 "税"碎念

1994年国家实行税制改革，根据不同行业和税种，将过去的税务局分为国家税务局和地方税务局。时隔24年，国税与地税重新合并。

国、地税合并后，承担所辖区域内各项税收征管等职责。也就是将原来国税局、地税局系统的各种税种征收和管理进行合并。税务将统一征收以下18个税种：增值税、消费税、企业所得税、个人所得税、资源税、城市维护建设税、房产税、印花税、城镇土地使用税、土地增值税、车船使用税、船舶吨税、车辆购置税、关税、耕地占用税、契税、烟叶税、环保税。

9.2 常见税种

增值税是我国的第一大税，也是流转税中最重要的一个税种。流转税是对流转额征收的一种税。以前三大流转税为增值税、消费税、营业税。2016年5月全面营改增政策实施，2017年11月《中华人民共和国营业税暂行条例》废止，营业税已完成使命退出了历史舞台。而消费税和一些特殊的行业有关，所以对于一般工商企业来说，主要的流转税只剩下增值税。

9.2.1 增值税：与"增值"相关的税种

增值税就是对经营者在生产经营活动中实现的增值额征收的一种间接税。增值税在我国大致经历了试点、确立、转型改革和扩围改革4个主要阶段。1984年国务院颁布《中华人民共和国增值税条例（草案）》；1993年12月13日，国务院发布了《中华人民共和国增值税暂行条例》，12月25日，财政部下发了《中华人民共和国增值税暂行条例实施细则》，于1994年1月1日起施行；2009年起，开始在全国范围内实现增值税由生产型向消费型的转变；2016年5月1日起，全面推开营改增试点，至此，营业税全部改征增值税。

增值税征收范围包括：在中国境内销售货物或者进口货物；在中国境内提供加工、修理修配劳务；在中国境内销售应税服务、无形资产或不动产。

增值税税率分为三档：13%、9% 和 6% 三档（不含零税率）（注：从 2019 年 4 月 1 日起，增值税税率 16% 降为 13%，10% 降为 9%，6% 扩抵）。

增值税的计税依据为其销售额（进口货物的计税依据为规定的组成计税价格）。

增值税税额的计算方法如下。

- 一般纳税人的应纳税额 = 当期销项税额 - 当期进项税额
- 小规模纳税人的应纳税额 = 含锐销售额 ÷（1+ 征收率）× 征收率
- 进口货物的应纳税额 =（关税完税价格 + 关税 + 消费税）× 税率

增值税纳税申报时间与主管国税机关核定的纳税期限是相联系的。以 1 个月为一个纳税期的纳税人，自期满之日起 15 日内申报纳税；以 1 日、3 日、5 日、10 日或 15 日为一个纳税期的纳税人，自期满之日起 5 日内预缴税款，次月 1 至 15 日申报并结清上月应纳税款。增值税年审工作自每年 1 月开始至 5 月底结束（具体实施期限由省级税务机关确定）。上一年度已认定为一般纳税人的企业和临时认定为一般纳税人的企业均要参加。

增值税小规模纳税人标准为年应征增值税销售额 500 万元及以下。转登记日前连续 12 个月（以 1 个月为 1 个纳税期）或者连续 4 个季度（以 1 个季度为 1 个纳税期）累计销售额未超过 500 万元的一般纳税人，在 2019 年 12 月 31 日前，可选择转登记为小规模纳税人，其未抵扣的进项税额做转出处理。

从 2018 年 2 月 1 日起，增值税一般纳税人实行登记制，登记事项由增值税纳税人向主管税务机关办理。办理程序也很简单。纳税人向主管税务机关填报《增值税一般纳税人登记表》（如表 9-1 所示），如果纳税人填报内容与税务登记信息一致，主管税务机关当场登记；如不一致或者不符合填列要求，税务机关应当场告知纳税人需要补正的内容。

表 9-1 增值税一般纳税人登记表

纳税人名称			社会信用代码（纳税人识别号）		
法定代表人（负责人、业主）		证件名称及号码		联系电话	
财务负责人		证件名称及号码		联系电话	
办税人员		证件名称及号码		联系电话	

续表

<table>
<tr><td>税务登记日期</td><td colspan="2"></td></tr>
<tr><td>生产经营地址</td><td colspan="2"></td></tr>
<tr><td>注册地址</td><td colspan="2"></td></tr>
<tr><td colspan="3">纳税人类别：企业□　非企业性单位□　个体工商户□　其他□</td></tr>
<tr><td colspan="3">主营业务类别：工业□　商业□　服务业□　其他□</td></tr>
<tr><td colspan="3">会计核算健全：是□</td></tr>
<tr><td colspan="3">一般纳税人生效之日：当月 1 日□次月 1 日□</td></tr>
<tr><td colspan="3">纳税人（代理人）承诺：
会计核算健全，能够提供准确税务资料，上述各项内容真实、可靠、完整。如有虚假，愿意承担相关法律责任。
经办人：　法定代表人：　代理人：　（签章）
年　月　日</td></tr>
<tr><td colspan="3">以下由税务机关填写</td></tr>
<tr><td>税务机关受理情况</td><td>受理人：</td><td>受理税务机关（章）
年　月　日</td></tr>
</table>

纳税人年应税销售额超过财政部、国家税务总局规定标准，且符合有关政策规定，选择按小规模纳税人纳税的，应当向主管税务机关提交书面说明。选择按小规模纳税人纳税的情况说明如表 9-2 所示。

表 9-2　选择按小规模纳税人纳税的情况说明

<table>
<tr><td colspan="2">纳税人名称</td><td></td><td>初会信用代码（纳税人识别号）</td><td></td></tr>
<tr><td colspan="3" rowspan="2">连续不超过 12 个月或 4 个季度的经营期内累计应税销售额</td><td colspan="2">货物劳务：　年　月至　年　月共　元。</td></tr>
<tr><td colspan="2">应税服务：　年　月至　年　月共　元。</td></tr>
<tr><td>情况说明</td><td colspan="4"></td></tr>
</table>

续表

<table>
<tr><td colspan="2">纳税人（代理人）承诺：
上述各项内容真实、可靠、完整。如有虚假，愿意承担相关法律责任。

经办人：　法定代表人：　代理人：　（签章）
年　月　日</td></tr>
<tr><td colspan="2">以下由税务机关填写</td></tr>
<tr><td>税务机关受理情况</td><td>受理人：　受理税务机关（章）
年　月　日</td></tr>
</table>

9.2.2 消费税：与应税消费品有关的税种

消费税是流转税中的主要税种。它是对一些特定消费品和消费行为征收的一种税。国务院在发布《中华人民共和国增值税暂行条例》的同一天（1993 年 12 月 13 日）颁布了《中华人民共和国消费税暂行条例》，财政部 1993 年 12 月 25 日颁布了《中华人民共和国消费税暂行条例实施细则》，并于 1994 年 1 月 1 日开征消费税。

我国消费税的征税范围有烟、酒、化妆品、贵重首饰及珠宝玉石、鞭炮和焰火、成品油、小汽车、摩托车、高尔夫球及球具、高档手表、游艇、木制一次性筷子、实木地板、涂料、电池。消费税设置了 15 个税目。

消费税采用从价定率和从量定额两种计税方法。对纳税人出口应税消费品，免征消费税。

消费税的计税方法如下。

1. 从价计税

$$应纳税额 = 应税消费品销售额 \times 比例税率$$

2. 从量计税（啤酒、黄酒、成品油）

$$应纳税额 = 应税消费品销售数量 \times 单位税率$$

3. 复合计征（卷烟、白酒）

$$应纳税额 = 销售额 \times 比例税率 + 销售数量 \times 定额税率$$

4. 组成计税价格

（1）自产自用：按照纳税人生产的“同类”消费品的销售价格计算纳税；没有同类消费品销售价格的，按照组成计税价格计算纳税。

①一般应税消费品组成计税价格公式

组成计税价格 =（成本 + 利润）÷（1- 比例税率）

②复合计征应税消费品组成计税价格公式

组成计税价格 =（成本 + 利润 + 自产自用数量 × 定额税率）÷（1- 比例税率）

（2）委托加工：按照“受托方”的同类消费品的销售价格计算纳税；没有同类消费品销售价格的，按照组成计税价格计算纳税。

①一般应税消费品组成计税价格公式

组成计税价格 =（材料成本 + 加工费）÷（1- 比例税率）

②复合计征应税消费品组成计税价格公式

组成计税价格 =（材料成本 + 加工费 + 委托加工数量 × 定额税率）÷（1- 比例税率）

（3）进口：按照组成计税价格计算纳税。

①一般应税消费品组成计税价格公式

组成计税价格 =（关税完税价格 + 关税）÷（1- 消费税比例税率）

②复合计征应税消费品组成计税价格公式

组成计税价格 =（关税完税价格 + 关税 + 进口数量 × 消费税定额税率）÷（1- 消费税比例税率）

5. 已纳消费税的扣除

用外购和委托加工收回应税消费品，“连续生产应税消费品”，在计征消费税时，可以按“当期生产领用数量”计算准予扣除外购和委托加工的应税消费品已纳消费税税款。

当期准予扣除的应税消费品已纳税款 = 当期生产领用数量 × 单价 × 应税消费品的适用税率

消费税在以下环节可能发生缴税义务。

- 生产环节。自产自用的不纳税；用于其他方面的，于使用时纳税。委托加工的，由受托方在向委托方交货时代扣代缴。
- 进口环节。于报关进口时纳税。
- 零售批发环节。金银首饰消费税由零售者在零售环节缴纳，卷烟在批发环节加征一道从价消费税，这点需要注意。

9.2.3 企业所得税：与企业盈亏相关的税种

企业所得税是指在中华人民共和国境内，企业和其他取得收入的组织（以下统称企业）对中华人民共和国境内的一切企业（不包括外商投资企业和外国企业），就其来源于中国境内外的生产经营所得和其他所得而征收的一种税。现行的企业所得税法主要是 1993 年 12 月 23 日国务院发布的《中华人民共和国企业所得税暂行条例》和 1994 年 2 月 4 日财政部发布的《中华人民共和国企业所得税暂行条例实施细则》及 2017 年 2 月 24 日修订后的《中华人民共和国企业所得税法》。

企业所得税税率为 25%，非居民企业取得“非居民企业在中国境内未设立机构、场所的，或者虽设立机构、场所但取得的所得与其所设机构、场所没有实际联系的，应当就其来源于中国境内的所得缴纳企业所得税”规定的所得，适用税率为 20%。总体而言，企业所得税基本税率 25%；低税率 20%，实际执行 10% 税率。企业所得税的纳税人不同，适用的税率也不同。居民企业中符合条件的小型微利企业减按 20% 税率征税；国家重点扶持的高新技术企业减按 15% 税率征税。企业所得税税率如表 9-3 所示。

表 9-3 企业所得税税率表

序号	税目	税率
1	企业所得税税率	25%
2	符合条件的小型微利企业（应纳税所得额减按 50%）	20%
3	国家需要重点扶持的高新技术企业	15%
4	技术先进型服务企业（中国服务外包示范城市）	15%
5	线宽小于 0.25 微米的集成电路生产企业	15%
6	投资额超过 80 亿元的集成电路生产企业	15%
7	设在西部地区的鼓励类产业企业	15%
8	广东横琴、福建平潭、深圳前海等地区的鼓励类产业企业	15%
9	国家规划布局内的重点软件企业和集成电路设计企业	10%
10	非居民企业在中国境内未设立机构、场所的，或者虽设立机构、场所但取得的所得与其所设机构、场所没有实际联系的，应当就其来源于中国境内的所得缴纳企业所得税	10%

企业所得税的计算：

应纳所得税额 = 应纳税所得额 × 税率

公式中“应纳税所得额”就是企业每一纳税年度的收入总额，减除不征税收入、免税收入、各项扣除以及允许弥补的以前年度亏损后的余额。企业所得实行按年计算，分月或者分季预缴，月份或者季度终了后十五日内预缴，年度终了后 5 个月内汇算清缴，多退少补。

9.2.4 个人所得税：与个人收入相关的税种

个人所得税简称“个税”，它是以个人（自然人）取得的各项应税所得为对象征收的一种税。《中华人民共和国个人所得税法》是1993年10月31日第八届全国人民代表大会常务委员会公布的，自1994年1月1日起施行。国务院于1994年1月28日发布了《中华人民共和国个人所得税法实施条例》。2018年8月31日，修改个人所得税法的决定通过，起征点每月5000元，2018年10月1日起实施最新起征点和税率。

个人所得税的纳税义务人是在中国境内居住有所得的人，以及不在中国境内居住而从中国境内取得所得的个人，包括中国国内公民，在华取得所得的外籍人员和港、澳、台同胞。

个人所得税的纳税义务人分为居民纳税义务人和非居民纳税义务人。如表9-4所示。

表9-4 个人所得税纳税义务人

分类	居民纳税义务人（居民个人）	非居民纳税义务人（非居民个人）
定义	在中国境内有住所，或者无住所而一个纳税年度内在中国境内居住累计满一百八十三天的个人，为居民个人。	在中国境内无住所又不居住，或者无住所而一个纳税年度内在中国境内居住累计不满一百八十三天的个人，为非居民个人。
纳税	居民个人从中国境内和境外取得的所得，依照本法规定缴纳个人所得税。	非居民个人从中国境内取得的所得，依照本法规定缴纳个人所得税。

个人所得税法列举征税的个人所得共九项，具体包括如下。

- 工资薪金所得。
- 劳务报酬所得。
- 稿酬所得。
- 特许权使用费所得。
- 经营所得。
- 利息、股息、红利所得。
- 财产租赁所得。
- 财产转动所得。
- 偶然所得。

注：工资薪金所得、劳务报酬所得、稿酬所得、特许权使用费所得为综合所得。

居民个人取得综合所得，按纳税年度合并计算个人所得税；非居民个人取得综合所得，按月或者按次分项计算个人所得税。纳税人取得余下五项所得，依照个税法规定分别计算个人所得税。

个人所得税分别不同个人所得项目，规定超额累进税率和比例税率两种形式。

综合所得，适用 3% 至 45% 的超额累进税率，其税率如表 9-5 所示。

表 9-5 个人所得税税率表一（综合所得适用）

级数	全年应纳税所得额	税率（%）
1	不超过 36000 元的部分	3
2	超过 36000 元至 144000 元的部分	10
3	超过 144000 元至 300000 元的部分	20
4	超过 300000 元至 420000 元的部分	25
5	超过 420000 元至 660000 元的部分	30
6	超过 660000 元至 960000 元的部分	35
7	超过 960000 元的部分	45

注 1：本表所称全年应纳税所得额是指居民个人取得综合所得以每一纳税年度收入额减除费用六万元以及专项扣除、专项附加扣除和依法确定的其他扣除后的余额。

注 2：非居民个人取得工资、薪金所得，劳务报酬所得，稿酬所得和特许权使用费所得，依照本表按月换算后计算应纳税额。

经营所得，适用 5% 至 35% 的超额累进税率。其税率如表 9-6 所示。

表 9-6 个人所得税税率表二（经营所得适用）

级数	全年应纳税所得额	税率（%）
1	不超过 30000 元的	5
2	超过 30000 元至 90000 元的部分	10
3	超过 90000 元至 300000 元的部分	20
4	超过 300000 元至 500000 元的部分	30
5	超过 500000 元的部分	35

注：本表所称全年应纳税所得额是指以每一纳税年度的收入总额，减除成本、费用以及损失后的余额。

利息、股息、红利所得，财产租赁所得，财产转让所得和偶然所得，适用比例税率，税率为 20%。

扣缴义务人向居民个人支付工资、薪金所得，劳务报酬所得，稿酬所得，特许权使用费所得时，按以下方法预扣预缴个人所得税，并向主管税务机关报送《个人所得税扣缴申报表》。年度预扣预缴税额与年度应纳税额不一致的，由居民个人于次年3月1日至6月30日向主管税务机关办理综合所得年度汇算清缴，税款多退少补。

（一）扣缴义务人向居民个人支付工资、薪金所得时，应当按照累计预扣法计算预扣税款，并按月办理全员全额扣缴申报。具体计算公式如下：

本期应预扣预缴税额 =（累计预扣预缴应纳税所得额 × 预扣率 - 速算扣除数）- 累计减免税额 - 累计已预扣预缴税额

累计预扣预缴应纳税所得额 = 累计收入 - 累计免税收入 - 累计减除费用 - 累计专项扣除 - 累计专项附加扣除 - 累计依法确定的其他扣除

其中：累计减除费用，按照5000元/月乘以纳税人当年截至本月在本单位的任职受雇月份数计算。

（二）扣缴义务人向居民个人支付劳务报酬所得、稿酬所得、特许权使用费所得，按次或者按月预扣预缴个人所得税。具体计算公式如下：

劳务报酬所得应预扣预缴税额 = 预扣预缴应纳税所得额 × 预扣率 - 速算扣除数

稿酬所得、特许权使用费所得应预扣预缴税额 = 预扣预缴应纳税所得额 ×20%

9.2.5 城市维护建设税：与流转税相关的税费

城市维护建设税，简称“城建税”，是对从事工商经营，缴纳增值税、消费税的单位和个人征收的一种税。1985年2月8日国务院正式颁布了《中华人民共和国城市维护建设税暂行条例》，并于1985年1月1日在全国范围内施行。用途就是城市的建设。

- 城市维护建设税税率。

城市维护建设税按纳税人所在地的不同，分别规定不同的比例税率：在城市市区的税率为7%；在县城、镇的，税率为5%；不在城市市区、县城、镇的，税率为1%。

撤县建市后，纳税人所在地在市区的，城市维护建设税适用税率为7%；纳税人所在地在市区以外其他镇的，城市维护建设税适用税率仍为5%。

- 城市维护建设税的计算。

应纳城市维护建设税 =（实际缴纳的增值税、消费税）× 适用税率

- 特殊规定。

海关对进口产品代征的增值税、消费税，不征收城市维护建设税；对进口产品退还增值税、消费税的，不退还已缴纳的城市维护建设税；对“增值税、消费税”实行先征后返、先征后退、即征即退办法的，除另有规定外，对随“二税”附征的城市维护建设税和教育费附加，一律不予退（返）还。

9.3 其他税种

9.3.1 资源税

资源税是以各种自然资源为课税对象、为了调节资源级差收入并体现国有资源有偿使用而征收的一种税。1993 年 12 月 25 日国务院发布了《中华人民共和国资源税暂行条例》，1993 年 12 月 30 日财政部发布了《中华人民共和国资源税暂行条例实施细则》，并于 1994 年 1 月 1 日起施行。条例和实施细则均于 2011 年做了修订。

资源税征收的矿产品和盐共有七类：原油、天然气、煤炭、其他非金属矿原矿、黑色金属矿原矿、有色金属矿原矿和盐。纳税期限为 1 日、3 日、5 日、10 日、15 日或者 1 个月，由主管税务机关根据实际情况具体核定。不能按固定期限计算纳税的，可以按次计算纳税。2016 年财政部和国家税务总局公布的资源税税目税率幅度如表 9-7 所示。

表 9-7 资源税税目税率幅度表

序号	税目		征税对象	税率幅度
1	金属矿	铁矿	精矿	1% ～ 6%
2		金矿	金锭	1% ～ 4%
3		铜矿	精矿	2% ～ 8%
4		铝土矿	原矿	3% ～ 9%
5		铅锌矿	精矿	2% ～ 6%
6		镍矿	精矿	2% ～ 6%
7		锡矿	精矿	2% ～ 6%
8		未列举名称的其他金属矿产品	原矿或精矿	税率不超过 20%

续表

序号	税目		征税对象	税率幅度
9	非金属矿	石墨	精矿	3%～10%
10		硅藻土	精矿	1%～6%
11		高岭土	原矿	1%～6%
12		萤石	精矿	1%～6%
13		石灰石	原矿	1%～6%
14		硫铁矿	精矿	1%～6%
15		磷矿	原矿	3%～8%
16		氯化钾	精矿	3%～8%
17		硫酸钾	精矿	6%～12%
18		井矿盐	氯化钠初级产品	1%～6%
19		湖盐	氯化钠初级产品	1%～6%
20		提取地下卤水晒制的盐	氯化钠初级产品	3%～15%
21		煤层（成）气	原矿	1%～2%
22		黏土、砂石	原矿	每吨或立方米 0.1 元～5 元
23		未列举名称的其他非金属矿产品	原矿或精矿	从量税率每吨或立方米不超过 30 元；从价税率不超过 20%
24	海盐		氯化钠初级产品	1%～5%

备注：

1．铝土矿包括耐火级矾土、研磨级矾土等高铝黏土。

2．氯化钠初级产品是指井矿盐、湖盐原盐、提取地下卤水晒制的盐和海盐原盐，包括固体和液体形态的初级产品。

3．海盐是指海水晒制的盐，不包括提取地下卤水晒制的盐。

9.3.2 城镇土地使用税

城镇土地使用税是以征收范围内的土地为征税对象，以实际占用的土地面积为计税依据，按规定税额对拥有土地使用权的单位和个人征收的一种税。国务院在 1988 年 9 月 27 日发布了《中华人民共和国城镇土地使用税暂行条例》，并于当年 11 月 1 日起实施。该条例分别于 2006 年、2011 年和 2013 年做了修订。

城镇土地使用税实行有幅度的差别定额税率，而且每个幅度税额的差距为 20 倍。土地使用税每平方米年税额如下。

- 大城市 1.5~30 元。

- 中等城市 1.2~24 元。
- 小城市 0.9~18 元。
- 县城、建制镇、工矿区 0.6~12 元。

城镇土地使用税以实际占用的土地面积为计税依据，按年计算、分期缴纳，由土地所在地的税务机关负责征收。

城镇土地使用税要按照规定的税额计算征收。其计算公式为：应纳税额 = 计税土地面积 × 适用税额。

9.3.3 耕地占用税

耕地占用税，是指国家对占用耕地建房或者从事其他非农业建设的单位和个人，依其占用耕地的面积征收的一种税。2007 年 12 月 1 日，国务院公布《中华人民共和国耕地占用税暂行条例》，并从 2008 年 1 月 1 日起施行。

耕地占用税以实际占用的耕地面积计税，按照规定税额一次性征收。征收时间是在收到土地管理部门办理占用耕地手续的通知之日起 30 日内缴纳。

耕地占用税的税额（以县为单位）。

- 人均耕地在 1 亩以下（含 1 亩）的地区，每平方米为 10~50 元。
- 人均耕地在 1~2 亩（含 2 亩）的地区，每平方米为 8~40 元。
- 人均耕地在 2~3 亩（含 3 亩）的地区，每平方米为 6~30 元。
- 人均耕地在 3 亩以上的地区，每平方米为 5~25 元。

农村居民占用应税土地新建住宅，按上述规定税额减半征收。经济特区、经济技术开发区和经济发达且人均耕地特别少的地区，适用税额可以适当提高，但是提高的部分最高不得超过上述规定税额的 50%。

耕地占用税应纳税额的计算公式如下。

应纳税额 = 实际占用耕地面积 (平方米) × 适用税率

9.3.4 土地增值税

土地增值税是对有偿转让国有土地使用权及地上建筑物和其他附着物产权、取得增值性收入的单位和个人征收的一种税。国务院于 1993 年 12 月 13 日发布了《中华人民共和国土地增值税暂行条例》，决定自 1994 年 1 月 1 日起在全国开征土地增值税。土地增值税税率如表 9-8 所示。财政部于 1995 年 1 月 27 日颁布了《中华人民共和国土地增值税暂行条例实施细则》。

表 9-8　土地增值税税率表

级数	增值额与扣除项目金额的比率（%）	税率（%）	速算扣除系数（%）
1	不超过 50% 的部分	30	0
2	超过 50% 至 100% 的部分	40	5
3	超过 100% 至 200% 的部分	50	15
4	超过 200% 的部分	60	35

所谓增值额，是纳税人转让房地产的收入减除税法规定的扣除项目金额后的余额。

所谓扣除项目是指如下项目。

- 取得土地使用权所支付的金额。
- 开发土地的成本、费用。
- 新建房及配套设施的成本、费用，或者旧房及建筑物的评估价格。
- 与转让房地产有关的税金。
- 财政部规定的其他扣除项目。

应纳税额 = 增值额 × 适用税率 − 扣除项目金额 × 速算扣除系数

一般在转让房地产合同签订之日起 7 日内，向房地产所在地的主管税务机关办理纳税申报。以一次交割、付清价款方式转让房地产的，应在办理过户、登记手续前一次性缴纳全部税款。以分期收款方式转让房地产的，可根据收款日期来确定具体的纳税期限。项目全部竣工结算前转让房地产的，还可以预征。

9.3.5　房产税

房产税是以房屋为征税对象，按房屋的计税余值或租金收入为计税依据，向产权所有人征收的一种财产税。现行的房产税是第二步利改税以后开征的，1986 年 9 月 15 日，国务院正式发布了《中华人民共和国房产税暂行条例》，从当年 10 月 1 日开始实施。该条例于 2011 年做了修订。

房产税采用从价计税。计税依据分为按计税余值计税和按租金收入计税两种。依照房产余值计算缴纳的，税率为 1.2%；依照房产租金收入计算缴纳的，税率为 12%。

房产税按年征收、分期缴纳。纳税期限一般规定按季或按半年征收一次。

一般在房产所在地缴纳。房产不在同一地方的，应按房产的坐落地点分别缴纳。

9.3.6 车辆购置税

车辆购置税是对有取得并自用应税车辆的行为的单位和个人征收的一种税。2000 年 10 月 22 日，国务院发布了《中华人民共和国车辆购置税暂行条例》，从 2001 年 1 月 1 日起施行。车辆购置税的征税范围是：汽车、摩托车、电车、挂车、农用运输车。税率为 10%。它实行一次征收制度，购置已征车辆购置税的车辆，不再征收车辆购置税，也就是说车辆办理过户手续时，不需要再次缴纳车辆购置税了。车辆购置税使用从价定率的办法计算应纳税额。计算公式为：应纳税额 = 计税价格 × 税率。

购买自用应税车辆或进口自用或以其他方式取得的，均应在 60 日内申报纳税。

9.3.7 车船税

车船税是以车船为征税对象，向拥有并使用车船的单位和个人征收的一种税。1986 年 9 月 15 日，国务院正式发布了《中华人民共和国车船使用税暂行条例》。2012 年 1 月 1 日，《中华人民共和国车船税法》开始实行。车船税的征收范围由车辆和船舶两大类构成。车船税采用定额税率，即对征税的车船规定单位固定税额。车船税按年申报，分月计算，一次性缴纳。由所在地税务机关征收。

9.3.8 印花税

印花税是对经济活动和经济交往中书立、领受的应税经济凭证所征收的一种税。1988 年 8 月，国务院公布了《中华人民共和国印花税暂行条例》，于同年 10 月 1 日起恢复征收。该条例于 2011 年做了修订。

要缴纳印花税的有：立合同人、立账簿人、立据人和领受人等。印花税应税凭证具体有 5 类，即经济合同，产权转移书据，营业账簿，权利、许可证照和经财政部确定征税的其他凭证。

印花税分别实行从价计征和从量计征两种征收方式。一般在书立或领受时贴花。

- 从价计税情况下计税依据的确定：各类经济合同，以合同上记载的金额、收入或费用为计税依据；产权转移书据以书据中所载的金额为计税依据；记载资金的营业账簿，以实收资本和资本公积两项合计的金额为计税依据。

- 从量计税情况下计税依据的确定：实行从量计税的其他营业账簿和权利、许可证照，以计税数量为计税依据。

税率采用比例税率和定额税率两种税率。比例税率有 1‰（租赁 / 仓储 / 保险 / 证券），0.5‰（加工 / 勘察 / 运输 / 产权 / 资金），0.3‰（购销 / 建筑 / 技术），0.05‰（借款）。定额税率适用的是权利、许可证照和营业账簿税目中的其他账簿，单位税额均为 5 元。

提醒：自 2018 年 5 月 1 日起，对按万分之五税率贴花的资金账簿减半征收印花税，对按件贴花五元的其他账簿免征印花税。

9.3.9 契税

契税是以所有权发生转移变动的不动产为征税对象，向产权承受人征收的一种财产税。1997 年 7 月 7 日颁布《中华人民共和国契税暂行条例》，于 1997 年 10 月 1 日起实施。契税税率为 3% ~ 5%。个人购房契税有优惠。

以下行为要缴纳契税。

- 国有土地使用权出让。
- 土地使用权转让，包括出售、赠与和交换，不包括农村集体土地承包经营权的转移。
- 房屋买卖。
- 房屋赠与。
- 房屋交换。

契税的计税依据如下。

- 国有土地使用权出让、土地使用权出售、房屋买卖，为成交价格。
- 土地使用权赠与、房屋赠与，由征收机关参照土地使用权出售、房屋买卖的市场价格核定。
- 土地使用权交换、房屋交换，为所交换的土地使用权、房屋的价格的差额。

契税计算公式为：应纳税额 = 计税依据 × 税率。

9.3.10 关税

《中华人民共和国进出口关税条例》是为了贯彻对外开放政策，促进对外经济贸易和国民经济的发展，根据《中华人民共和国海关法》的有关规定，国务院制定的一部行政法规。由国务院于 2003 年 11 月 23 日发布，自 2004 年 1 月 1 日起施行。分别于 2011 年 1 月 8 日、2013 年 12 月 7 日、2016 年 2 月 6 日、2017 年 3 月 1 日进行了修订。

关税的征税对象，包括应税货物和应税物品两类。征税对象和进出口方向不同，其适用的税率也不同。

关税应纳税额计算有如下公式。

- 从价计税应纳税额：关税税额 = 进（出）口应税货物的数量 × 单位完税价格 × 适用税率。
- 从量计税应纳税额：关税税额 = 应税进（出）口货物数量 × 单位货物税额。
- 复合计税应纳税额：关税税额 = 应税进（出）口货物数量 × 单位货物税额 + 应税进（出）口货物数量 × 单位完税价格 × 适用税率。
- 滑准税应纳税额：关税税额 = 应税进（出）口货物数量 × 单位完税价格 × 滑准税税率。

进出口货物的关税的完税价格是海关以该货物的成交价格为基础审定。进口货物的完税价格包括货价，加上货物运抵中国关境内输入地点起卸前的运输及相关费用、保险费。出口货物的完税价格包括货价，加上货物运至中国关境内输出地点装载前的运输及相关费用、保险费，扣除出口关税税额。

进出口货物的纳税义务人，应当自海关填发税款缴款书之日起 15 日内缴纳税款。进出境物品的纳税义务人，应当在物品放行前缴纳税款。

9.4 会计不用这样跑税务局了

和税务局打交道，首先就是税务登记。不过，从 2016 年 10 月 1 日起，全国全面实施“五证合一、一照一码”的登记制度改革，这“五证”指的是：营业执照、组织机构代码证、税务登记证、社会保险登记证和统计登记证。五证合一后，不用再办理税务登记证了，新版的营业执照上已核准 18 位统一社会信用代码，这个代码就相当于企业的身份证，税务局可以通过这个代码来查询单位的信息。

新版的营业执照已涵盖了税务登记证功能，所以纳税人办理在银行开立账户和领购发票，申请减税、免税、退税，外出经营活动税收管理证明时，出示此证就行了。

国家税务总局 2019 年“便民办税春风行动”已经启动，税务部门在 2019 年底前将实现 70% 以上一次办结，纳税人可全程网上办理或最多只需要到税务机关跑一次。现在税局网站正在完善，相信不久以后，会计再也不用再跑税局了。

关于税务登记、税种核定、变更税务登记、停业复业申请、税务注销等业务，大家可以在税务局网站上根据提示进行操作，具体到当地税务机关及拨打 12366 进行咨询。这里主要给大家说一下会计每月必接触到的纳税申报。

9.4.1 纳税申报的内容

纳税申报，也就是会计常说的“报税”。纳税申报是纳税人发生纳税义务后或扣缴义务人代扣代缴税款后，按照税法或税务机关规定的期限和内容，就有关纳税事项向税务机关提交书面报告的制度。

纳税申报的内容，主要体现在各税种的纳税申报表中。申报期限有两种：一种是法律、行政法规明确规定的；另一种是税务机关按照法律、行政法规的原则规定，结合纳税人生产经营的实际情况及其所应缴纳的税种等相关问题予以确定的。两种期限具有相同的法律效力。在进行纳税申报时，纳税人和扣缴义务人可以自行申报，也可以代理申报。目前有直接申报（大厅申报）及网络申报两种方式。

9.4.2 纳税申报的流程

无论采用哪种申报方式，其申报和缴纳税款的流程是一样的。

（1）到办税服务厅确定纳税申报方式、时间、内容，领取申报表等有关资料。

（2）如实填写纳税申报表。当期无应纳税额的纳税人，也需按规定期限分别办理无税申报。

（3）在规定的缴款期限内凭税收缴款书办理税款解缴。

（4）在申报纳税时应同时报送相关资料如资产负债表、利润表等。

如果因为不可抗力或财务会计处理上的特殊情况等原因，不能按期申报的，经县级以上税务机关核准，可以延期申报。

一般纳税人在征期内进行申报的具体流程如图 9.1 所示。

1. 抄报税

纳税人在征期内登录增值税发票管理新系统抄税，并通过网上自动抄报或办税厅报税，向税务机关上传上月开票数据。无税控设备的，无需抄报税。

（1）自动抄报——每月首次启动开票软件，系统将自动上报汇总进行征期报税。如有未上传的发票，可以手动点击上报汇总按钮进行征期报税（上报汇总不支持非征期抄报）。

（2）办税厅抄报——如遇特殊原因无法进行上报汇总，可以使用办税厅抄报功能进行大厅抄报。

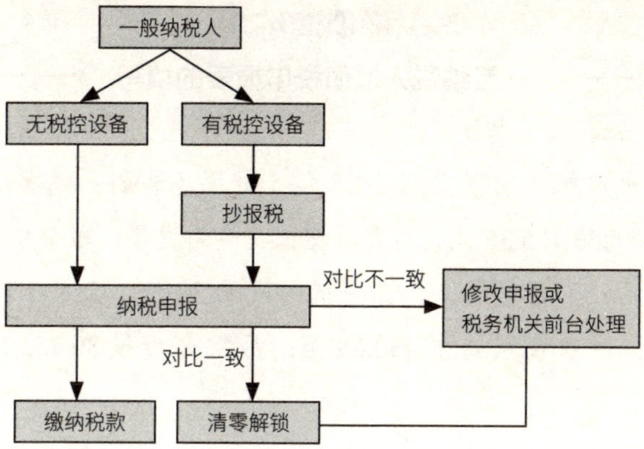

图 9.1 一般纳税人在征期内申报的具体流程

选择“办税厅抄报”菜单—选择票种—选择抄税介质—点击抄税。

2. 申报纳税

在税局官网进行在线申报。一些地方还需要对增值税纳税申报资料进行电子信息采集，制作数据电文，最后通过 CA 证书或网上办税账号登录电子税务局进行网上申报。

申报成功后，即可通过税银联网实时扣缴税款。

3. 清零解锁

申报成功后，纳税人返回开票系统对税控设备进行清零解锁。

模拟演练

一般纳税人增值税申报表的填写

资料：柳州永旭机械有限公司 2018 年 5 月税务资料：销售收入 1 519 720.96 元，应纳销项税额 243 155.35 元，均开具增值税专用发票；租金收入 42 562.34 元，应纳税 2 128.12 元，不开发票；认证并抵扣发票 34 份，金额 1 119 146.72 元，税额 145 489.07 元；进项税额转出 430.68 元；月初未缴税 80 752.13 元；本期缴税 80 752.13 元。

填写步骤如下。

（1）“销售收入 1 519 720.96 元，应纳销项税额 197 563.72 元，均开具增值税专用发票”。

填写主表（增值税纳税申报表）的 1 栏、2 栏、11 栏。

填写附表（增值税纳税申报表附列资料）（一）第 1 行，第 1 列、2 列。

（2）“租金收入 42 562.34 元，应纳税 2 128.12 元，不开发票”。

填写主表第 5 栏、21 栏。

附表（一）第 9b 行第 5 列、6 列。

租金收入 + 应纳税，合计数计入附表（三）的第 5 行第 1 列。

（3）“认证并抵扣发票 34 份，金额 1 119 146.72 元，税额 145 489.07 元；进项税转出 430.68 元”。

税额、进项税额转出填写主表第 12 栏、14 栏。

附表（二）第 1 栏、2 栏、17 栏。

（4）“月初未缴税 80 752.13 元、本期缴税 80 752.13 元”。

分别填写主表的第 25 栏、第 30 栏。

申报表的其他内容按表内公式计算填列，填写好的增值税申报表主表及其附表如表 9-9 至表 9-12 所示。

表 9-9 增值税纳税申报表主表

（一般纳税人适用）

根据国家税收法律法规及增值税相关规定制定本表。纳税人不论有无销售额，均应按税务机关核定的纳税期限填写本表，并向当地税务机关申报。

税款所属时间：自 2018 年 5 月 1 日至 2018 年 5 月 31 日　　填表日期：2018 年 6 月 14 日　　金额单位：元至角分

纳税人识别号	9	1	4	5	0	2	0	0	1	2	3	4	5	6	7	8	9	0			所属行业：制造业

纳税人名称（公章）	柳州永旭机械有限公司	法定代表人姓名		注册地址	柳州航银路 1188 号	生产经营地址	柳州航银路 1188 号
开户银行及账号	柳州银行航北路支行 708062011011201234567	登记注册类型		私营有限责任公司		电话号码	0772-3990000

项目		栏次	一般项目		即征即退项目	
			本月数	本年累计	本月数	本年累计
销售额	（一）按适用税率计税销售额	1	1 519 720.96	（略）		
	其中：应税货物销售额	2	1 519 720.96			
	应税劳务销售额	3				
	纳税检查调整的销售额	4				
	（二）按简易办法计税销售额	5	42 562.34			
	其中：纳税检查调整的销售额	6				
	（三）免、抵、退办法出口销售额	7			—	—
	（四）免税销售额	8			—	—
	其中：免税货物销售额	9			—	—
	免税劳务销售额	10			—	—
税款计算	销项税额	11	197 563.72			
	进项税额	12	145 489.07			
	上期留抵税额	13				—
	进项税额转出	14	430.68			
	免、抵、退应退税额	15			—	—

续表

项目		栏次	一般项目		即征即退项目	
			本月数	本年累计	本月数	本年累计
税款计算	按适用税率计算的纳税检查应补缴税额	16			—	—
	应抵扣税额合计	17=12+13-14-15+16	145 058.39	—		—
	实际抵扣税额	18（如 17<11，则为 17，否则为 11）	145 058.39			
	应纳税额	19=11-18	52 505.33			
	期末留抵税额	20=17-18				—
	简易计税办法计算的应纳税额	21	2 128.12			
	按简易计税办法计算的纳税检查应补缴税额	22			—	—
	应纳税额减征额	23				
	应纳税额合计	24=19+21-23	54 633.45			
税款缴纳	期初未缴税额（多缴为负数）	25	80 752.13			
	实收出口开具专用缴款书退税额	26			—	—
	本期已缴税额	27=28+29+30+31	80 752.13			
	①分次预缴税额	28		—		—
	②出口开具专用缴款书预缴税额	29		—	—	—
	③本期缴纳上期应纳税额	30	80 752.13			
	④本期缴纳欠缴税额	31				
	期末未缴税额（多缴为负数）	32=24+25+26-27	54 633.45			
	其中：欠缴税额（≥0）	33=25+26-27		—		—
	本期应补（退）税额	34 = 24-28-29	54 633.45	—		—
	即征即退实际退税额	35	—	—		

续表

<table>
<tr><td colspan="2" rowspan="2">项　目</td><td rowspan="2">栏次</td><td colspan="2">一般项目</td><td colspan="2">即征即退项目</td></tr>
<tr><td>本月数</td><td>本年累计</td><td>本月数</td><td>本年累计</td></tr>
<tr><td rowspan="3">税款缴纳</td><td>期初未缴查补税额</td><td>36</td><td></td><td></td><td>—</td><td>—</td></tr>
<tr><td>本期入库查补税额</td><td>37</td><td></td><td></td><td>—</td><td>—</td></tr>
<tr><td>期末未缴查补税额</td><td>38=16+22+36-37</td><td></td><td></td><td>—</td><td>—</td></tr>
<tr><td>授权声明</td><td colspan="2">如果你已委托代理人申报，请填写下列资料：
为代理一切税务事宜，现授权
（地址）　　　　为本纳税人的代理申报人，任何与本申报表有关的往来文件，都可寄予此人。
授权人签字：</td><td>申报人声明</td><td colspan="3">本纳税申报表是根据国家税收法律法规及相关规定填报的，我确定它是真实的、可靠的、完整的。
声明人签字：</td></tr>
</table>

主管税务机关：　　　　接收人：　　　　接收日期：

表 9-10 增值税纳税申请表附表（一）

（本期销售情况明细）

税款所属时间：2018 年 5 月 1 日至 2018 年 5 月 31 日

纳税人名称：（公章）柳州永旭机械有限公司　　　　金额单位：元至角分

项目及栏次				开具增值税专用发票		开具其他发票		未开具发票		纳税检查调整		合计			服务、不动产和无形资产扣除项目本期实际扣除金额	扣除后	
				销售额	销项（应纳）税额	销售额	销项（应纳）税额	销售额	销项（应纳）税额	销售额	销项（应纳）税额	销售额	销项（应纳）税额	价税合计		含税（免税）销售额	销项（应纳）税额
				1	2	3	4	5	6	7	8	9=1+3+5+7	10=2+4+6+8	11=9+10	12	13=11-12	14=13÷(100%+税率或征收率)×税率或征收率
一、一般计税方法计税	全部征税项目	13% 税率的货物及加工修理修配劳务	1	1 519 720.96	197 563.72							1 519 720.96	197 563.72	—	—	—	—
		13% 税率的服务、不动产和无形资产	2														
		9% 税率的货物及加工修理修配劳务	3											—	—	—	—
		9% 税率的服务、不动产和无形资产	4														
		6% 税率	5														
	其中：即征即退项目	即征即退货物及加工修理修配劳务	6	—	—	—	—	—	—	—	—			—	—	—	—
		即征即退服务、不动产和无形资产	7	—	—	—	—	—	—	—	—						
二、简易计税方法计税	全部征税项目	6% 征收率	8							—	—			—	—	—	—
		5% 征收率的货物及加工修理修配劳务	9a							—	—			—	—	—	—
		5% 征收率的服务、不动产和无形资产	9b					42 562.34	2 128.12	—	—	42 562.34	2 128.12	44 690.46		44 690.46	2 128.12
		4% 征收率	10							—	—			—	—	—	—
		3% 征收率的货物及加工修理修配劳务	11							—	—			—	—	—	—
		3% 征收率的服务、不动产和无形资产	12							—	—						
		预征率 %	13a							—	—						
		预征率 %	13b							—	—						
		预征率 %	13c							—	—						
	其中：即征即退项目	即征即退货物及加工修理修配劳务	14	—	—	—	—	—	—	—	—			—	—	—	—
		即征即退服务、不动产和无形资产	15	—	—	—	—	—	—	—	—						

续表

项目及栏次			开具增值税专用发票		开具其他发票		未开具发票		纳税检查调整		合计			服务、不动产和无形资产扣除项目本期实际扣除金额	扣除后	
			销售额	销项（应纳）税额	销售额	销项（应纳）税额	销售额	销项（应纳）税额	销售额	销项（应纳）税额	销售额	销项（应纳）税额	价税合计		含税（免税）销售额	销项（应纳）税额
			1	2	3	4	5	6	7	8	9=1+3+5+7	10=2+4+6+8	11=9+10	12	13=11-12	14=13÷(100%+税率或征收率)×税率或征收率
三、免抵退税	货物及加工修理修配劳务	16	—	—		—		—	—	—		—	—	—	—	—
	服务、不动产和无形资产	17	—	—		—		—	—	—		—				—
四、免税	货物及加工修理修配劳务	18				—		—	—	—		—	—	—	—	—
	服务、不动产和无形资产	19	—	—		—		—	—	—		—				—

表 9-11　增值税纳税申报表附表（二）

（本期进项税额明细）

税款所属时间：2018 年 5 月 1 日至 2018 年 5 月 31 日

纳税人名称：（公章）柳州永旭机械有限公司　　　　金额单位：元至角分

一、申报抵扣的进项税额				
项目	栏次	份数	金额	税额
（一）认证相符的增值税专用发票	1=2+3	34	1 119 146.72	145 489.07
其中：本期认证相符且本期申报抵扣	2	34	1 119 146.72	145 489.07
前期认证相符且本期申报抵扣	3			
（二）其他扣税凭证	4=5+6+7+8a+8b			
其中：海关进口增值税专用缴款书	5			
农产品收购发票或者销售发票	6			
代扣代缴税收缴款凭证	7		——	
加计扣除农产品进项税额	8a	——	——	
其他	8b			
（三）本期用于购建不动产的扣税凭证	9			
（四）本期用于抵扣的旅客运输服务扣税凭证	10			
（五）外贸企业进项税额抵扣证明	11	——	——	
当期申报抵扣进项税额合计	12=1+4+11			

二、进项税额转出额		
项目	栏次	税额
本期进项税额转出额	13=14 至 23 之和	
其中：免税项目用	14	
集体福利、个人消费	15	
非正常损失	16	
简易计税方法征税项目用	17	430.68
免抵退税办法不得抵扣的进项税额	18	
纳税检查调减进项税额	19	
红字专用发票信息表注明的进项税额	20	
上期留抵税额抵减欠税	21	
上期留抵税额退税	22	
其他应作进项税额转出的情形	23	

三、待抵扣进项税额				
项目	栏次	份数	金额	税额
（一）认证相符的增值税专用发票	24	——	——	——
期初已认证相符但未申报抵扣	25			
本期认证相符且本期未申报抵扣	26			
期末已认证相符但未申报抵扣	27			

续表

项目	栏次	份数	金额	税额
其中：按照税法规定不允许抵扣	28			
（二）其他扣税凭证	29=30 至 33 之和			
其中：海关进口增值税专用缴款书	30			
农产品收购发票或者销售发票	31			
代扣代缴税收缴款凭证	32		——	
其他	33			
	34			
四、其他				
项目	栏次	份数	金额	税额
本期认证相符的增值税专用发票	35	34	1 119 146.72	145 489.07
代扣代缴税额	36	——	——	

表 9-12　增值税纳税申报表附表（三）

（服务、不动产和无形资产扣除项目明细）

税款所属时间：2018 年 5 月 1 日至 2018 年 5 月 31 日

纳税人名称：（公章）柳州永旭机械有限公司　　　　金额单位：元至角分

项目及栏次		本期服务、不动产和无形资产价税合计额（免税销售额）	服务、不动产和无形资产扣除项目				
			期初余额	本期发生额	本期应扣除金额	本期实际扣除金额	期末余额
		1	2	3	4=2+3	5(5 ≤ 1 且 5 ≤ 4)	6=4-5
13% 税率的项目	1						
9% 税率的项目	2						
6% 税率的项目（不含金融商品转让）	3						
6% 税率的金融商品转让项目	4						
5% 征收率的项目	5	44 690.46					
3% 征收率的项目	6						
免抵退税的项目	7						
免税的项目	8						

如果是网上申报，先填附表，附表没数据（如本演练不用填写附表四及《增值税减免税申报明细表》）也要空白保存，主表数据自动生成。